青岛农业大学高层次人才科研基金项目休闲农业产业化发展研究（1112334）
青岛农业大学人文社会科学校级重点项目（1114Q04）

经济管理学术文库 • 经济类

我国休闲农业资源开发与产业化发展研究

Research on Resource Development and Industrialization of Leisure Agriculture in China

包乌兰托亚／著

经济管理出版社
ECONOMY & MANAGEMENT PUBLISHING HOUSE

图书在版编目（CIP）数据

我国休闲农业资源开发与产业化发展研究/包乌兰托亚著．—北京：经济管理出版社，2018.12

ISBN 978-7-5096-6268-7

Ⅰ.①我…　Ⅱ.①包…　Ⅲ.①观光农业—产业化发展—研究—中国　Ⅳ.①F592.3

中国版本图书馆 CIP 数据核字(2018)第 288123 号

组稿编辑：曹　靖
责任编辑：张巧梅
责任印制：黄章平
责任校对：王纪慧

出版发行：经济管理出版社
（北京市海淀区北蜂窝 8 号中雅大厦 A 座 11 层　100038）
网　　址：www.E-mp.com.cn
电　　话：（010）51915602
印　　刷：北京玺诚印务有限公司
经　　销：新华书店
开　　本：720mm×1000mm/16
印　　张：16
字　　数：278 千字
版　　次：2018 年 12 月第 1 版　　2018 年 12 月第 1 次印刷
书　　号：ISBN 978-7-5096-6268-7
定　　价：68.00 元

前　言

随着我国对“三农”问题的重视及其产业结构调整，农业和农村产业结构不断优化，传统农业加速向现代农业方向发展。立足“六次产业”理念，促进作为第一产业的农林水产业，食品加工的第二产业以及流通、销售、观光旅游的第三产业相互融合成为发展大趋势。将农产品生产与流通、加工、餐饮、观光等第二、第三产业相挂钩，提高农村地区资源的附加价值，实现农户的“生产—加工—销售”一体化。通过农业从业人员进一步获得第二、第三产业的加工和流通利润等附加价值，增强农业活力，彻底打通第一、第二、第三产业传统界限，丰富产业形态，促进农业和农村的可持续发展。

休闲农业作为现代农业发展的一种模式，将传统农业从第一产业延伸到第三产业，是农业和旅游业相结合的新型产业。休闲农业涉及面广、产业链条长、带动力强、关联度大，其资源开发与产业化发展是加快传统农业改造升级，优化农业产业结构，拓宽农业发展方向，提高农业发展层次，实现农业战略转型，促进农村经济、社会、文化全面进步的重要举措。随着我国城镇化进程的加快、城乡居民可支配收入和消费支出能力的提高、居民消费方式和消费结构的转变，休闲农业已从萌芽起步阶段、初步发展阶段进入到快速发展阶段。

本书应用区域经济学、产业经济学、农业经济学和体验经济学的相关理论与方法，解析休闲农业产业体系的构成、特征、功能和价值，基于经济系统、社会系统、产业系统、支撑系统对休闲农业产业化的支撑作用，分析休闲农业产业化的开发基础与运行机理。休闲农业资源开发与产业化发展基础的研究的主要内容包括：第一，界定休闲农业发展的概念体系。厘清休闲农业产业系统相关概念，包括休闲与休闲产业、农业与休闲农业、休闲农业资源、产业化与休闲农业产业化等。探讨休闲农业体系的基本内涵、构成、特征、结构、功能、意义等基本理论问题。第二，明确休闲农业资源分类原则。将休闲农业资源具体分为生产资源、生活资源、生态资源三大类，分析休闲农业资源开发现状、存在问题以及影响因素，探讨休闲农业资源的开发路径与开发方式。第三，构建休闲农业资源评价指标体系。从审美价值、参与价值、文化价值、集群价值、科学价值等方面评价休闲农业资源价值。第四，对休闲农业产业化开发基础构成要素进行分析。将开发基础系统分为经济系统、社会系统、产业系统、支撑系统四个子系统，构建休闲农业产业化开发基础评价指标体系，运用主成分分析法对东部 17 个城市、中部 6 个城市、西部 13 个城市、东北部 4 个城市休闲农业产业化开发基础进行量化辨识与等级划分，进而分析休闲农业产业化开发基础各子系统及复合系统发展状态的时间演变轨迹和空间差异特征，判断 40 个代表性城市休闲农业产业发展阶段与产业化开发能力。第五，分析休闲农业产业化运行机理。在对休闲农业产业化开发进行主成分分析的基础上，提炼出休闲农业产业化运行的核心要素，并分析各要素间的相互作用关系；应用结构方程模型，经过提出假设、构建模型、拟合评价、调整修正、结果检验等步骤，对休闲农业产业化运行条件与形成机理进行定量模拟；总结出休闲农业产业化运行的传导路径与关键因素，据此构建休闲农业产业化运行结构模型。第六，构建休闲农业产业化开发模式。根据休闲农业产业化开发基础及运行机理的研究结论，提出休闲农业产业化开发模式，包括产业经营模式、产业布局模式及产业组织模式。第七，休闲农业产业化保障措施。从政策法律、市场基础、运行机制、集群战略、人才体系、标准体系等方面，提炼出休闲农业产业化开发的保障机制与具体措施。

本书立足休闲农业资源的开发价值，探讨产业化发展的基础与可行性。首先，厘清产业化开发基础与运行机理，找出影响其产业化形成的传导路径与关键因素，确定休闲农业产业化的开发模式与保障机制，从而为休闲农业产业规模的扩大、产业结构的优化、产业地位的提升、产业类型的丰富提供依据，促进休闲农业最终成为融合农村第一、第二、第三产业的新兴产业，实现农民就业增收和满足居民休闲需求的民生产业，缓解资源约束和保护生态环境的绿色产业，发展新型消费业态和扩大内需的支柱产业；其次，立足于我国休闲农业景观和自然资源开发现状、潜力与开发瓶颈，借鉴国内外相关研究成果和先进经验，探索休闲农业资源开发的新路径，同时开拓新的旅游空间和领域，探索农业与旅游业相结合的产业模式与开发机制，构建以可持续发展为核心的休闲农业产业化运行体系，完善现有旅游经济与农业经济发展模式，能够为我国农业与旅游业的持续健康发展提供可行建议；最后，通过理顺休闲农业产业化运行的基本思路，提出休闲农业产业化发展的保障机制与优化措施，构建资源增值与开发同步的休闲农业复合系统，实现休闲农业产业体系的良性循环，通过重构休闲农业法规体系等措施，帮助各经营与管理主体明晰可采取的行为方式和调控机制，并提升产业部门与行政管理部门的运作效率及效果，从而推进农村社会经济与生态环境可持续发展。

休闲农业产业的发展旨在挖掘农业内部潜力，把产业链、价值链等现代产业发展理念和组织方式引入农业，延伸产业链、打造供应链、形成全产业链，让农民从产业链中获得更多的利益。帮助农民了解农业发展形势，发展园林乐、林家乐、果园乐、菜园乐，民俗民居、自助农庄、风景游览、休闲娱乐等形式各异的休闲旅游业，分享第二、第三产业利润，获得农产品附加值。同时，促进农村劳动力向第二、第三产业转移，也为现代农业的布局区域化、经营规模化、生产标准化和产品品牌化创造条件。

笔者所供职的青岛农业大学经济学院（合作社学院）多年来承担着为国家和地方农业经济、合作经济开展基础理论和实证课题研究、政策咨询与信息服务、专业人才培养、国内外相关学术会议组织等任务。本书在题目确定、章节框架设定、内容延展方面得到了中国海洋大学张广海教授、高乐华老师，青岛农业大学经济学院李中华院长、郑丹处长、房桂芝教授、马龙波老师的鼎力支持和诚恳建议，在此表示由衷的感谢。在对休闲农业产业发展研究框架的构建中，笔者对研究领域的前沿问题有了更深刻的思考，但由于学术资历有限，加之休闲农业产业发展迅速，书中难免存在错误和欠妥之处，恳请专家和读者批评指正，提出宝贵意见，以便改正和更新。

包乌兰托亚

2018 年 8 月 30 日

目　录

第一章　概述

第一节　休闲农业的发展背景

休闲农业是以农业生产、农村生态、农民生活资源为依托的复合型产业，休闲农业的产生将传统农业从第一产业延伸到第三产业，把第一、第二、第三产业连接起来，突破了传统农业的掠夺式生产模式，实现了生态效益、经济效益、社会效益三统一，成为农业经济发展的新增长点。发展休闲农业能够进一步加快传统农业向现代农业的转型升级，促进农业产业结构的优化调整，有效地实现农村经济、社会文化的协调发展与全面进步①。

近年来，随着国民经济实力的不断壮大和社会消费能力的显著提升，休闲农业产业步入快速发展阶段，并成为旅游业开发的新兴领域。

一、休闲农业发展的现实需求

首先，我国改革开放40年来，经济得到了长足发展，国内的休闲需求逐渐增加。国际经验显示，人们的旅游度假需求与人均GDP增长直接相关，人均GDP达到3000美元时，观光性旅游需求急剧增加，旅游消费呈现快速增长，人均GDP实现5000美元时，休闲需求趋向多样化，人均GDP突破8000美元时，休闲游开始升级为度假游。2017年，我国人均GDP达8839美元，北京、上海、天津、江苏、浙江、福建、广东、山东、内蒙古九个省份人均GDP已突破10000美元，这为我国休闲农业发展奠定了经济基础，休闲度假游需求进入爆发式增长

① 资料来源：《中国经济贸易年鉴》(2016)。

阶段。从旅游业发展角度来看，休闲需求增长迅速，2017 年，国内旅游人数达 50.01 亿人次，实现旅游总收入 5.40 万亿元，分别同比增长 12.8%和 15.1%；接待入境游客 1.39 亿人次，其中入境过夜旅游人数 6074 万人次，实现国际旅游收入 1234 亿美元，同比增长 2.9%；出境旅游人数 1.31 亿人次，同比增长 7.0%。2017 年，国内自助游人数近 42.85 亿人次，随着城市间高铁等路网体系的不断完善，周末旅游圈辐射范围的不断扩大，短途自助游呈现出高频次发展状态。旅游消费者消费能力和旅游需求的提升也为休闲度假旅游发展带来了契机，相较于热门旅游目的地，自助游消费者更倾向于选择休闲度假村、民俗娱乐景区、民宿、探险等个性化、多元化的旅游资源，体验消费成为旅游消费主流。在休闲需求大幅增加的同时，休闲服务供给却明显不足，表现在服务业发展落后，休闲服务供给数量不足，休闲服务供给质量不高。一方面，传统的旅游形式已不能满足现代旅游者的需要，人们的旅游需求日益趋向生态性与个性化，促使旅游业的经营范围与经营内容不断向新兴领域延伸；另一方面，各城市内部旅游资源开发已近极致，热门旅游景区发展呈饱和状态，过度集中的旅游流加重了旅游城市的内部压力，亟须引导旅游流向外部扩散，在旅游城市郊区开发休闲农业则有利于缓解热门景区的压力，实现客源的分流和转移。其次，传统农业发展面临很多瓶颈问题，也促使休闲农业成为提高农民增收能力，促进农村剩余劳动力有效转移的重要途径和必然趋势。最后，城镇化水平的不断提高，城镇居民生活质量的改善和生活节奏的加快，促使农业自然景观与农村原生态环境成为极具旅游吸引力的资源，休闲农业旅游需求快速增长，形成休闲农业发展的客观背景。

二、休闲农业可持续发展的动力

从休闲农业持续发展的动力原因看，一是休闲农业发展的理论体系不断丰富，理论基础不断完善，体验经济论、休闲经济论、农业多功能发展理论、农业可持续发展理论、农业环境论等理论从不同角度论证了发展休闲农业的重要意义；二是休闲农业的发展既是农业多功能性的体现，也是农业战略转型的需要，随着农业发展进入战略转型期，党中央、国务院和相关部委出台了一系列的政策，发展现代农业，健全现代农业产业体系，农业发展的核心转向注重开发农业的多种功能，提升产业发展层次，满足消费者对农业功能差异化和农业生态化的需求，推动我国休闲农业发展逐渐形成全面兴起、各具特色、形式多样的良好局面。

国家农业农村部（原农业部）、文化和旅游部（原国家旅游局）十分关注休闲农业旅游发展。1998 年，国家旅游局推出“华夏城乡游”，体验农家生活方式与风土人情成为旅游新亮点，进一步推进我国休闲农业的蓬勃发展。1999 年，国家旅游局推出“生态旅游年”，以保护和利用乡村生态环境为基础的农业生态旅游迅速兴起。2001 年，推进农业旅游发展成为旅游工作重点，国家旅游局颁布了《农业旅游发展指导规范》，并公布了首批农业旅游示范点名单。2002 年，《全国农业旅游示范点检查标准（试行）》颁布实施，进一步推进全国农业旅游示范点创建工作，促进农业旅游向市场化、规范化方向发展。2004 年，国家旅游局从接待人数、经济效益、社会效益、生态环境效益、旅游经营管理、产品设施、周边环境可进入性、发展后劲评估等十方面设定农业旅游示范点评定标准，并于当年评选出 203 个国家级农业旅游示范点。2006 年，为推进各地区农业旅游发展，带动新农村建设，国家旅游局将全国旅游主题定为“中国乡村旅游年”。《关于促进农村旅游发展的指导意见》的正式出台也促使农村旅游成为有效推进新农村建设的方式之一。2007 年，农业部和国家旅游局联合发布《关于大力推进全国休闲农业和乡村旅游发展的通知》，明确了发展休闲农业的指导思想和工作要求，并签署合作框架协议，提出创建休闲农业示范县、示范村的计划，并于当年 10 月试运行中国休闲农业网，以此为平台有力地推进休闲农业与乡村旅游发展。2009 年 10 月，中国旅游协会休闲农业与乡村旅游分会成立，并在浙江省安吉县举办“中国（安吉）休闲农业与乡村旅游发展高层论坛”及“2009 首届中国（安吉）休闲农业与乡村旅游节暨中国美丽乡村节”。2010 年，在四川省郫县举行的休闲农业与乡村旅游节标志着休闲农业发展进入了新阶段。同年，随着《全国休闲农业发展“十二五”规划》的正式印发，政府主管部门联合签署休闲农业与乡村旅游合作框架协议，休闲农业政策环境进一步优化，休闲农业产业制度建设与标准制定得到有效规范，其政府服务水平大力提升。2011 年，农业部和国家旅游局向社会公布了 2010 年全国休闲农业与乡村旅游 32 个示范县和 100 个示范点，并广泛交流、推广各地推进休闲农业与乡村旅游的经验和做法，并提出在“十二五”期间，休闲农业发展要在产业规模、产业结构、产业类型、农民增收、经济社会效益方面实现突破，发挥休闲农业在满足城镇居民休闲需求、农民就业增收、生态环境保护、缓解资源约束、扩大内需等方面的积极推动作用，促使休闲农业成长为民生产业、绿色产业、支柱产业。2014 年，农业部发布《进一步推动休闲农业持续健康发展》的通知，2015 年中央一号文件提出进一步促进休闲农业健康可持续发展的具体意见，2016 年农业农村部发布《关于大力发展休闲农业的指导意见》，对完善休闲农业产业发展的基础设施建设与政策保障提出具体要求。2017 年中央一号文件倡导乡村旅游企业、乡村旅游合作社等多种形式的经营主体带动休闲农业产业发展，并丰富乡村旅游经营业态与产品。发展观光农业、体验农业、创新农业等新产业新业态，也成为农业供给侧结构性改革的重要方向。2018 年，国家旅游局与文化部合并，成立文化和旅游部，旅游和文化融合发展成为主旋律。休闲农业的开发正契合通过文化内涵的注入提升旅游品质，通过旅游拓展文化的市场空间的发展需要。

三、休闲农业的开发实践

类似于成都、贵州一些大、中、小城市周边区域的农村已将休闲农业作为支柱产业，为解决农民增收、促进农村地区的发展提供了有效尝试。目前已形成规模的主要有浙江省安吉农家乐、福建省生态旅游集群、四川省成都郫县农家乐、湖南省长株潭休闲农业产业群、北京市近郊观光采摘园、上海市现代农业科技观光园等。厦门市同安区丽田园农家乐专业合作社、重庆石柱“黄水人家”乡村旅游专业合作社、贵州黎波联山湾乡村旅游专业合作社、山东莱芜龙山乡村旅游专业合作社、上海喜来春农业观光旅游专业合作社等形成了上千万规模，且集农耕体验、休闲观光、生态旅游为一体的旅游景点。同时，休闲农业的发展促使农业由第一产业向第三产业迈步，为转移农村剩余劳动力、改善农村整体环境、提高广大农民整体素质提供了有效途径，休闲农业发展带来的经济效益、社会效益、环境效益对我国农村的发展具有重要作用。休闲农业已成为一些地区壮大县域经济的支柱产业和民生产业。不管是我国经济转型的契机，还是我国休闲农业开发的实践，都表明在今后一段时期内，休闲农业发展将成为社会各界关注的重点，休闲农业开发的相关问题也将成为我国旅游学术界关注和研究的重要问题。

依托区域优越自然条件和农业基础优势，在自身成长、市场驱动和政策规制的激励下，各类休闲农业经营主体不断涌现、规模持续壮大，日益成为实现区域农业产业增值和推动旅游业态创新的重要力量。休闲农业经营主体开始关注通过农业与其他产业的广泛融合来提升休闲农业品质，农业、旅游业、文化体育业、健康疗养业等多维融合有助于休闲农业与乡村旅游向创新性、精致化、本土化、多元化方向提升。在空间分布上，各地休闲农业产业布局集聚效应明显，在政府引导与市场竞争机制下，休闲农业发展逐渐呈现出产业集群效应。[1]

2010年以来，全国休闲农业和乡村旅游年均增速超过30%，2016年，产业带动农民就业达845万人，从业人员年收入超过3万元，发展势头十分迅猛。

四、休闲农业产业化发展的基础

经济社会的快速进步、城镇化水平的显著提高、城镇和农村居民生活质量的改善、社会消费能力的提升和消费结构的转型为休闲农业产业化发展奠定了坚实的社会经济基础；我国休闲农业资源的多样性与聚集性是区域休闲农业产业发展的核心基础；客源市场需求能力的提升与需求层次的转变是休闲农业产业化开发的需求动力；城镇和乡村基础设施建设的逐步完善为休闲农业产业开发提供了有力支撑。第一，国家宏观经济的良性发展与社会消费能力的显著提升是休闲农业产业持续快速发展的重要前提。近年来，我国GDP总量保持持续增长态势，经济年增长率一直保持在8%左右，2017年GDP总量达到827122亿元，居世界第二位，城镇与农村居民的可自由支配收入及消费性支出能力不断提高，城镇居民人均可自由支配收入达36396元，农村居民家庭人均纯收入13432元。2017年，城镇和农村居民家庭恩格尔系数分别为28.6%和31.2%，城镇和农村居民满足自身休闲旅游需求的经济能力不断提升，居民消费支出中用于娱乐、休闲、度假等个性化消费支出的比例大幅增加，社会消费结构逐渐转向发展型和享受型。第二，在资源基础方面，我国地域辽阔，山地、高原、盆地、丘陵、平原等地貌类型丰富，观光型、度假型、生态旅游、特种旅游及专项旅游资源丰富，景观类型多样，其中70%以上的旅游资源分布在广大农村地域。第三，在市场基础方面，随着居民收入水平的提高和休闲制度的实行，城镇和农村居民旅游消费能力显著提升。一方面，休闲农业客源市场主要以城镇居民为主，随着我国城镇化建设步伐的加快，城镇化率每年提高接近1个百分点，一些经济发达城市已开始出现城市郊区化现象，为休闲农业产业的快速发展提供了良好的契机。2017年，我国城镇常住人口8.13亿，城镇化率达58.52%，城市群的快速增长与城镇人口密度的增大为休闲农业产业发展提供了稳定的客源。另一方面，随着农村居民生活质量的不断改善，农村居民的休闲、娱乐需求日益增长，逐渐成为休闲农业旅游市场的新生力量。2016年，城镇居民国内旅游出游人均花费1130.7元，农村居民国内旅游出游人均花费691元。第四，我国基础设施建设投资规模持续扩大，基础设施建设能力和运输服务保障水平不断提升，农村基础设施状况极大改善，乡村旅游接待能力大幅增长。截至2017年底，全国完成铁路公路水路固定资产投资3.12万亿元，比上年增长11.6%，年末全国公路总里程达477.35万千米。公路密度为49.72千米/百平方千米，提高0.81千米/百平方千米。全国通公路的乡（镇）占全国乡（镇）总数的99.99%，通公路的建制村占全国建制村总数的99.94%，其中通硬化路面的建制村占全国建制村总数的98.35%，提高了1.66个百分点[3]。2017年，完成营运性客运量184.86亿人，旅客周转量32812.55亿人千米。2016年，国家高速铁路投产里程超过1900千米，新建改建高速公路6700多千米，新建改建农村公路29万千米；私家车保有量与日俱增，自驾游逐步兴起。

第二节　休闲农业理论研究基础

一、休闲农业的国外研究

休闲农业在国外的发展历史已有上百年。1865年，意大利“农业与旅游全国协会”的成立，标志着农业旅游成为广受青睐的新型旅游形式。20世纪30年代，休闲农业在欧洲、美洲、亚洲等部分国家都得到了较大发展。目前，国外休闲农业研究主要集中于休闲农业概念内涵解析、休闲农业发展动力与社会经济效益研究、休闲农业发展的社会与环境影响、休闲农业发展模式研究、休闲农业市场开发与营销研究、休闲农业管理和发展策略研究等方面[4]。

1. 休闲农业概念内涵解析

在国外文献中对休闲农业并没有统一的定义，有乡村旅游、农业旅游、农庄旅游、田园旅游、观光农场等不同提法，但表述的意义基本相同。如Inskeep. E（1991）[5]在著作中将农业旅游（Agri－tourism）、农庄旅游（Farm tourism）、乡村旅游（Rural tourism）等提法相互替代，不加区分。Wall（2000）[6]、Roberts L. 和Hall D.（2001）[7]、Barbieri C. 和Mshenga P. M.（2008）[8]在相关文献中均认为休闲农业的概念可以与其他类似概念相交叉运用。对休闲农业概念内涵具有代表性的研究成果有：国外学者Dart（1974）、Hoyland（1982）、Frater（1983）、Murphy（1985）[9]、Wales（1986）、Denman（1990）、Davies E. T.（1992）[10]将休闲农业定义为在典型的乡村环境下，利用运营农场中提供的休闲游憩设施开展各种休闲活动的一种旅游形式。随着休闲农业实践发展，对休闲农业的认识进一步深化，Bramwell（1994）[11]、Clarke（1996）[12]、Weaver（1997）[13]、Ilbery（1998）[14]、Sonnino 等（2008）等[15]等学者将休闲农业界定为以休闲、娱乐、教育、体验农事劳动为目的的经营活动。Marques（2006）[16]、McGehee N. G. 和 Kim G. R.（2007）[17]、Barbieri C. 和 Mshenga P. M.（2008）[18]等学者研究指出，休闲农业是基于运营农场中的农业活动开展的与其密切相关的休闲旅游活动。乡村旅游与休闲农业的内涵表现一致，Bernard Lane（1993）[19]从旅游活动性质、地域、规模、类型、社会结构、文化特征等方面对乡村旅游的内涵进行了较为全面的阐述。Mike Woods（2000）将乡村旅游理解为以感知和体验乡村自然与人文环境、达到精神愉悦与升华为目的，在乡村地区所从事的所有旅游活动。Deborah 等（2005）[20]将休闲农业视为在参观与体验农业栽培、耕作、园艺等农业经营过程中获得休闲、娱乐、教育体验的一项活动。Clarke（1996）[21]、Burton（2004）[22]、Robinson（2004）[23]研究指出观光农场是与休闲农业相交叉运用最多的概念，并从更广泛的意义上界定了农业的范畴，认为区位特征、农业收入水平、经营者质素以及社会文化价值等因素是理解观光农场内涵的重点。Sharon Phillip 和 Colin Hunter（2010）[24]认为应在广义的乡村背景下重新定义休闲农业的内涵，并探讨定义休闲农业的三个焦点问题，即休闲农业产品是否基于运营农场、旅游项目与农业活动之间的本质联系以及旅游体验的原生性。

总体来看，对于休闲农业的概念体系与内涵特征，国外学者尚未形成统一的认识，但对休闲农业乡村性的本质基本认同，这是进行休闲农业系统研究的基础。

2. 休闲农业发展动力与社会经济效益研究

国外学者主要从需求与供给两个层面探索休闲农业兴起与发展的动力，认为乡村经济的发展与城镇居民的休闲需求是休闲农业快速发展的重要推动力。

Greffe（1998）[25]以现代与传统、物质主义者与理想主义者为划分依据，将乡村旅游者的休闲需求分为四个象限，认为以休闲度假为目标的需求最为突出，并从供给角度指出乡村通达性的改善、闲暇时间的增加、农民获取经济利益等因素为休闲农业发展提供了保障。Dick Foster（2004）[26]研究认为促使农民加入休闲农业领域的驱动力主要是家庭农场产生的特殊需求和特殊利益，即收入来源多元化、改变家庭生活模式、不脱离农场而继续维持工作等。Bendl 研究指出旅游地居民的积极参与促使旅游设施的完善与旅游环境的优化，能够有效吸引旅游者参与休闲农业活动。Ilbery（1991）[27]、Nickerson N.（2001）[28]、Veeck G.（2006）[29]、Wilson J. 等（2006）[30]、Ollenburg C. 等（2007）[31]和 Dejan（2013）等学者从休闲农业经营者的角度分析休闲农业发展的动力因素，指出运营农场的多样化经营为农民、旅游者及当地社区都带来了社会经济效益，休闲农业有助于农户家庭增加经济收入、保护农业传统文化、充分利用现有农业资源价值、促进地区经济增长。Nickerson N. 等（2001）、McGehee N. 等（2004）[32]、Ollenburg C. 等（2007）、Barbieri C. 和 Mahoney E.（2009）[33]等从农场角度出发，提出休闲农业能够增加农场经营收入、实现农民多样化经营的愿望、提供创业机会并提高农户生活质量。Nilsson P. A. K.[34]认为休闲农业带来的显著经济效益是家庭农场经营的内在动力，外部传统农业效益下滑促使农场开辟其他经营之道。Nickerson 同时指出规模较大的农场更倾向于将休闲农业作为一种经济手段来缓解土地税收压力及其他管理成本。Barbieri C.（2010）[35]对美国密苏里州农场休闲农业发展的驱动因素进行分析，提出这些驱动因子主要分为四类，即农场收益、市场机会、家庭因素及个人追求。Barbieri C. 和 Mahoney E.（2009）[33]认为经营者的年龄、家庭经营的历史、家庭收入、农场员工数量以及距离城市地区的远近等都影响着休闲农业的经营目标。

Andereck K. 等（2000）[36]、Torres R. 等（2004）[37]研究指出休闲农业的发展对推动当地经济的发展、促进农村劳动力就业及解决农业市场需求短缺都具有重大意义。Akpinar（2004）认为休闲农业为农产品销售提供了更多的市场机会，创造了更多的就业。Nilsson 等通过实例研究，指出不同国家休闲农业的发展都为当地经济发展提供了新的收入来源。Evans N. J. 和 Ilbery B. W.（1989）[38]等的研究也证实了休闲农业为各地区经济发展做出了突出贡献，尤其在增加就业方面效果显著。Fisher D.（2006）[39]、McGehee N. G.（2007）[40]、Ollenburg C. 等（2007）[41]研究表明，在经济不景气，如收成萧条或农产品价格压低等情况下，开展休闲农业活动可以为家庭农场提供替代收入。Veeck G. 等（2006）[42]、Clark D. 等（2007）[43]、Sharpley R.（2007）[44]、Barbieri（2009）[45]等认为随着传统农业趋向衰退，休闲农业逐渐成为增加就业机会和促进农民增收的有效途径，休闲农业可以通过税收、就业以及商业发展为地区经济增长做出贡献。Valdivia C.（2007）[46]、Wilson G.（2008）[47]认为休闲农业除了为农民提供额外经济收入外，还可以作为一种独特的生活方式。Barbieri 分析指出现有的研究成果对休闲农业的潜在效益并没有准确预估，休闲农业发展中同时体现着经济效益与非经济效益。

国外休闲农业发展动力主要是从市场需求角度和农场经营者供应角度进行分析，并认为休闲农业的发展不仅为当地社区、农户家庭带来了可观的经济效益，其社会效益也日益突出，如保护农村传统文化、保存农场家庭经营特色、为农户提供创业机会以实现个人追求、降低城乡失业率、加快城乡一体化进程等。

3. 休闲农业发展的社会文化与环境影响

Peter Mason（2000）认为休闲农业的发展可以实现对当地文化遗产的有效保护，也有利于提升本地居民的生活品质。George（2008）认为休闲农业是城市与农村社会相联系的重要方式，能够有效地推动农村与外界的社会文化交流。John Tribe（2000）则质疑在农村地区发展休闲农业，会加剧当地人口压力，异化农村特有的文化特质，甚至导致地区犯罪率的上升和社会环境的恶化。

在休闲农业对生态环境影响的评价上，国外学者同样存在对立的观点。Garcia（1995）和 Keith（2003）认为发展休闲农业可以丰富地区资源，提高资源利用价值，保护乡村自然景观，也为改善农业生态环境提供了经济保障。Maude（1985）则持反对观点，认为休闲农业发展最终会带来大量客流，由此造成乡村环境污染与恶化。

国外对休闲农业发展带来的社会与环境影响既有正面评价也有负面阐述。在休闲农业发展初期阶段，休闲农业带来的经济效益较为显著，当游客数量达到并超过当地最大社会承载力的时候，当地居民对休闲农业的支持就会下降，休闲农业对生态环境的压力将引起广泛关注。

4. 休闲农业发展模式研究

Bernard Lane（1993）[48]对休闲农业发展模式的研究比较具有典型性，在对加拿大和法国休闲农业发展进行实证研究的基础上，Lane 指出加拿大主要以开展农产品展销、乡村节庆活动、乡村美食与住宿、主题农业活动、农业文化体验等旅游项目为主，法国则以休闲农场为主，并将休闲农场划分为九种类型[4]。Ilbery（1996）、Crockett（1998）、Walford N.（2001）[49]等学者认为应从农业多样化的角度而不是旅游发展的角度分析休闲农业发展模式的分类与选择。Sharon Phillip 和 Colin Hunter（2010）[50]认为旅游与农业活动相联系程度是划分休闲农业发展模式的基础，并指出农业与旅游业间的联系可以分为三种形式：一是直接联系（农业生产经营活动可以直接作为旅游体验的过程，如挤奶）；二是间接联系（为满足旅游体验需求而进行的农业活动，如作物迷宫）；三是被动联系（借助农业环境开展的旅游体验）。根据利用运营农场的程度以及农业活动与旅游体验间的不同联系方式，将休闲农业发展模式分为五类：非运营农场型、被动联系式、间接联系式、示范性运营农场、原生性运营农场等。Sonnino R.（2004）[51]、Kizos T. 和 Losifides T.（2007）[52]指出只有在运营农场开展的旅游活动才具有休闲农业的特征，不以运营农场为背景就与一般性的乡村旅游没有区别。Barbieri C. 和 Mshenga P. M.（2008）[53]认为在运营农场开展的旅游活动多数与农业活动不直接相关。

Magnar Forbord 等（2011）[54]从产品范围、组织架构、经营目标、法律基础、认证体系、品牌效应等方面对奥地利、意大利、挪威的休闲农业发展模式进行实证分析，研究指出自然因素、旅游承载力、农业类型、政策支持与组织结构特征影响着休闲农业发展模式的选择。

国外学者对休闲农业的发展模式、发展策略等方面的研究已经形成了一个相对成熟的理论体系。另外，对农业与旅游的结合形式、政策支持的方式、组织架构体系、品牌发展特色等方面的总结具有典型性。

5. 休闲农业市场开发与营销研究

E. T. Davies（1992）[55]以威尔士各地区为分类标准，从供应链角度分析不同类型的经营主体在产品供应链各环节中的地位与作用。Ann 等（1999）[56]从行业组织、市场评估、产品推广、市场意识等角度对日本休闲农业发展提供市场营销建议。Rickard（2002）[57]认为乡村旅游发展需要社会资本的长期投资和相关技术的完善。Embacher 等（2004）[58]结合奥地利休闲农业发展实践，强调市场投资、营销推广、组织管理、培训指导在产业发展中应有的作用。Cecilia Hegarty 等（2005）[59]分别研究了波兰和爱尔兰地区休闲农业的发展实践，并认为休闲农业的发展潜力与发展方向取决于当地的资源禀赋和区域市场开发条件。随着休闲农业市场竞争愈加激烈，Lane B.（2015）呼吁发展休闲农业要了解客源市场需求，研发符合消费需求的休闲农业产品，发挥休闲农业营销的价值。

6. 休闲农业管理和发展策略研究

国外学者对政府在政策条件、法律法规、基础设施建设方面对休闲农业的支持程度做了相关研究。如 Rilla（1999）[60]研究表明休闲农业旅游是否成功的因素在于当地社区的支持，而最大的支持就是基础设施建设。Tosun（2000）[61]通过实证分析土耳其 Urgup 地区的休闲农业，表明发展中国家由于法制和管理体制，尤其是土地制度，阻碍了休闲农业的发展。MacDonald（2003）研究认为以社区为核心的组织模式是休闲农业经营管理的有效方式，社区参与和企业经营相结合的管理模式有利于小规模休闲农业的发展。

总体来看，国外休闲农业研究的理论体系相对成熟，对休闲农业发展的必要性、可持续性与市场关联性都进行了相关论证。在研究内容上，国外研究者倾向于在广义的乡村背景下重新界定休闲农业，在具体的案例研究基础上，对休闲农业内涵的解析更加明晰，分类更为合理。同时，结合国外乡村发展的现实环境，相关文献中对休闲农业发展模式的探讨大多基于运营农场，并充分考量旅游发展与农业活动相结合的程度。在研究方法上，更多的学者尝试运用德尔菲法、调查问卷分析、主成分分析法及聚类分析法等定性定量方法分析典型运营农场发展休闲农业的实践活动，通过对农场经营者的年龄、文化程度、家庭经营状况，当地社区旅游业与农业发展具体指标等因子分析，得出各地区休闲农业发展的模式与特征。

二、休闲农业的国内研究

国内休闲农业研究的重点问题主要包括休闲农业相关概念的探讨、休闲农业发展现状研究、休闲农业资源分类与开发研究、休闲农业发展模式研究、休闲农业区域布局与规划研究、休闲农业发展的评价研究、休闲农业发展问题与对策研究等[4]。

1. 休闲农业相关概念的探讨

国内学者对休闲农业的概念内涵尚未形成统一界定，但对休闲农业同时具备农业和旅游业的特性都有所认同。学术界对休闲农业基本属性的认定大体分为两种流派，一种重点强调休闲农业作为农业生产经营活动的特性，具有代表性的观点有：范子文（1997）[62]、张永贵（1998）[63]、黄爱萍等（2000）[64]、肖君泽（2009）[65]将休闲农业界定为以增进对农村和农业活动体验为目的，基于乡村自然景观、农业生产活动、农家生活场景、农村风俗文化而开展的一种新型农业生产经营活动。鲁怀坤（2002）[66]提出观光农业是以大中城市为客源市场，以满足旅游者需求为中心对农业项目进行规划设计的现代农业发展形式，这一形式既是对传统农业的拓展，也是对旅游产品的开发，是一个农业旅游化、旅游农业化的交叉型产业。胡长龙（2002）[67]指出休闲观光农业是农业发展的一种新型形态，是以农业或农村资源为开发对象，结合农业旅游发展特征与规律开发的具有农业特色的旅游资源与产品。刘莹莹等（2006）[68]认为休闲农业是农业产业结构调整中出现的新型农业生产经营模式，是利用各种农业生产、农村环境资源进行规划设计，实现农业和农村休闲旅游功能的一种新型农业。赵国如（2009）[69]提出休闲农业是一种现代农业经营方式，观光农业、田园农业、农村旅游、旅游农业、休闲农业等都是对这种经营方式的表述，这些表述尽管内涵、外延与侧重点各不相同，但都能够涵盖在休闲农业的内涵和外延内，可以用休闲农业作为统一表述。

另一种派别则强调休闲农业的旅游产业特性，代表性观点有：祁黄雄（1997）[70]认为狭义的观光农业仅用来满足旅游者观光需求，广义的观光农业则是以乡村生产和生活为载体，满足旅游者观光、娱乐、休闲、度假等多种需求的旅游业。余美珠等（2004）[71]、郑辽吉（2005）[72]、郭焕成等（2007）[73]认为休闲农业的基本属性是将农业生产经营活动及农业科技与旅游项目相结合，令旅游者感知和体验农村自然生态与现代农业技术的一种旅游活动。

两种观点对休闲农业的基本属性有不同的界定，但从休闲农业的发展基础和发展历程来看，单纯强调休闲农业的旅游特性和农业特性的哪一方面都不够全面。休闲农业开发既是传统农业向高效现代农业发展中的产业拓展和功能延伸，也是旅游业为满足市场多样化需求而进行的横向拓展。结合国内学者的主要观点，可以总结出休闲农业的几点内涵特征：一是休闲农业是农业和旅游业相互交叉与渗透的一种新型产业；二是以农业现代化经营为产业基础，以旅游市场多样化需求为导向，追求农业生产效益和旅游经营效益的互动性和叠加性；三是休闲农业资源开发具有明显的地域性和季节性特点。

2. 休闲农业发展现状研究

早期学者侧重研究休闲农业的发展背景、开发基础、开发形式等问题，随着实践发展，休闲农业的产业特性与发展趋势得到研究者的广泛关注。

在休闲农业的开发条件方面，丁忠明等（2000）[74]指出资源优势、区位优势、市场优势是决定休闲农业开发成功与否的关键。李澜（2001）[75]从宏观和微观两个层面分析休闲农业活动开展的制约因素，指出地区社会经济发展水平、休闲农业的经营主体与消费主体都在一定程度上影响休闲农业活动的顺利开展。宏观层面是指地区社会经济的发展水平，包括工业、农业、交通、商业、服务以及文化、教育、卫生等行业发展，社会经济发展水平决定了地区休闲农业发展中人、财、物资源的投入能力，游客接待规模以及休闲观光服务的质量和水平；在休闲农业的微观主体层面，经营者应具备开发休闲农业的能力，包括较高的传统农业生产经营水平、现代农业技术、特色农业资源等，消费主体应具备较高的自由支配收入和充足的余暇时间，因此微观主体条件也要求发展观光农业的地区应优先选择在传统农业经营水平较高、农村经济发展水平较高、整体社会经济发展较先进的地区。

关于休闲农业的功能、特征、效益及发展趋势等方面的研究，郭焕成（2004）[76]在对国内外休闲农业发展状况进行简要介绍的基础上，总结了国内休闲农业发展的类型、功能与特征，认为休闲农业具有农业与旅游业的双重特性，具备生产性、观赏性、娱乐性、参与性、文化性、市场性、生态性及高效性，并指出我国休闲农业发展尚处于初级阶段，休闲农业开发主要集中在经济发达的大城市及其郊区、著名旅游景区和特色农业地区。郭焕成等（2005）[77]、段兆麟（2006）[78]、陈昭郎（2005）[79]等对休闲农业的体验性、生产性、生态性、生活性与多功能性特点进行重点阐述，并指出通过对农业资源的高效利用，休闲农业能够产生较好的经济效益、社会效益和生态效益。李涛、刘家明等（2016）指出休闲农业作为农业多功能性开发的有效路径，实现了农业产业多元化、生态化、深层次发展。一些学者认为休闲农业发展显著提高了开发地农户的经济收入（姚海琴、朋文欢等，2016），带动了农村产业结构的调整与升级（郁珊珊、王浩，2016），推动了农村经济的快速发展（蔡文芳，2017），显著拉动了区域经济的发展（卢睿，2016）。在新型城镇化背景下，休闲农业的发展进一步促进了城郊乡村经济转型与产业结构的调整，优化了城乡网络空间结构，有效推进城乡产业、社会、文化融合（吉根宝、郭凌，2015）。适度的旅游开发能够有效促进乡村传统文化的保护、传承与复兴，增强农民的文化自信（黄震方、黄睿等，2018）。孙艺惠等（2007）[80]系统分析了我国休闲农业发展的现状与趋势，指出休闲农业已由初级阶段向规范化阶段发展，在空间分布上主要集中于东中部地区，其产业发展呈现出内容多元化、主题生态化、形式科技化的趋势。张文等（2010）[81]从供给、客源、地域分布、消费档次、发展阶段等方面对我国休闲农业的发展特点进行了分析，指出我国休闲农业资源类型丰富，市场需求旺盛，旅游项目主要分布于城市周边地区，以中低档次产品消费为主，产业发展尚处于初级阶段。黄炜、孟霏等（2017）通过实证研究，从供给、需求与管理三个维度得出休闲农业产业发展的驱动因素与趋势。针对不同地区的休闲农业发展状况，张蕾等（2013）、周义龙等（2015）、向雁（2017）分别对天津市、北京市、海南省休闲农业发展现状特征及对策展开研究。

3. 休闲农业资源分类与开发研究

对休闲农业资源分类的研究比较有代表性的成果有：卞六安（1980）[82]将休闲农业项目按照自然景观、农作物、林业、渔业、牧业、农村文物、农村活动等方面进行分类，包含生产、生活、生态各方面的资源，并将环境景观也纳入休闲农业发展项目中，但其中的细项未真正与农业结合在一起。林梓联（1990）[83]将农业及农村可用的资源分为地理景观、人文艺术、童玩技艺、森林旅游、农耕农产、渔樵渔钓、家禽牧野、教育农园、农村空间利用、农村设备利用等方面，这种分类采取简单列举方式，缺乏系统性，且对休闲农业资源分类的特殊性及内涵阐述不够明晰。张舒雅（1993）[84]结合游客与农户观点归纳出台湾地区休闲农业资源的分类，具体分为农艺作物资源、园艺作物资源、林业作物资源、水产业资源、动物景观资源、硬件设施人文资源、民间游艺人文资源、农村文物、农村空间利用与设备，这种方式同级分类过多，不易操作，且存在分类不周延的问题。蔡进发（1996）[85]将资源范围扩大到资产与无形能力，从资产资源与能力资源两个层面对休闲农场资源进行分类，层级相对明确。林梓联（2001）[86]提出地、景、产、人、文的分类方式，即自然环境资源、景观资源、产业资源、人力资源、文化资源。何平（2002）[87]从自然资源、生态资源、生产资料和生产活动、农业文化和生活方式等方面分析休闲农业资源。王云才等（2007）[88]分别列举了乡村环境与地文景观、乡村水域风光、乡村生物景观、自然景象、乡村历史遗址和遗迹、乡村建筑、设施与乡村聚落文化、乡村旅游商品与传统工艺、乡村人文活动与民俗活动、乡村景观意境旅游资源等分类形式。

在休闲农业资源开发方面，主要是探索休闲农业资源与休闲游憩活动的结合。陈昭郎（2005）[79]认为休闲农业是将农业生产主体及其环境和休闲观光游憩活动相结合的一种活动形式，也是亲近自然、体验自然的活动，针对不同的休闲农业资源可开发不同的产业类型，包括观光农园、休闲渔场、休闲农业园、观光采摘园、休闲牧场、民俗园等。段兆麟（2007）[89]认为，为体现休闲农业的资源特性，可运用农业资源的四季变化、地理区位优势、动植物的生命变化历程、与动物的互动、动植物的知识性以及产业文化活动等来增加体验活动的趣味性。

国内学者广泛收集有关休闲农业的资源，同时包括自然资源与农林牧渔资源，除原始农业生产资源外，文化资源、人力资源也包括在内，对农业资源的认识较为全面，但在分类上仍显得缺乏系统性和逻辑性。因此，应将农业资源与休闲活动充分结合起来，增强休闲农业资源分类的系统性，为休闲农业项目规划奠定良好的基础。对休闲农业资源分类的研究，应在分类技巧及分类内容方面重视两点原则：首先，在分类技巧方面，应设有适当级数，每一级应有适当项目，达到同级、周延与互斥的要求，分类的类别以运用于休闲活动时性质类似者为主；其次，在分类的内容方面，针对一般农业资源而定，分类名称以与农业有关的原始资源为主。

4. 休闲农业发展模式研究

国内研究者按不同标准，从不同角度对休闲农业的发展模式进行了不同分类。从休闲农业的区位与资源依托出发，舒伯阳（1997）[90]从自然依托型与城市依托型两个层面概况休闲农业产业的空间布局模式。符全胜（1998）[91]根据城乡交错带旅游开发的区位特点，提出近城区、近郊区和远郊区三种城郊旅游开发模式。郑向敏等（2004）[92]从空间发展的角度将观光农业园区发展模式分为城市边缘区发展模式、王牌景点（区）依托型发展模式和地域风情拓展模式。赵国如（2009）[69]从区位角度将休闲农业发展模式划分为城市周边型、景区边缘型、特色乡村型和农科基地型，从休闲农业的资源特性分为自然景观型、人文景观型、生态景观型和科技观光型。

从休闲农业的经营内容、经营环境、经营方式、经营主体出发，黄震方等（1999）[93]提出根据城郊观光农业的开发内容，可以通过开发，形成具有生产、观光、娱乐、度假、商贸、文化等多功能的城郊旅游区。肖胜和（1999）根据旅游基础环境的不同将郊野旅游分为户外活动区、休闲度假区、农业旅游区、郊野公园等不同形式。吴承照（1999）从居住区、城区和郊区三个层面界定城市游憩空间系统，并指出郊区游憩规划包括自然游憩地、人文游憩地和人工游乐景观等。

丁忠明、孙敬水（2000）[94]提出按观光农业的结构，可将观光农业划分为观光种植业、观光林业、观光牧业、观光渔业、观光副业、观光生态农业六类。鲁怀坤（2002）[95]认为观光农业主要有农业娱乐型、农场化型、高科技农业示范园、农家乐型四种，并根据投资经营主体的不同将观光农业分为政府主导、企业主导与分散农户主导三种模式。陈昭郎（2002）将台湾休闲农业经营类型概括为休闲农场、林场、渔场、牧场型，观光果园、茶园型，市民农园、教育农园型等；并按活动项目分为景观观赏、活动体验、民宿活动、童玩活动、产业文化、森林游乐、野味品尝等类型。余美珠和袁书琪（2006）[96]从经营方式角度将农业旅游分为农家游、特色农业基地、大型生产基地、科普教育基地及农业主题公园等类型。刘承良（2006）认为休闲农业可分为三种模式，即以现代农业观光为主题的观光农业园、以历史文化为主题的古乡村聚落旅游、以品尝与参与性为主题的农家乐等。林国华等（2007）[97]按照经营形态将休闲农业分为观光农园、教育农园、生态农园、休闲农场、市民农园、度假农庄等类型，按功能性质分为果园采摘、农作体验、风味品尝、教育解说、农业展览、民宿技艺等十多种类型。郭焕成等（2007）[73]将我国休闲农业分为田园农业旅游模式、民俗风情旅游模式、农家乐旅游模式、村落乡镇旅游模式、休闲度假旅游模式、科普教育旅游模式、回归自然旅游模式七种模式，共计 29 种类型[4]。骆静珊、杨敏（2008）[98]将休闲农业分为乡村度假休闲型、农业观光开发型、生态环境示范型、民族风情依托型、现代农村展示型、特色产业带动型、依托景区发展型、原生态文化村寨型、旅游城镇建设型、红色旅游结合型等十种类型。赵国如（2009）[69]以经营内容为基础将休闲农业分为种植业型、林业型、牧业型、渔业型、加工业型、技艺型、生态型等；以经营模式为基础分为农业为主、旅游业为主和农旅结合三种模式。王婉飞等（2010）[99]从战略资源、核心战略、价值网络、客户界面等方面对休闲农业经营模式的构成要素进行了研究。张发民（2009）[100]指出休闲农业经营一般以农户、企业、政府不同经营主体为主导，但政府主导型模式不适合作为长期的发展模式。牛君仪（2014）总结了农业展示、农事参与、生态旅游、民俗文化、农家生活体验、农村度假娱乐六种发展模式。刘红瑞（2015）从组织管理的角度将休闲农业分为农家乐、休闲农庄、休闲农业园区、民俗村四种基本形态。马思捷（2015）将我国休闲农业分为田园农业、休闲度假、民俗风情、科普教育、农家乐五种类型。

从休闲农业的具体功能角度出发，章家恩（2000）按照观光、品尝、休闲、综合等功能划分农业旅游类型，但这种分类方式的划分界限不够明晰。李春生（2003）[101]、郭焕成和郑健雄等（2005）[102]、赵国如按功能类型将休闲农业旅游划分为观赏型、品尝型、购物型、务农型、娱乐型、疗养型和度假型七种类型[4]。

国内学者们对休闲农业开发模式的研究内容不断深化，其划分标准更加科学。这些研究多数是基于休闲农业自身的区位、资源特点进行分析，结合休闲农业的经营内容、经营方式与具体功能进行分类。由于我国乡村地区分布广泛，地理环境与自然资源具有很大的差异性，不同区域的休闲农业具有不同的资源基础与开发特征，在实践中应侧重与典型区域休闲农业发展环境相结合。

5. 休闲农业发展的评价研究

目前对于休闲农业从地理位置、区位交通、农业资源等角度做出的评价，主要是基于休闲农业发展地本身所天然拥有的各项资源要素。针对休闲农业资源开发条件，学者构建了休闲农业开发适宜性评价指标体系、休闲农业资源综合评价体系、休闲农业旅游开发环境健康评价指标体系，采用因子分析法、ESDA 分析法、层次分析法、模糊综合评价法等对休闲农业开发的适宜度、休闲农业开发潜力、休闲农业基础资源的重要程度等问题进行评价与分析（曹盼，2013；阚如良，2015；李涛等，2016；蔡碧凡，2016）。

对休闲农业开发的经济效应，蒋颖与聂华（2011）从直接收入效应与间接收入效应角度对北京市门头沟区休闲农业的经济效益进行了评价，孔庆书等（2013）运用数据包络分析法，对河北省 12 个休闲农业旅游示范点的经济效益进行了有效性实证测度。

此外，一些学者对休闲农业的发展阶段、综合价值、可持续发展能力等问题进行了定量评价，李志明（2009）从体验营销的角度，黄维琴（2012）从经济、资源环境及社会文化三个维度对休闲农业发展阶段进行评判。彭妮（2011）、杨荣荣（2013）利用能值理论、模糊综合评价法等对休闲农业生态经济系统综合价值进行评价。黄宇（2015）则结合经济、产业、社会各项指标对休闲农业可持续发展能力进行评价。

休闲农业评价应用的定性方法主要有案例分析法、理论与调研相结合方法、SWOT 分析法，定量分析包括数据包络分析法、回归分析法、因子分析法等。这些研究注重理论分析与实践相结合，运用地理学、规划学、旅游学等相关学科知识，体现了学科内容的融合，增强了研究的科学性和运用性。但部分研究主要针对特定研究对象的生产经营活动开展，缺乏系统性的整合，对休闲农业整个业态的规律性、方向性和趋势性研究不够。

6. 休闲农业区域布局与规划研究

休闲农业区域布局与规划研究分为定性研究和定量研究两个层次，定性研究集中在空间分布特征、空间布局的影响及空间布局模式方面。郭焕成等（2000）[103]对北京市郊区休闲农业发展进行实证研究，并根据郊区资源、区位、环境及农业发展特点，将产业区域布局分为近郊、中郊和远郊三个圈层、八个地带。杨洪（2001）以地理区域特征为依据将农业旅游开发模式划分为城郊型、山区型、水域型及森林公园型。吴必虎等（2004）[104]研究指出我国休闲农业重点分布于景区边缘、大中城市郊区及老少边贫特色农区，并对大中城市休闲农业园区的空间布局规律进行探讨。刘笑明、李同升（2004）[105]从休闲农园开发条件出发，结合当地特殊资源情况得出了合理的建园目标、园区规划的相应原则与规划重点，并对园区进行功能分区、项目设计和宣传营销。王云才（2005）结合乡村旅游特点，从空间特征上将乡村旅游布局类型分为城郊型、景郊型和村寨型。白娜、李海（2008）[106]根据休闲农业的空间分布状况，将其分为城市依托型、风景名胜区依托型、名镇名村依托型、特色民俗民风依托型、世界遗产依托型、复合型六大类。

在休闲农业规划设计方面，王仰麟、陈传康（1998）[107]将景观生态学原理应用于休闲农业的规划设计，在农业景观系统构建中突出空间结构的和谐性及社会、经济、生态效益的统一性。吴人韦、杨建辉（2004）[108]通过对比分析以产业为核心和以土地利用为核心的两种农业园区规划模式的特点，提出以提高农产品竞争力为核心的园区规划思路。郭焕成、吕明伟则认为在农业园区规划布局中以观光休闲为核心进行功能分区，能有效提升园区景观质量。陈巍（2005）[109]通过实证研究指出休闲农业规划设计应实现科技元素与景观要素的有机融合。

定量研究主要集中在利用计量方法对休闲农业空间分布规律进行探索，并建立不同的评价指标体系，对休闲农业空间布局进行划分。王晓峰等（2013）依据空间结构理论、计量地理学、ArcGIS 等方法，对陕西省休闲农业空间分布特征进行了定量研究。顾小光（2007）、刘春（2011）、刘艳艳（2013）、沈佳（2013）、王晓峰（2013）通过回转半径、分布曲线、空间分布比重、平均城市中心距离、空间离散指数等计量方法探讨休闲农业空间分布规律。刘笑明和李同升（2004）、胡德翠（2010）、王爱忠（2010）、曹巧红（2012）、王莹（2013）结合地理信息系统，运用最邻近指数、不平衡指数、地理联系率等分析方法对休闲农业的空间布局进行分析。李有绪等（2014）构建了休闲农业空间布局评价指标体系，通过因子分析和聚类分析将福州市休闲农业空间布局分为五个基本类型并对其进行优化研究。

从目前研究来看，国内学者对休闲农业区域布局的研究多从区位与资源特点角度分析，结合目前休闲农业区域发展的特点，可以针对大中城市和名胜景区周边、依山傍水逐草自然生态区、少数民族地区和传统特色农区等区域休闲农业布局特点进行系统研究。休闲农业规划设计方面要侧重将农业资源的应用与休闲活动规划和设计相结合。

7. 休闲农业发展问题与对策研究

国内学者对各地休闲农业发展中出现的问题进行重点探讨，并提出了很多具有建设性的意见。李舟（2004）[110]从休闲农业发展空间有限、难以形成品牌、文化内涵挖掘不深、盲目追求城市化接待标准等方面进行了探讨，并提出在体验经济背景下如何实现休闲农业创新发展的相应策略。韦林娜等（2004）[111]指出了休闲农业存在餐饮、娱乐、交通等基础设施不完善、融资力度不够、管理与宣传力度不够等问题，并提出兰州观光休闲农业发展应采取增长极发展模式。王云才等（2005）[112]分析了中国乡村旅游亟待解决的问题，如经营理念低俗化、品牌定位趋同化、乡土文化城市化、管理模式混乱化、产业组织自发化等问题，并从发展形态、产品特色、发展模式、产业组织及产业布局等方面提出乡村旅游创新发展战略。刘莹莹等（2006）[113]指出我国休闲农业经营者在认识上有限，且缺乏必要的经营能力和经营手段，项目本身产业规模小、市场化程度低，政府缺乏有效而规范的管理部门和手段。孙艺惠等（2007）[80]指出我国休闲农业发展普遍存在缺乏规划、产品开发层次低、经营水平不高、辐射带动力弱、发展后劲不足、发展不规范等一系列问题，并在分析观光农业发展优势条件和新时期发展机遇后指出我国观光农业应向规模化、精品化、规范化方向发展。郭焕成等（2007）[73]针对休闲农业发展中存在的科学规划重视不够、档次不高、品位偏低、管理不规范、服务水平不高、服务人员素质不高、政策扶持力度不够等问题，提出要在思想认识、规划布局、规范管理、投资渠道、基础设施、营销宣传等方面采取相应措施。肖君泽（2009）[65]指出我国的休闲农业尚处于初级阶段，存在着特色不足、层次不高、管理不善等问题，休闲农业项目的规划建设应充分考虑市场和区位因素。刘婷婷（2017）阐述了休闲农业不同利益主体之间的利益协调机制不完善，村民主体地位未得到充分体现，休闲农业经营收入利益分配不均，过分追求短期经济效益忽视综合效益等问题。田新强（2017），宋凡金、王爱忠（2015）将休闲农业作为解决农村空心化问题的重要手段，提出完善休闲农业发展体制机制的具体对策。杨德进、白长虹（2016）从旅游扶贫的角度，提出休闲农业在推进生态文明建设，贯彻新的发展理念，实现农村经济内涵式发展方面的具体策略。

8. 休闲农业产业化的路径研究

邱佳与史亚军强调休闲农业产业化发展应以资本为纽带，通过利益联结，建立由农民以所承包的土地等资产，个人或企业以资金、技术等入股成立的新型休闲农业产业化组织形式——休闲农业股份合作有限公司，并建立现代企业制度来促进休闲农业的产业化发展。戴炜（2011）也提出了一种类似的新型组织形式——休闲农业加盟连锁股份有限公司，其经营主体是休闲农业企业（外来资本注册成立），而基础是农户，其实质是农户通过休闲农业企业（中介组织）把自己与市场连接在一起，并通过有效的产品价值链管理形成贸、工、农一体化。董子铭等（2014）依据系统动力学原理对休闲农业产业集群动力机制的构成主体和演变过程进行分析。王丽丽（2016）认为，在各地区发展休闲农业的过程中，结合休闲农业发展的不同阶段，可以采取农民合作社、农业产业化龙头企业带动、家庭农场、“企业 + 农户入股”等多种组织模式实现休闲农业的产业化发展。

另外，国内学者研究中对休闲农业在项目规划设计、开发模式选择、产品开发层次以及生态环境保护等方面存在的不足关注较多，在研究中主要从政策环境、市场规范、企业参与、农户配合等角度提出具体的应对措施。

综上所述，国内外学者对休闲农业发展都从不同层面进行了相对深入的研究，为休闲农业健康持续发展提供了理论依据。国内外研究成果各有侧重，首先，在休闲农业内涵界定方面，国外从运营农场的角度，分析旅游项目与农业生产经营活动的相关程度，并据此来分析休闲农业的类型；而国内农村发展环境与国外相比具有其自身的发展特点和内在要求，因此国内休闲农业概念研究侧重于从传统农业的功能延伸和旅游业的产业拓展角度去界定。其次，在休闲农业发展带来的社会经济效益方面，国外对休闲农业所带来的农场收入增加、地区经济增长、缓解农户就业压力、提高农场经营可持续性等的研究较多，并进一步关注休闲农业在为农场主提供创业与自我提升的机会、促进农户家庭关系和谐、保护农业传统文化等非经济效益方面的贡献，研究中侧重根据具体地区休闲农业发展的相关数据进行定量分析并得出结论；国内研究也肯定了休闲农业具有多种功能，且能够产生一定的社会、经济和环境效益，但与国外相比，针对性研究较少。最后，在休闲农业发展模式方面，国外研究多数是在微观层面上对具体地区休闲农业发展特色与类型进行总结，多数学者认为休闲农业的发展模式的选择必须与地方特色、资源特点、政策环境、农业类型、组织模式等因素相结合；国内学者也多从区位与资源、经营内容、经营环境、经营方式、功能效益等角度对休闲农业模式进行分类，但在组织模式方面研究较少。

目前，国内学者对休闲农业概念内涵的研究越来越细致和深入，发展模式的分类趋向标准化和区域特色化。但休闲农业的理论研究在方法、内容和体系方面还存在很多的不足之处。研究方法上侧重定性研究，定量方法的应用有限，不同学者的研究成果间缺乏连续性和可比性；研究方式上以个案研究为主，缺少系统化的理论支持，研究成果对现实的指导性不强；研究体系上缺乏系统的研究框架和方法论，学科结构与层次关系尚不明晰。因此，今后应侧重休闲农业研究的前瞻性、可行性和指导性，在研究方法上，重视定量分析与案例研究相结合，总结典型地区休闲农业发展的经验和规律；在研究内容上，明晰休闲农业资源的类型与特点，并在此基础上深入研究休闲农业产业化发展的可行性与具体开发模式，提出一些切实可行的措施，进而指导休闲农业实践发展。

第二章　我国休闲农业发展的概念体系与基本理论

第一节　休闲农业的基本概念

一、休闲与休闲产业

1. 休闲的学术界定

从字面意思来看，“休闲”一词最早出现于古希腊文学，A. J. Weal 在所著的《休闲与旅游研究方法》一书中指出，在古希腊单词中，Schole 是指休闲或教育活动，其反义词 A－schole 则是指劳动、奴隶状况。N. J. Darry 在《文化与休闲》一文中指出，英语中 Leisure 一词源于古法语 Leisir，主要强调必要劳动之余的自我发展。休闲一词在拉丁文中是 Recreation，意指恢复健康或振作精神，有再创造与更新之意。从国外有关休闲研究的文献资料来看，现代意义上的休闲研究最早是法国 Boyet P.（1983）的《有权获得闲暇》和美国 T. Veblen（1899）的《有闲阶级论》。

学术界从不同层次与不同角度对休闲的概念进行了界定，主要观点包括从时间、活动、存在状态、心态、生活方式、制度等方面定义休闲。从时间的角度定义，休闲是指人们在劳动和从事其他事务之余所拥有的自由时间。这种定义将休闲视为一种时间的利用方式，并对自由时间及不同群体自由时间的形态差异加以区分。具有代表性的是世界旅游组织（WTO，1970）制定的《消遣宪章》，将消遣时间视为在工作与基本生活需求之外，完全由个人自由支配的闲暇时间[114]。具有代表性的还有马克思的观点，马克思和恩格斯将休闲定义为用于娱乐和休息的闲暇时间及精神上掌握自由的时间，将休闲与社会进步及个人全面发展紧密联系起来[115]，将休闲视为社会文明的重要标志和人类生存追求的目标。

从活动的角度定义，休闲是在个人自由可支配时间内的活动，即人们在从事日常事务之余所进行的非工作性和个人偏好性活动，是个人对可自由支配时间的合理利用，也是休闲时间和自由活动的有效结合。卡拉·亨德森等认为休闲是在一定的时间内，依托一定的消遣活动产生的一种体验。马惠娣将休闲与自由相联系，认为休闲即是以欣然之态做心爱之事的过程[116]，休闲活动是人们自我发展和完善的载体。休闲心理学家则从存在状态及心态角度定义，认为休闲体现着个体自由意志的发挥与自我情感的表达，是驾驭自我的内在力量和心灵的自由感受，是一种心理体验与思想态度。

从生活方式的角度理解看，休闲是自我存在与价值实现的过程。美国著名休闲学研究专家托马斯·古德尔和杰弗瑞·戈比（Geoffey Godbey）在总结西方学者对休闲的众多定义的基础上，指出休闲是从外在压力中释放出来的一种自由的生活状态，促使个体遵从内心所爱，以自身感到有价值的方式行动[117]，并提出广义的休闲是人们以自身的生活方式愉快地、自愿地去做的事情。

从制度角度的定义揭示了休闲的本质与社会基本制度和价值观念间的必然联系，休闲与劳动作为人类两种基本的活动方式，在制度上的关系密不可分。休闲与劳动相辅相成，劳动为休闲创造了条件，休闲是对劳动成果的享用[118]。

2. 学科交叉研究

休闲是一种复杂的社会现象，各学科领域都尝试利用本学科的理论方法深入探索这一现象，并从不同角度对休闲进行了富有成果的分析。

哲学视角下的休闲主要探讨通过休闲促进人的全面发展，进而开发人的创造力。Pieper（1963）认为休闲能够使个体保持平和的状态，给个体创造的机会。Brightbil（1966）提倡改变休闲意识，促使人们以愉悦的心情享受休闲状态，探索人生价值[119]。我国当代学者胡伟希（2003）认为休闲是一种人生哲学与人生境界的体现，具有日常性、主体性和体验性的特征。

休闲社会学成为社会学的重要分支。凡勃伦（1599）从历史和社会经济学角度对有产阶级的闲暇进行研究，指出有闲阶级和所有权制度是社会结构中的普遍事实。当代社会学领域对休闲的研究多倾向于闲暇时间利用与休闲行为等问题，如利用社会学的理论和方法调查各阶层闲暇时间，分析休闲行为对工作、家庭、社会生活各方面的影响等。

休闲的经济理论研究主要立足于分析休闲需求，即闲暇时间利用层面。Robbins（1930）在要素供给分析中将消费者时间分为劳动供给时间与闲暇时间，提出右后弯曲劳动供给曲线，认为休闲和劳动之间存在替代关系，实质上消费者是在休闲和劳动收入之间进行选择。Becker（1965）指出工作与闲暇立间的选择本质上是消费者以效用最大化为原则选择不同的消费活动[120]。

随着西方国家休闲产业的快速发展，应用经济领域的休闲研究迅速兴起，经济学家将更多的目光投向了休闲经济和休闲产业。休闲经济由休闲消费需求和休闲产品供给形成，表现为消费主体在闲暇时间的休闲消费活动和产业经营者提供休闲产品的生产活动。从休闲需求角度看，可对人们的休闲方式和消费活动进行细分。休闲方式是包括休闲活动的具体内容、实施的时间、休闲频次、休闲花费、休闲目的、休闲场所等一系列与休闲活动相关的现象和关系的总称[121]。王雅林（2003）[122]根据休闲活动性质，将休闲方式分为消遣娱乐类、怡情养身类、体育健身类、旅游观光类、社会活动类、教育发展类六大类（见表2－1）。

表2－1　休闲方式的具体分类[122]

休闲方式	休闲活动	具体行为
消遣娱乐类	文化娱乐	歌、舞、影、视、听广播、上网、电脑游戏
	吧式消费	酒吧、陶吧、书吧、迪吧、水吧、氧吧、咖啡屋、茶馆等
	闲逛闲聊	散步、逛街、逛商场、当面闲聊、短信闲聊、电话闲聊等
怡情养身类	养花草宠物	花、草、树、虫、鱼、鸟、兽及其他宠物等
	业余爱好	琴、棋、书、画、茶、酒、牌、摄影、收藏、写作、设计、发明等
	美容装饰	个人性（美发、美容、化妆、饰物佩戴、裁剪制衣等）
		家庭性（主要是指家庭环境或个人居住环境的精细装修、装饰等）
体育健身类	一般健身	太极、跳操、游泳、溜冰、桌球、保龄球、高尔夫球、射箭、跑马以及各种需要健身器材的健身运动等
旅游观光类	时尚刺激型	跳伞、蹦极、攀岩、漂流、潜水、滑草、航模、动力伞、水中狩猎、探险等
	远足旅游	欣赏和体会异地自然风光、名胜古迹、历史文化遗产、民族风情等
	近郊度假	城市绿地、公园、广场、动物园、植物园、园林、古镇、岛屿、度假村、农家乐、野炊、田野游玩等
社会活动类	私人社交	私人聚会、婚礼、生日、毕业、开业、升职、乔迁、获奖等
	公共节庆	民族传统的各种节日、纪念日庆典、旅游节、特色文化节、宗教活动等
	社会公益	社会工作、公益活动、志愿者服务等

续表

休闲方式	休闲活动	具体行为
教育发展类	参观访问	博物馆、纪念馆、展览馆、科技馆、民俗馆、高校、名人故居、烈士陵园、宗教场所、特色街道、特色建筑、工业园区等
	休闲教育	学习乐器、声乐、舞蹈、书法、绘画、插花等

在总结国内外学术界关于休闲的观点后，本书将休闲定义为：人们在自由可支配时间内进行的偏好性活动，从而达到身心放松及自我实现与发展，获取个人生理、心理效用最大化的一种生存方式。休闲是时间、活动、体验三者的密切结合，缺一不可。休闲本身具有以下两点特征：一是休闲没有任何强制性，休闲是一种自由的、令人愉悦的活动；二是休闲不受社会目标驱使，其行为是出于内心本能的喜爱和追求。

3. 休闲产业内涵

从产业供给角度看，休闲产业一般是指与人们的休闲需求、休闲动机、休闲方式、休闲行为紧密关联的产业领域，是由旅游、体育、文化、服务产业为核心的产业系统[123]。休闲产业广泛存在于国民经济三大产业中，可据此分为休闲第一产业（包括休闲农、林、牧、渔业）、休闲第二产业（包括休闲加工业、休闲建筑业）以及休闲第三产业（包括旅游、健身和美容、文化和体育、餐饮和娱乐及其他休闲服务业）[124]。

本书将休闲产业理解为用来满足人们休闲需求的、提供休闲产品及服务的所有产业，休闲农业是休闲产业体系的重要组成部分。

二、农业与休闲农业

传统意义上的农业是指结合动植物生长规律，通过人工养殖的方法获取物质产品的生产部门。狭义的农业一般是指农作物种植业，广义的农业除种植业外还包括林业、牧业和渔业等[125]。

农业的发展史一般可分为原始农业、传统农业和现代农业三个时期。原始农业是在旧石器时代晚期和新石器时代开始的驯养繁殖动物和种植谷物阶段。传统农业是使用农具，利用人力、畜力、水力、风力和自然肥料，凭借直接经验从事生产活动的农业。20 世纪初农业发展开始进入采用机械、化肥、农药和灌溉技术，依靠工业部门提供大量物质和能源的现代农业阶段。现代农业的实质是通过引进新的生产要素和现代农业制度，利用现代科技、先进的经营管理方式来经营农业，实现农业的集约化、市场化、生态化、可持续性发展[126]，目前，我国已进入由传统农业向现代农业加速转变的历史阶段。休闲农业作为融生产性、生活性、生态性于一体的现代化农业，是现代农业系统的重要组成部分。

休闲农业一词来源于英文 Agri - tourism，是由农业（Agriculture）和旅游（Tourism）两个词组合起来翻译的。1989 年，台湾大学最早提出休闲农业的定义，对休闲农业蕴含的丰富资源与功能加以描述，将休闲农业定义为“利用农村设备和空间，农业生产场地、农业产品、农业经营活动、自然生态、农业自然环境、农村人文资源等，经过规划设计，以此发挥农业和农村休闲旅游功能，增进民众对农村和农业的体验，提升旅游品质并提高农民收益，促进农村发展的一种新型农业[127]”。近年来，国内学者在相关研究中对休闲农业的概念做出了不同的阐述，并对休闲农业内涵的认识不断深入（见表 2 -2）。

表 2 -2　国内有代表性的休闲农业定义

年份	学者	定义
1991	陈宪明	观光农业是在有生产性的农村环境中发展观光游憩业
1997	范子文	观光休闲农业是把农业和旅游业结合在一起，利用田园景观、农业生产经营活动和农村自然环境吸引游客前来观赏、品尝、习作、休闲、体验、健身、科考、书画、摄影、购物、度假的一种新型农业生产经营形式
1998	林梓联	休闲农业是利用农村的自然环境、景观、生态、农村设备、农村空间、农村产品及文化资源等，经过设计规划发挥农业与农村观光休闲功能，增进人们对于农业与农村生活的体验
1998	祁黄雄	休闲农业是一种以农业和农村为载体的新型旅游业
1999	郭焕成 刘盛和	休闲农业是以充分开发具有旅游价值的农业资源和农产品为前提，把农业生产、科技应用、艺术加工和游客参与融为一体的农业旅游活动
2000	郭焕成	休闲农业是以农业活动为基础，农业和旅游业相结合的一种新型交叉产业
2001	俞文正	休闲农业是指以现有或开发的农业和农村资源为对象，按照现代旅游业的发展规律和构成要素，对其进行改造、配套、组装和深度开发，在至少保证基本生产功能和有利于生态环境优化的基础上，因地制宜，赋予其观赏、品尝、购买、娱乐、劳动、学习和居住等不同的旅游功能，创造出可经营的、具有农业特色和功能的旅游资源及其产品，形成一产和三产相融合，生产和消费相统一的新型产业形态[128]

续表

年份	学者	定义
2001	叶澄 刘杰	休闲农业是在现有农业资源基础上，以旅游内涵为主体的规划、设计与施工，把农业建设与示范、农艺展示、科学管理、农产品加工等活动与旅游者参与融为一体，并使旅游者充分领略农业艺术与自然情趣的一种新型旅游形式[129]
2004	郑健雄	休闲农业是利用田园景观、自然生态及环境资源，结合农林渔牧生产、农业经营活动、农村文化及农家生活，提供人们休闲，增进人们对农业及农村体验为目的的农业经营形式[130]
2006	刘莹莹 原梅生	利用农村设备与空间、农业生产场地、农业产品、农业经营活动、自然生态、农业自然环境、农村人文资源等，经过规划设计，以发挥农业与农村休闲旅游功能，增进民众对农村与农业的体验，提升旅游品质，并提高农民收益，促进农村发展的一种新型农业[131]
2007	郑健雄 陈昭郎	休闲农业主要是结合农业和农村等有形资源及其背后隐含的休闲观光、教育体验与经营管理能力等无形资源所形成的一种新兴的休闲服务产业
2008	孙明泉	休闲农业是利用农业资源环境、田园景观、农业经营活动及农耕文化，为都市人提供观光、休闲、度假、娱乐、体验农业和农村生活方式的一种农业经营活动，是一项集生产性、生活性、生态性“三生”为一体的多功能产业[132]
2008	郭焕成	休闲农业是利用农业自然环境、田园景观、农业生产、农业经营、农耕文化、农业设施、农家生活等资源，为游客提供观光、休闲、体验等多项需求的农业经营活动，是以农业为基础，以休闲为目的，以服务为手段，以城市游客为目标，农业和旅游业相结合，第一产业和第三产业相结合的新型产业形态[133]
2009	詹玲	休闲农业是指在充分利用田园景观和农村特有的人文景观的基础上，结合农林牧渔生产经营活动、农村传统文化及农家生活，通过以旅游内涵为主题的精心策划和开发，充分发挥农业的多种功能，满足人们各种休闲需求，使农业和旅游业有机融合形成的一种新型产业
2009	肖君泽	休闲农业是指利用田园景观、自然生态及环境资源，结合农林牧渔生产、农业经营活动、农村文化及农家生活开展的供人们休闲娱乐、体验农家生活的新型经营活动[134]
2009	黄映晖 唐衡 史亚军	休闲农业是指在农村范围内，利用农业自然环境、田园景观、农业生产、农业经营、农业设施、农耕文化、农家生活等旅游资源，通过科学规划和开发设计，为游客提供观光、休闲度假、体验、娱乐、健身等多项需求的旅游经营活动[135]
2009	赵国如	通过对农村景观、农业资源、农家生活、村寨文化等的综合利用开发，除提供特色农业产品外，同时向人们提供观光、旅游、度假、疗养、学习、体验、购买等休闲产品的一种现代农业经营方式

续表

年份	学者	定义
2011	张天佐	将农业生产过程、农民劳动生活、农村风情风貌进行科学设计与开发，形成集观光、体验、娱乐、度假、教育、示范推广为一体的新业态
2012	聂亚珍	休闲农业是休闲、休闲产业和休闲经济的有机结合
2014	宗锦耀	通过拓展农业的观光休闲、文化传承、生态涵养、教育科普等功能，实现农村一、二、三产业融合发展
2016	陈善士	促进农村就业与发展、增加农村居民收入的集生产、生态为一体的复合型农业产业

目前，休闲农业的概念有诸多提法，如农家乐、观光农业、体验农业、农业旅游、生态农业、生态农业旅游、田园农业、乡村旅游、都市农业等。休闲农业与这些相关概念在内涵与外延方面均有一些交叉重叠之处，为全面、深刻认识休闲农业的内涵与特征，需要对休闲农业的相关概念进行对比与辨析。

（1）观光农业与休闲农业。观光农业主要以游览为主，在充分开发农业资源和农业产品的观光、旅游价值的前提下，将现代新兴农业艺术与其他类型的旅游景点相结合。观光农业一般分布在风景区和旅游热线上，如在著名旅游景点周围发展观赏植物、风景林、人工草地，在旅游线路上开放具有特色的花园、果园、菜园、茶园、渔场、牧场等，供游客游览、观赏、品尝、娱乐、增长见识、开阔视野。

在实质上，观光农业与休闲农业都是农业与旅游业结合的交叉型产业。从观光与休闲所体现的含义来看，“观光”仅仅是对事物的简单欣赏，也是“休闲”的一种简单形式，而“休闲”的内涵更为丰富，体现出一种生活方式和心态[136]。在产业发展初级阶段，旅游产品多以观光为主，随着产业日渐成熟，其产品形式也将趋向多样化。

（2）农业旅游与休闲农业。国家旅游局颁发的《全国工农业旅游示范点检查标准》中指出农业旅游是以农业与农村特色资源为依托，以农业生产、农民生活、农村风貌为旅游吸引物，集观光、娱乐、文化、休闲、度假、科研等功能于一体的旅游活动[136]。

休闲农业与农业旅游的区别在于：一是地域范围的区别，休闲农业不仅局限于农村地域，也包括城市周边、城市郊区等地域内开展的农业旅游活动；二是发展阶段的区别，休闲农业是在城市化背景下逐渐兴起的旅游模式，是农业旅游发展到较高阶段的产物；三是产业视角不同，休闲农业更强调“以农为主”，是农业产业功能拓展下现代农业的组成部分，而农业旅游侧重“以旅为主”，是以农村、农业资源为基础的旅游活动，是旅游产业的横向延伸。

（3）生态农业、生态农业旅游与休闲农业。生态农业是在遵循生态学、经济学规律的前提下，应用现代科学技术，集约化经营农业，致力于保护、改善农业生态环境。生态农业是一个集合生态系统与经济系统的复合系统，更加关注农业生产的生态效益以及带来的经济效益。生态农业旅游将生态学、经济学、美学原理应用于传统农业生产，并利用现代科学技术在农业生产过程中融合了观光、农艺、科技示范与休闲度假等功能，以此实现经济、社会、生态三大效益的协调统一与同步提升。

生态农业属于农业范畴，可以作为休闲农业旅游的客体。生态农业旅游的概念即可看作是生态农业用来发展休闲农业旅游的一种形式。生态农业旅游与休闲农业都以追求生态、经济、社会效益统一为目标，生态农业旅游的专业性与特色性更为显著，可视为休闲农业的一种开发类型。

（4）生态旅游与休闲农业。根据国际生态旅游协会的定义，生态旅游以自然环境保护为核心，以生态环境与社会人口可持续发展为宗旨，是旅游可持续发展的一种形式。生态旅游强调旅游者在开展旅游活动的过程中，不干扰自然地域、保护生态环境、降低旅游负面影响并为当地人口提供有益的社会和经济活动。

生态旅游与休闲农业在旅游活动的生态环境效益上具有共同的诉求点，都追求旅游的可持续发展。生态旅游是在一定的自然地域范围内进行的负责任的旅游行为，旨在推动旅游目的地的环境保护，地域范围没有严格的城市与乡村的限定，依托农业与农村生产、生活、生态资源开展的生态旅游都可认定为休闲农业范畴。休闲农业在本质上追求经济、社会和生态效益的相互协调、均衡发展，休闲农业本身是一种生态旅游行为。

（5）乡村旅游与休闲农业。世界旅游组织将乡村旅游界定为在偏远地区的传统乡村及其周边地区开展的旅游活动[137]。据此，可将乡村旅游定义为以农村地域的风景、风俗、风土、风物组合而成的乡村风情为吸引物，开展观光、体验、休闲、度假、疗养、考察、修学、娱乐、购物等旅游活动[138]。如农家乐旅游，是以田园风光和别有情趣的农家生活为依托，以农户为经营主体、以大中城市为目标客源市场、以满足旅游者回归自然和休闲娱乐需求为宗旨的一种旅游方式，农家乐一般注重乡土文化、乡土人情、乡村气息，是乡村旅游最具代表性的一种形式[139]。

乡村旅游与休闲农业在内涵上有一定的重合，两者主要区别在于旅游目的地与旅游吸引物的选择不同。首先，乡村旅游的目的地通常是远离城市的传统农村地区，强调旅游空间的乡村性，休闲农业更集中分布于大城市近郊与远郊地区，项目布局多位于以城市为中心的辐射区内。其次，乡村旅游吸引物主要是乡村风情，包括特有的地理环境、地方景物、乡村民俗、乡村生活、乡村聚落景观及可供欣赏的乡村景象，满足旅游者观光、娱乐、文化、度假等旅游需求；而休闲农业旅游吸引物包括农业生产过程、经营模式、农民生活场景和农业生态景观等，具备观光体验、休闲度假、教育示范、生态保护等多种功能。总体来看，休闲农业的内涵与外延比乡村旅游更广。

（6）都市农业与休闲农业。都市农业是适应现代化都市生存与发展需要而形成的一种新模式，是指在大都市周边城市化地区与间隙地带，紧密依托并服务于都市，充分利用大都市科技成果及现代化设备进行生产，融生产性、生活性、生态性于一体，高质、高效和可持续发展相结合的现代化农业。

休闲农业与都市农业之间具有明显的交叉与重合。在空间布局上，都市农业主要位于大城市内部及近郊，休闲农业除了大中城市的郊区外，还包括离城市较远、农业资源丰富的特色农业区域；在经营内容上，都市农业是现代都市建设的组成部分，与城市社会经济、结构功能、生态系统紧密联系，强调农业的现代化、高科技化和多功能性，包括生态农业、设施农业、休闲农业、农业生产基地等多个层次。由此可见，都市农业的经营层次更多元化，而休闲农业的地域范围更广泛，可将位于城市近域的休闲农业视为都市农业的经营内容。

通过以上分析，可以得出各种概念间的关系：首先，从发展阶段来看，观光农业、农业旅游可分别视作休闲农业发展的初级阶段和中级阶段，观光农业是农业旅游中更加侧重观光、游览的部分，是以农园、农事观光介绍为主体的农业旅游，农业旅游是休闲农业中更偏重农业生产关系的那一部分，以农事体验为核心，而休闲农业的内涵更为丰富，休闲农业可以涵盖观光农业、农业旅游的各方面内容。其次，从内容范畴来看，生态农业旅游是休闲农业的重要组成部分，休闲农业则是生态旅游的一种实现形式。最后，从地域范围来看，乡村旅游更强调旅游目的地的乡村性，多指远离城市的传统农村区域，都市农业开展空间位于大都市内部及近郊[125]，而休闲农业的分布区域包括都市近郊和城乡结合部，也包括远郊和特色乡村地区。总体上，休闲农业集中体现了各类概念阐述的核心内涵，用休闲农业这一概念来定义以农村与农业资源为基础开展的休闲产业较为全面而准确。

综上所述，本书将休闲农业界定为：是旅游业与现代农业相结合的交叉型产业，是农业生产、生活、生态功能的体现和延伸，是综合利用与农业生产经营、农村自然环境、农民文化生活相关的资源，开展多种形式的休闲项目，吸引消费者前来观赏、品尝、购物、劳作、体验、休闲、度假的一种新型农业生产经营形态。

休闲农业作为农业和旅游业相结合的新型产业，除了具有农业传统的季节性、地域性、生产性等特点外，还具有第三产业的服务性质。休闲农业的内涵特点表现在：①休闲农业地理范围较广泛，不仅限于城市郊区与城乡结合部，也辐射到大农业、大农村地区。②休闲农业的自然性。休闲农业保持原有的农业生产特性，结合农业的自然资源及农村人文资源进行休闲活动。③休闲农业强调经济、社会与生态效益的相互协调，是实现高效农业、生态农业和可持续农业的有效途径。④休闲农业产业关联极其广泛，涉及多学科、多领域，并与技术、资本、人才、信息市场相关联，且是一个复杂的产业系统（见图2-1）。

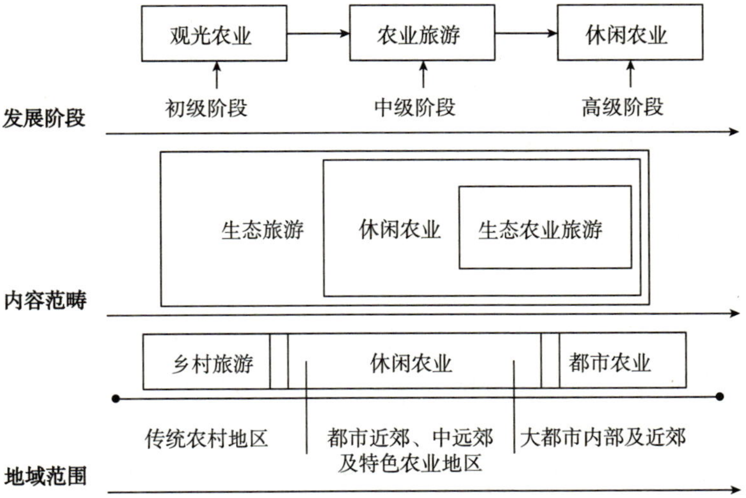

图2-1　休闲农业相关概念辨析

三、休闲农业资源

资源，是指任何时间可取用的任何物质或非物质的事物，从广义来看，资源包括自然资源、经济资源、社会资源、人力资源等各种资源；从狭义来看，资源仅指自然资源。农业资源是人们从事农业经营活动所能利用的各项资源，包括农业自然资源和农业社会资源，农业自然资源是指农业生产经营过程中可利用的水、土、大气、生物等自然要素，农业社会资源则是指与社会经济文化相关的各种资源，包括农业科技、民俗风情、农业劳动力等。《台湾农家要览》中认为广义的农业资源还应包括所有能够投入农业经营的物质、资源、劳动力、技术等因素[82]。

休闲资源是对休闲旅游者构成吸引力的各种自然、人文、社会元素。休闲农业资源可定义为能够对人们产生吸引力，并满足休闲需求的农业生产、农民生活、乡村民俗风情、农业生态环境等农业对象物，是吸引有闲人士休闲的自然要素和社会要素的总和[140-141]。休闲农业资源是由地形、地貌、水文、气候、动植物及当地居民等要素相互联系、相互影响和相互制约所形成的一个综合体[88]。一方面，气候、土壤、水文等自然要素是形成休闲农业资源外部特征和内部结构的基底；另一方面，农业、农村在长期的历史发展过程中形成的农业生产、农村生活、生态环境等物质和非物质要素成为休闲农业资源的重要组成部分。

休闲农业资源区别于传统旅游资源的特性主要体现在以下几方面：①生产性与休闲性。休闲农业是在农业生产的基础上发展起来的，休闲农业资源既可供人类生产和加工农产品，又可供人类休闲娱乐。②季节性。农作物的生长发育与季节间光、温、降雨量变化有着紧密联系，其季节性表现在各种农作物的萌时、茂时、花时、果时以及相应的农事活动，具有明显的周期性特点，乡村自然环境、农业生产和社会生活也具有季节变化性[142]。③地域性。一是自然环境因素，如不同地区的纬度、地形、地势、气候、土壤、水文等自然环境因素不同，再加上社会经济、生产条件、作物种类和技术水平的差异，导致农业分布具有鲜明的地域差异性，如热带农业、亚热带农业、暖温带农业、温带农业、寒温带农业分布等；二是由政治、宗教、民族、文化、人口、经济、历史等要素组成的社会环境的差异性又往往形成不同的乡村民俗文化，如民族服饰、信仰、礼仪、节日庆典等[143]。④生态性。休闲农业资源是以整个生态系统为背景的，动植物的生长、栖息、繁殖，以及人们的生产、生活均与生态环境具有密切的关系[144]。⑤可持续性。休闲农业自然资源的可再生性、农业社会资源的可继承性决定了其开发利用具有可持续性特点。

表2-3 休闲农业资源与传统旅游资源的比较

区别因素	休闲农业资源	传统旅游资源
形态属性	具有典型的农业特征	特色旅游吸引物
吸引特质	农业生产活动、农村生态环境、农民生活形态、民俗文化风情	秀、美、奇、特、珍、险、怪的资源特质
核心需求	回归自然、体验乡村风情、参与农业生产和生活活动	消遣、娱乐、度假、购物、康体、保健、科研、探险等

续表

区别因素	休闲农业资源	传统旅游资源
产业依托	农业与旅游业相结合	旅游业
分布区域	集中于城市近郊、中远郊及特色乡村地区	广泛分布于城市与农村自然和人文资源富集地区
发展目的	农业、农村、农民的可持续发展	带动旅游目的地经济社会发展
效益诉求	经济、社会、生态效益协调统一	开始注重生态效益
经营类型	农家乐、观光采摘园、休闲农庄、市民农园、农业科技园、农业生态园等	风景名胜区、历史遗迹、历史文化名城、自然保护区、森林公园等

四、休闲农业产业化

产业化的内涵体现在以下几方面：一是商业化，生产者通过市场的分配、传递、选择和评价为消费者提供产品和服务，而需求者通过商业形式在市场中获得自己需要的产品和服务；二是分工化，通过专业化的分工提高市场效率和经济效益，满足市场需求；三是规模化，形成一定规模的市场容量以及较高的市场需求密度，从而建立相应的行业管理标准，降低市场交易成本；四是过程化，产业化的形成是市场需求拉动与市场供给推动的过程，同时需要政府和行业管理者提供有秩序的运行环境。

休闲农业的产业范畴涵盖旅游业和农业的相关方面，应从旅游业和农业两个层面理解休闲农业产业化。首先，旅游产业化是指以核心产业为基础，相关产业联动发展，推进旅游业市场化、规模化、集约化发展，逐渐形成旅游产业集群化的过程；其次，农业产业化是以农户为基础，以龙头企业为主导，以市场需求为导向，依托农业经济发展的主导产业或主导产品，并按照产、供、销，种、养、加、贸、工、农、科、教一体化经营的原则，将农业生产经营的各个环节连接成统一整体。农业产业化经营的本质是在市场机制下，实现农产品的生产、加工和销售的利益一体化，形成促进农业发展的新机制，在实现形式上表现为生产的专业化、布局的区域化、服务的社会化和管理的企业化。

综合旅游产业化与农业产业化发展的内涵特点，本书将休闲农业产业化界定为：是以城市客源市场为导向、以资源开发为基础、以经济效益为中心、以休闲旅游为主题、以休闲农业核心产业为龙头，通过一体化、专业化、集约化经营，与相关产业联动发展，从而扩大经营规模、延伸产业链条，形成休闲农业产业集群化的过程。休闲农业产业化具有企业规模化、经营集约化、产品市场化、产业一体化、服务社会化等特征。其产业化内涵主要体现在以下四个层面：①市场化是休闲农业产业化的基本前提和运作方式。②规模化与集约化是休闲农业产业化程度的集中体现。③一体化与现代化是休闲农业产业化水平的标志。④集群化是休闲农业产业化的发展趋势与竞争优势[145]。

第二节 休闲农业的产业内涵

一、休闲农业的特征

1. “三生一体”性

从大农业的理念出发，休闲农业是一项具有生产性、生活性、生态性特征的多功能性产业①。一级产业，是农业内部横向关系紧密的农产品生产；二级产业，是指农产品加工产业；三级产业，是农业生产、加工紧密联系的运输、销售、餐饮、住宿、体验等相关服务业。生产性是休闲农业的基本属性，是衍生出其他功能的基础；生活性是休闲农业的基本特质，是社会功能的体现，表现在可为城市居民提供休闲度假、观光、旅游、教育和疗养等多种服务；生态性是休闲农业生态功能的集中体现。休闲农业的“三生一体”性体现着休闲农业的乘数效应，说明休闲农业的形成是一级、二级和三级产业不断融合，农业功能不断多维化的过程[146]。

2. 区域差异性

休闲农业的区域差异性主要表现在不同地区的气候、土壤、水文、光照、热量等自然环境要素的差异导致农业生产呈现出不同的区域特征。因此，不同地区的农业生产习惯和土地利用方式具有很大的差异，并形成不同的田园风光和民风民俗景观。

① 台湾于20世纪90年代初在其制定的“农业综合调整方案”中，首次提出农业、农民、农村“三位一体”和生产、生活、生态“三生农业”的概念。

3. 参与体验性

休闲农业为旅游者提供观光、休闲、体验等多项需求，旅游者可以亲身参与体验各种休闲农业项目，可通过直接品尝农产品或直接参与农业生产与生活实践活动，通过模仿、学习和劳作来体验农村风情、农业生产的乐趣和农村生活的情趣，感受原汁原味的乡村文化氛围。

4. 投资收益性

休闲农业投入少、收益高、交易成本低。一方面，休闲农业项目可以就地取材、分期开发，项目启动资金和建设费用相对较小，建设周期较短，经济效益显著；另一方面，休闲农业对资金投入要求较低，还可以通过政府带动等方式短时间内建立起来，区域集聚的成本以及时间要远远低于其他产业，从而在实现规模效应的同时有效降低交易成本。

5. 产业集聚性

休闲农业的集聚性表现在以下几方面：一是企业集聚，不同类型、不同功能、不同风格以及提供不同休闲农业产品和服务的休闲农业企业在特定区域形成产业集聚，从而带动休闲农业市场效应和品牌效应的发挥；二是客流集聚，休闲农业带动并依托地区旅游业和相关联产业发展，降低组织与交易成本，吸引大量客流集聚；三是交通集聚，休闲农业对区位交通因素提出更高要求，交通便利程度直接决定客流量水平与游客满意度，因此休闲农业发展必然促使地区交通集聚；四是环境集聚，休闲农业往往在自然环境优美的地方集聚发展。

6. 循环经济性

休闲农业通过农业生产与休闲旅游的互动链接，实现物质、能量、资金的循环利用。将农业自然资源的利用统一于农业生产和休闲消费的过程中，实现农业与休闲旅游业的相互促进，并将生产和休闲过程中产生的废物重新用于土壤培肥或其他农业种植中，使资源能再次得到利用，降低环境污染与经营成本。

7. 文化传承性

休闲农业与休闲文化紧密相关。我国广大农村地区基本保留着传统的农业生产方式和民俗风情，农村文化完整保存了传统文化的精髓[147]。休闲农业在挖掘农村传统文化资源的基础上能够延续和传承广大农村地区各具特色、历史悠久的农业生产生活方式和乡村民俗文化，休闲农业发展带有明显的农业与农村文化特征。

二、休闲农业的功能

休闲农业是一种集约、高效、多功能复合的可持续发展产业。休闲农业将农业从单一的原料生产与供给功能向生态涵养、观光休闲、文化传承、就业增收等多功能拓展，其多功能性主要体现在以下方面：

1. 社会功能

休闲农业的社会功能主要表现在：①促进城乡一体化。休闲农业以农业资源为依托、以广大农村地区为发展空间、以农民为发展主体、以城镇居民为客源市场，根据城镇客源地的旅游需求调整产业空间布局、拓展产业链范围、开发多元化产品形式。同时，城市经济的发展与科技水平的提升又可促进和反哺农业发展，使得城乡互为资源、互为市场、互为环境，并形成相互依存、相互补充的一体化关系。另外，休闲农业发展有利于城市文明向农村延伸，有利于促进农村社会的进步，提升农村生活品质，改善农村经济状况，加快城乡差距的缩小。②示范辐射功能。休闲农业具有显著的示范、推广、辐射作用，发展休闲农业有利于扩大农业、农村的社会影响力，促进公众对农业和农村的认识，增强政府和社会各界对“三农”问题的关注，从而带动农业及其相关产业的发展。③保护城市资源。城郊休闲农业发展能够有效地提高城郊土地的利用率和收益率，对于城市长远规划建设与城郊经济发展具有重要的调节作用。

2. 生态平衡功能

休闲农业的发展贯穿了生态思想。一方面，休闲农业开展以保护农村自然生态环境为原则，注重农村生态环境品质的提升与生态系统的良性循环[148]。同时，也有利于提高城市环境质量，创造良好的生活空间，发挥生态屏障功能。另一方面，休闲农业可以通过宣传教育及农业生态模式的观赏和学习，提高旅游者对环境保护与生态保育重要性的认识，促进生态环境的保护。

3. 文化功能

休闲农业在发展过程中注重对农村特有的民俗文化、民族文化、乡村文化及传统农业文化的利用与保护，在为旅游者提供农村文化活动的同时，也有利于农村特有的民俗风貌、农业文化、民间传统技艺等得以发展、延续和继承。休闲农业的深入发展也有利于进一步提升农村文化，创造出具有特殊风格的乡村文化，形成新的文明乡风。

4. 旅游功能

休闲农业旅游地通过将自然环境要素与乡村人文要素相结合，形成独特的景观和环境，供旅游者观光、体验。休闲农业旅游地依托优美的自然环境、静谧的空间、丰富的旅游资源，为游客提供观光、娱乐、休闲、度假、康体、健身、购物等各种服务和活动场所，旅游者可以缓解紧张的工作压力和生活压力，且有利于放松身心、陶冶性情。同时，休闲农业旅游目的地一般远离市区，生态环境受人类活动影响程度低，通过提供日光浴、森林浴、爬山、食疗、药膳等疗养场所，可实现康体保健的功效。

5. 科普教育功能

农村丰富的乡土文物、民俗古迹、劳作过程、生活方式等休闲农业资源为旅游者提供了一个融知识性、科学性、趣味性为一体的农业生态科教园地，并对广大的旅游者具有很好的教育作用。另外，游客通过参观和体验，还可以了解农业文化、学习农业知识、认识农村动植物生长过程、参与农业生产活动、体验农村文化生活及感受农村生态环境等，并通过了解现代科技在农业生产中的应用得到农业、生产、自然等科学知识的启迪，具有良好的教育意义。

三、休闲农业的意义

1. 有利于优化调整农村产业结构

休闲农业促使农业从弱质产业向高产、优质、高效、可持续发展的优势产业转变，将传统农业从第一产业延伸到第三产业；突破了传统农业的掠夺式生产模式，农业产业效益由单一经济效益向综合效益转变；通过农业资源的充分开发与有效利用来吸引旅游者，从而带动旅游地农产品加工业、酒店餐饮业、交通运输业以及人文创意等相关产业的发展，产品结构由初级产品向深加工产品转变，产业链条向流通、消费环节延伸，形成产业化生产体系，从而带动整个农村地区农业现代化水平的提高和产业结构的优化。

2. 有利于转移农村剩余劳动力

休闲农业作为劳动密集型产业，具有投资成本低、就业吸引力强等特点，为安置农村闲散劳动力提供了重要途径[149]。休闲农业发展直接带动了餐饮、住宿、娱乐、商业、交通运输等相关产业的发展，各种旅游配套服务功能的建设完善需要大量导游、管理人员、服务人员等，从而吸纳大量的农村剩余劳动力，有助于解决农村剩余劳动力的就业问题。

3. 有利于提高农业生产附加值，增加农民收入

休闲农业将生产、流通和消费环节紧密结合，是农民增收的新途径和农村经济新的增长点。休闲农业将农民的生活资料、生产资料转化为经营性的资产，具有投资少、风险小、门槛低、经营比较灵活的特点，是一种附加值很高、具有乘数效应的产业模式。休闲农业活动的开展通过为旅游者提供系列化的服务，扩大了农业生产经营范围，推动了农村第二、第三产业的发展，增加了农业经营附加值，提高了农业经营效益和农民经济收入。

4. 有利于提高农业劳动者素质，提高农村社会文明程度

休闲农业发展吸引了大批复合型的经营管理人才。通过高素质人才和城市旅游者的传播、带动与交流、学习，以及专业的素质教育培训体系对休闲农业的经营业主和从业人员进行专业培训，可以不断地提高劳动者自身的素质，造就一代高素质的新型农民。休闲农业旅游活动的开展促进人流、物流、资金流的往来，给旅游开发地带来全新的思想和生活观念，逐步改变农村落后的思想观念，更新农民的服务意识与市场观念，提高从业者自身素质，从而全面提高农村社会文明，推进社会主义新农村建设。

5. 有利于加快农业产业化进程

休闲农业促使传统生产要素与现代科技、文化因素相结合，实现土地、劳动力、资本与知识、技术以及现代服务体系的资源整合，产业属性中第三产业特征更加明显，通过产业融合推动农业产业化进程。同时，现代高新技术的应用以及休闲服务体系的完善，不断地推进农业生产、产品服务、经营管理以及市场运作的创新，进而为农业产业化发展提供了新思路。

6. 有利于实现农业和旅游业的可持续发展

休闲农业以生态农业经营原则为基础，运用生态经济学原理，通过推广立体化种植技术、集约化利用农业资源，实现农业资源的增值与农业生态系统的稳定，推进休闲农业的可持续发展。休闲农业开展突破了传统农业自然经济型增长模式，在实现农业高产出、高经济效益的同时有效保护农业和农村生态环境，力求农业经济增长的可持续性与高效性。另外，大力发展集农业生产、生态旅游、休闲度假、参与体验于一体的休闲农业，也有利于旅游消费转型升级，培育新型消费业态，促进旅游业可持续发展。

7. 有利于吸纳、接收和传播现代农业科技

休闲农业是现代农业的经营方式，现代化农业作为知识和技术密集型产

业[150]，通过先进科学技术成果的应用实现生产要素的优化配置，技术进步成为农业增产增收的重要源泉。休闲农业广泛地采用现代农业生产的高新技术，有效地提高农产品生产效率与质量，并为地区农业经济发展提供信息技术交流平台，促进现代农业科技的接收和传播。

四、休闲农业的趋势

由于在资源禀赋、政策引导、人文环境、市场需求、企业运营方面的差异性，各地区休闲农业的发展重点和发展类型各异，但各地区休闲农业产业规模不断扩大、产业效益逐年提高、产业类型日渐丰富，休闲农业已从萌芽起步和初级发展阶段逐步向规范化、产业化阶段发展。我国休闲农业产业化的必要性主要体现在以下几方面：

1. 休闲农业的结构调整性

休闲农业是将农业与旅游业相结合的产业，对调整农村产业结构、延伸农业产业链条、转变农业增长方式、加速传统农业向现代农业转变具有积极作用。首先，休闲农业对吸纳农村剩余劳动力、调整城乡人口结构性矛盾发挥重要作用，对城市化进程中造成的城市就业、住房、交通和环境恶化，以及农村人口减少、劳动力不足、经济萧条等现象具有缓解效果，为乡村剩余劳动力就地转移和农村人口城市化提供可行途径。同时，农村剩余劳动力向农村服务业等非农产业的转移，也将带来农业用地价格与人工成本的上升，间接地促进农业生产方式向集约化、产业化方向发展。其次，休闲农业打破了第一、第二、第三产业的界限，引进和发展休闲农业龙头企业，综合开发休闲农业资源，带动相关联产业聚集发展，形成供产销、旅工农、科工贸产业化经营体系，从而提高农村第二、第三产业比例与农业经济效益，实现农业产业结构效益优化，全面推进农业和农村经济发展。最后，发展休闲农业可以充分整合农村自然和社会资源，合理利用农业生产资源，实现农业转化能力的优化，将农业和农村生产、生活、生态资源转化为产业经营资本，促进农村产业结构优化。

2. 休闲农业的规模经济性

休闲农业是集生产、销售、生活、休闲、娱乐、度假、科技、生态、教育、环保于一体的产业，是现代化农业多功能性的体现。休闲农业的产业特性决定休闲农业必须实现规模化经营，只有在一定的规模经济和范围经济的基础上，才能有效展现休闲农业的各项功能，进而实现良好的经济、社会与生态效益。首先，规模经济效应是指企业通过增加生产的产品和服务数量，实现单位产品或服务成本的降低；范围经济效应则是通过增加生产的产品和服务种类实现生产成本的节约。休闲农业产业发展的规模经济性和范围经济性主要体现在：休闲农业项目建设突破了传统农业生产模式，形成融合第一、第二、第三产业发展的全新模式，建设集生产种植、观光旅游、生态餐饮、科技示范、休闲度假为一体的休闲农业产业基地与园区，吸引具有影响力的龙头企业，从而带动相关企业的集聚，形成一定的经营规模，增加休闲农业产品与服务供给，实现经营内容多样化及产品供给多元化，刺激潜在市场需求，保证地区休闲农业经营的低成本供给和高品质产品与服务。其次，随着现代休闲农业投资经营模式的转变，农民的组织化程度不断提高，农户分散经营的小农生产方式得到优化调整，通过休闲农业企业将分散的农户联结为统一整体，实现了土地的有效集中和规模化生产。同时，休闲农业生产方式的集中化、专业化，现代农业科技与先进经营管理模式的投入使用都有助于休闲农业产业生产效率的大幅提高与产业规模经济效益的实现。

3. 休闲农业的产业集聚性

休闲农业的产业集聚效应是在规模经济基础上形成的外部经济效益。由于自然资源禀赋优越、产业经济发展的正外部性、区域环境与相关联产业的支持以及企业自身追求规模经济和范围经济的需求等因素促成休闲农业企业的大量集聚，形成产业集群效应。休闲农业产业集群效应的优势包括以下几点：一是通过集群化，可以整合区域内休闲农业核心资源与相关资源，促进资源优化配置，解决土地利用率低和基础设施重复建设等问题；二是增强企业间的学习效应和分工效应，促进休闲农业产品、技术、信息、服务、劳动力、资金融通方面的交流与合作，为潜在进入企业带来投入资本节约效应、生产技术和管理经验扩散等正外部效应[151]，从而提高集群内企业经营管理水平，降低企业运营成本和经营风险；三是形成区域产业分工效应，在休闲农业生产领域，实现农产品生产与销售、农产品深加工与设施提供、产品和服务开发的市场调查与咨询、产业园区规划与设计等方面的分工协作，在产品和服务销售与流通领域，实现休闲农业核心企业与支撑和辅助企业的互动发展，整合产业链上的前向和后向企业，在区域内形成从产品原材料供给到商业、文化、餐饮娱乐企业的终端消费以及媒介宣传环节的一体化经营，从而扩大产业规模、延长产业链条、促进区域内核心企业以及相关联企业的衍生与发展。

4. 休闲农业的经营市场化

目前，农村经济已逐步由半自然经济向市场经济转变，且致力于建立起市场体系健全、市场体制完善、运行机制良好、市场竞争有序、市场关系规范为特征的农村市场经济体制。休闲农业作为农业和旅游业相交叉的新型产业，是将市场休闲需求与农业产业供给紧密结合的一种经营形式。休闲农业将市场行为贯穿于产业经营的各个环节，一方面，休闲农业充分挖掘了农业生产的潜在市场价值，提高了农业资源开发的市场化程度和农产品的商品化率，并将农业资源优势转化为经济优势，充分调动农民生产经营的积极性，增加了农民收入，推动农村和农业经济的健康持续发展；另一方面，休闲农业产业的规模化经营有助于提高产业经营效率，规范农村市场经济秩序，进一步促进农业生产的社会化和农村经济的市场化发展。同时，休闲农业主要以城市居民为客源市场，在资源开发与项目规划中以市场需求为导向进行产业布局与品牌定位，推动休闲农业越来越向专业化经营，市场划分更为细致，逐步向多元化、特色化、精致化方向发展，基于市场细分的产业链条将不断延伸。

现代农业已从满足生产者自身需求的自给型农业向多功能、高效益、人本化的经济型、福利型农业的方向发展。在现代农业产业发展中，生产更加注重适应人类多元化生活消费需求和高质量的生活需要，产业资源配置更加体现出人与自然、经济与生态效益相协调的可持续发展理念。而休闲农业是现代农业人本化、福利型、多功能、高效益的集中体现，在农业产业转型中具有重要地位，且对城镇与农村经济高效化、生态化、可持续化发展具有重要的战略意义。

第三节 休闲农业的基本理论

农业经济学、区域经济学、产业经济学与发展经济学中的诸多基本理论为休闲农业的产业发展奠定了坚实的理论基础。可持续发展理论、体验经济理论、农业发展阶段理论为休闲农业的研究与深入发展提供了理论指导与依据；产业结构演进理论、产业一体化理论、产业集群理论、交易成本理论为研究休闲农业产业联动与产业效益以及产业化发展趋势提供了理论依据；农业区位理论、环城游憩带理论为建立休闲农业产业带和辐射圈以及分析休闲农业产业布局提供了理论指导。

一、休闲农业产业发展理论

1. 可持续发展理论

1987年，世界环境与发展委员会（WCED）在《我们共同的未来》的报告中明确提出，可持续发展的重要前提是不损害子孙后代满足自身需求的能力，致力于经济发展与环境保护协调并重，实现资源的永续利用[152]。可持续发展理论重点关注以下两个问题：一是解决环境问题需要落脚在社会经济发展中，力求经济、社会、环境的协调发展；二是人类生产生活应在生态资源与环境的约束范围内。

休闲农业的经营方式集合了生产、生活、生态三个层面，在休闲农业资源开发与规划建设中必须以可持续发展为前提。遵循经济、社会、生态协调统一、可持续发展原则，在有效开发地区资源、实现经济效益的同时，致力于保护农村自然生态环境与社会人文环境，保障乡村生物多样性、生态系统平衡与乡村资源环境的永续利用，实现乡村社会经济的跃进与生态环境的可持续性相结合，促进休闲农业与旅游业的可持续发展。

2. 体验经济理论

体验经济理论由美国哈佛管理学院派恩（B. Joseph Pine）与吉尔摩（James H. Gilmore）在合著的《体验经济》一书中提出[153]。派恩与吉尔摩认为体验是从服务中分离出来的经济提供物，并认为经济价值的实现要经历产品、商品、服务、体验四个层级，需要根据消费者的参与程度来定义不同的体验行为[148]。

休闲农业是体验经济时代最重要的产业之一，休闲农业作为一种参与乡村生活的活动，是一种体验自然、文化、生态、生活的过程。农业和农村资源是发展体验式经济的基础，从农业生产和生活的特定情境出发，通过农村自然生态环境、农民淳朴的生活风情给旅游者以远离都市喧嚣、享受娱乐休闲的体验。因此，应合理利用休闲农业资源，创造性地开发出更加个性化、人性化、绿色化、高附加价值的体验式旅游产品，营造体验环境，增强互动参与性，进而满足消费者的体验式需求。

3. 农业发展阶段理论

农业发展阶段理论着重分析农业发展经历的不同阶段及其特征，不同阶段农业产业在国民经济发展中的地位，以及农业与其他产业之间的相互关联，探讨农业产业发展的具体战略与相关政策问题。具有代表性的农业发展阶段理论有蒂默农业发展四阶段论、梅勒农业发展阶段论及速水农业发展阶段论。

（1）蒂默农业发展四阶段论认为，农业发展的第一阶段为起步阶段，农业税收是政府收入来源的重要组成，国家投资资源大部分可从农业产业发展中汲取；第二阶段，农业是经济增长的主要贡献者，国家主要通过直接和间接两种方式汲取农业剩余，直接方式即农业税收和要素资本流动，间接方式主要通过政府干预城乡贸易条件实现；第三阶段，农业部门开始融入宏观经济大范畴中，农业产品市场及农村要素市场进入经济市场环境，逐渐融为一体；第四阶段，是在工业化经济环境中促使农业转变的阶段，这一阶段强调为避免资源的不合理配置和低效率使用资源的外流受到抑制，应放弃对农业的过度保护。

（2）梅勒农业发展阶段论。20 世纪 60 年代，美国农业经济学家约翰·梅勒按照技术水平的高低将农业发展阶段分为传统农业、低资本技术农业和高资本技术农业。传统农业阶段技术基本停滞，土地、资本、劳动力等传统农业要素决定了农业生产的增长速度，农业发展呈现缓慢增长状态。进入低资本技术动态农业发展阶段，农业发展主要依赖劳动使用型或资本节约型技术的使用，呈现出一定的技术特性。进入高资本技术动态农业发展阶段，即农业现代化阶段，这一阶段，农业部门在国民经济中的相对重要性显著下降，资本和技术对劳动力的替代性增强，各种提高劳动生产率和提高土地生产率的技术在农业中得到广泛的应用，资本积累已经足以支持非农产业迅速发展。

（3）速水农业发展阶段论。该理论将农业发展分为以下三个阶段：第一阶段发展重点是增加粮食生产与供给，提高农产品产量；第二阶段着重通过保证农产品价格实现农民收入水平的提高，以解决农村贫困问题；第三阶段重在调整和优化农业产业结构。

根据农业发展阶段理论，促使阶段转换的主要因素是农业技术的进步和农业与其他产业的关联性增强。从农业自身发展及农业与其他部门的关系来看，当前我国农业已进入新的发展阶段，具体表现在：首先，农业资金投入与资本积累形成一定规模，农业生产结构得到优化调整，经营方式逐渐转向资本集约型模式；其次，农业对国内生产总值的贡献率不断下降，农业对其他产业与部门的作用方式和作用程度发生变化，农业功能趋向多元化。

在传统农业时期，农业的功能主要是提供衣、食、住、行所需要的农产品和原料，进入工业社会时期，农业的外汇贡献、市场贡献等功能随之凸显，而进入农业现代化阶段，农业在教育、文化传承、环境保护、社会保障、经济缓冲等更广阔的领域发挥着重要作用。休闲农业作为现代农业的重要组成部分，集中体现了农业多功能的拓展和延伸。

二、休闲农业产业化与空间布局的基本理论

1. 产业结构演进理论

英国经济学家威廉·配第最早提出产业结构演变规律，认为产业结构的差异是导致各国经济发展阶段不同及国民收入水平悬殊的关键因素，并提出工业附加价值高于农业，服务业附加价值高于工业，这一定理揭示了经济发展与产业结构演变的基本规律和基本方向。

英国经济学家科林·克拉克于1940年在《经济进步的条件》一书中指出，随着经济社会的进步，国民人均收入水平的提高，社会劳动力渐次由第一产业向第二、第三产业转移，第一产业从业人员比重不断降低，第二、第三产业从业人员比重将顺次增加。克拉克的研究也同样证实这种转移与流动的关键在于不同产业间收入水平的相对差异，这一成果被称为配第—克拉克定理[154]。

根据产业结构演进理论，农业将向“大农业”趋势发展，即贯穿第一、第二、第三产业，由第一产业向第二、第三产业融合，从而促使产业结构升级。一方面，农业生产突破自然再生产的固有限制，广泛应用高新技术成果，逐步发展设施农业、循环农业和精品农业，从而实现投资报酬递增；另一方面，休闲农业的发展能够有效地解决农业生产领域游离出的大量剩余劳动力的转移问题，促使大量农业劳动力从农业产业中分离出来，转向劳动报酬率更高的休闲服务业。

2. 产业一体化理论

产业一体化理论是产业经济学领域的重要理论之一。产业一体化可分为横向一体化与纵向一体化，横向一体化是指同行业企业间的联合，纵向一体化是指企业与其上、下游产业企业的联合关系。农业产业一体化也被称为“农业一体化”和“农业产业化”，农业产业一体化理论是产业经济学和农业经济学的重要理论之一[155]。农业产业一体化是通过联结农业生产过程的产前、产中、产后各环节，形成一个完整的产业系统和一体化经营的产业形式[147]，属于纵向一体化战略模式。

纵向一体化理论作为产业一体化理论的重要支撑，也为休闲农业产业发展奠定了理论基础。休闲农业是以第一产业为主导，融合第二产业和第三产业，并通过产业链条的延伸，实现农业产前、产中、产后部门的纵向联结，实现产业链条一体化经营。休闲农业的产业一体化具体表现在：一是通过联结农户、合作社、

家庭农场等产业上游供应者，对接农产品深加工企业、旅游产品提供商、社会化服务机构等市场资源，通过上下游契约合作关系，拓展休闲农业产业发展规模形成纵向一体化经营模式；二是随着休闲农业产业的成长与繁荣，在相关产业之间形成联盟关系，强调水平性整合，并向企业集团化方向发展。

3. 产业集群理论

产业集群是指同一产业在某一地理空间范围内高度集中，相关产业资本要素不断汇聚的一个过程。马歇尔最早对产业集群现象进行研究，并提出内部经济与外部经济的概念。从产业经济学角度看，产业集群通过专业分工与合作实现集群内部企业的互补与交流，有效降低企业交易成本，促进集群内部知识、技术与信息的流动[156]。产业集群的特征主要表现在：①区域内的绝大多数企业基本围绕同一产业或相关联产业开展生产经营活动，其形式主要为产业纵向关联、产业横向关联或区位优势指向的产业集群。②产业集群内部多为规模较小的中小企业，但集群的整体市场竞争力较强，规模优势显著。③产业集群与地区专业市场互动发展，产品销售的市场渗透力极强。

在产业集群的形成过程中起到关键作用的因素主要包括：①自然禀赋及运输成本。产业发展所需大量相对廉价的要素聚集的区域，因运输、使用成本较低，促使企业不断地在这一区域聚集[157]。②规模经济。大量企业的聚集所形成的规模经济效应可保证企业在各个运营环节得到高质量、低投入的供给。③经济的正外部性。先进入某个地区的企业在生产中会产生经济活动的外部效应，后来的企业因此节约了市场交易成本[158]。④区域环境及相关联产业的支持。区域环境的支持可以为区域内企业提供完善的基础设施、良好的软环境和专业化的服务，从而提高整体竞争优势；而相关联产业的发展有助于形成一个成熟的专业服务市场，进一步加速产业集群化发展。

休闲农业产业集聚发展的趋势即是产业集群理论的体现。休闲农业是通过产业活动影响其上、下游及横向相关的产业，并产生明显的产业关联和辐射效果。休闲农业产业集群化发展对休闲农业产业自身及地区经济都具有重要作用。首先，可以提高休闲农业的产业竞争力，能够加快中小企业的发展速度，综合利用旅游资源，促进产品与服务创新，加快产业结构升级；其次，休闲农业借助区位优势成为地区主导产业，从而形成经济发展极，通过吸引和辐射作用，带动周边地区的地方经济发展；最后，休闲农业通过中心地的效果，形成区域核心区，扩大对产品和劳动的需求，促进边远地区经济发展，逐步缩小中心、外围的差距，促进区域经济的整体发展。

4. 交易成本理论

英国经济学家罗纳德·哈里·科斯（Ronald H. Coase）1937 年在其论文《企业的性质》中提出交易成本理论。该理论以交易费用节约为中心，区分不同交易的特征因素，分析相应的协调机制。科斯认为，交易成本是获得准确市场信息以及谈判和经常性契约所需要的费用，并提出依靠体制组织、契约以及政策等制度，采纳和利用标准化的度量，降低交易成本的水平。

根据交易成本理论，契约生产的成本内部化将减少企业的交易成本，提高企业的收益。在传统农业生产和发展中，源于农民群体的有限理性和投机主义行为，农业本身的弱质性、农产品交易的不确定性和复杂性，以及农户为单位的交易数量少、信息不对称等问题造成农产品交易中管理成本、议价成本、监督成本大幅提升，增加了交易成本。休闲农业产业的发展可以从以下两个层面降低交易成本：一是通过产业化经营，联结产前、产中、产后环节，将农业生产的外部成本内部化，有效降低农业生产成本以及农产品交易成本，从而促进农业经营主体增收；二是发挥各级政府以及休闲农业行业协会等组织的监督、协调与信息共享等作用，避免交易的机会主义和任意行为，提高农业生产效率，增加农业附加值，延伸农业功能，从而降低农业生产、销售中的交易成本。

5. 农业区位理论

德国农业经济学家杜能（J. H. Von Thunnen）首先提出了关于农业生产布局的理论，也被誉为古典农业区位理论。农业区位理论是以城市为中心呈同心环状分布的农业圈层，第一圈是自由农作区，生产易腐产品；第二圈是林业区，生产体积大而不宜远运的烧柴、木料；第三至第五圈分别为轮作式农业区、谷草式农业区和三圃式农业区，均以谷物生产为主，但集约程度逐渐减低；第六圈是放牧区或家禽饲养区，外围是未耕的荒野。从内向外，各个圈层土地的单位面积产量和收益逐渐递减[159]。杜能学说阐述了市场距离的远近对农业生产集约化程度和土地利用类型、方式的影响[160]，阐明了区位因素的客观性、区位作用机制的广泛性以及优势与劣势区位的相对性。

近代农业区位论以德国学者廖什提出的利润决定论为代表。廖什构建了市场区与市场网的理论概念模型，将生产区位与市场范围相结合，提出生产和消费主要在市场区进行，生产者以追求利润最大化为原则，利润是影响区位选择的决定性因素。

现代农业区位论又称综合决定论。美国区域经济学家伊萨德指出，农业产业配置与区位选择受到多方面因素的制约，产业配置追求的最大利润原则也要在充分考虑地区环境、经营成本、区域市场价格水平以及居民消费水平的基础上具体实施，产业区位选择应注重综合分析各种影响因素的作用程度。

区位论是关于人类空间活动分布及其组织优化的理论，即研究各种空间活动分布的最佳地点与最优效果的理论。休闲农业资源开发是空间上的活动，必须解决空间分布和空间组织优化问题，所以需要分析区位影响因子与区位选择依据。区位论在休闲农业资源评价方面的应用主要有：一是依据旅游区位因素，评价休闲农业资源开发的区位条件，确定资源开发价值和开发层次；二是区位理论要求休闲农业资源开发与空间布局应体现集聚效应，区域资源评价要侧重分析区域内各旅游资源单体之间是否具有整体优势[161]。

农业区位理论对农业生产布局的层次性和地带性具有重要的借鉴意义。休闲农业项目的开发要以农业区位论为理论指导，并遵循一定的农业生产布局，结合区域现有的农业结构及分布形态，综合考虑不同区域的资源禀赋、交通状况、环境容量、地理位置等因素来最终确定休闲农业的空间布局与功能分区。同时，区位论在评价休闲农业资源开发的区位条件、确定资源开发价值和开发序位、区域内旅游资源单体间是否具有整体优势等方面具有一定的指导意义。

6. 环城游憩带理论

针对城市周边旅游地的研究逐渐衍生出环城游憩带的概念，由国内学者吴必虎首次提出环城游憩带（ReBAM）理论，即指为城市居民提供休闲空间和游憩设施的大城市郊区或位于郊区的各级旅游目的地，一起形成的环大城市休闲旅游活动频发地带[162]。随着城镇发展水平的快速提升，交通网络体系的完善、居民消费水平的提高和闲暇时间的增加，城市郊区、城市周边短线旅游区域成为旅游的新热点，从城乡结合部到郊区形成的环城市旅游带既是城市发展的需要，也成为城市拓展的过渡区和衔接带。

环城游憩带理论为区域休闲农业宏观层次上的划区、分层提供了重要的理论依据、技术支持和实例借鉴。在休闲农业规划、布局中，要充分考虑距一级客源地城市的距离和城市的辐射作用，结合休闲农业在城市周边的分布特征规划建设休闲农业项目和园区。

第三章　我国休闲农业资源开发现状与开发路径分析

休闲农业资源开发指在一定的地域范围内，以实现地区经济、社会、生态效益为目的，以发展农业和旅游业为前提，以市场需求为导向，以休闲农业资源利用为核心，以发挥、改善和提高休闲农业资源对游客的吸引力为切入点，为吸引和接待休闲农业游客而进行的旅游吸引力塑造、旅游基础和接待设施建设、旅游环境培育等综合性的经济、社会、科学、生态、技术活动，从而使休闲农业资源所在地成为一个具有吸引力的休闲空间。

休闲农业是一种资源产业，对资源的依赖程度较高，区域地形地貌、土壤、水文、气候等自然资源在一定程度上决定了休闲农业的开发类型、发展模式和方向。滩涂、林地、草原、丘陵、平原、高原等地形地貌资源影响到休闲农业的可实践性、目的地的可进入性、项目的立地条件与景观类型等；水资源及生态资源是影响休闲农业生态景观布局和休闲农业区生活及娱乐用水便捷性的基础条件；气候资源以及光热资源的地理分布和季节分配是决定土地类型、耕作制度、动植物分布的重要因素，农作物自然生长规律及农业作息特点影响到休闲农业的景观丰度及演替性。休闲农业资源开发主要是以农业资源为基础开展游憩项目，因此，需要对可用来开发休闲游憩项目的农业资源进行系统分类，具体分析休闲农业资源的开发规模、开发类型与空间分布特征，清晰我国休闲农业资源开发现状与存在问题，并从经济、社会、产业、政策环境方面梳理休闲农业资源开发的具体影响因素，进一步分析休闲农业资源的开发路径与开发方式。

第一节　休闲农业资源分类

休闲农业依托的农业资源种类繁多，需加以分类。国内学者广泛收集有关休闲农业的资源，从不同角度对休闲农业进行分类汇总。具有代表性的观点有：卞六安（1980）[82]将休闲农业资源分为环境景观，农、林、牧、渔，农村文物、农村活动等；林梓联（1990）[83]将其分为地理景观、人文艺术、童玩技艺、森林旅游、农耕生产、渔樵渔钓、家禽牧野、教育农园、农村空间利用、农村设备利用等十类；张舒雅（1993）[84]将其分为农艺作物、园艺作物、林业作物、动物景观、硬件设施人文资源、民间游艺人文资源、农村文物、农村空间利用与设备等八类；叶美秀（1998）[163]从生态、生产、生活层面进行分类；邱涌忠（2000）[164]、林梓联（2001）[165]从自然、景观、产业、人、文化资源角度分类；何平（2002）[166]从自然资源、生态资源、生产资料和生产活动、农业文化和生活方式四个维度分类；郑建雄（2004）[130]、余养仕（2009）[144]分别从自然与人文、自然与社会的层面进行分类。纵观以上学者的分类，早期研究者较为注重资源的汇总，分类缺乏系统性，未能清晰体现休闲农业资源的独特内涵，后期研究者的分类则更加系统化、细致化。

从上述学者对休闲农业资源的汇总与分类可以看出，休闲农业资源范围甚广、种类繁多，与农业的产业特性、农民的生活文化、休闲旅游地的生态景观都密切相关，而农业生产、农民生活与农村生态的“三生观念”简单而完整地涵盖了农业所有资源，可以作为休闲农业资源分类的依据。因此，根据休闲农业生产、生活、生态性相结合的“三生一体性”特点，本书将休闲农业资源分为休闲农业生产资源、休闲农业生活资源、休闲农业生态资源三大类。

一、休闲农业资源分类原则

（1）适当分级原则。休闲农业资源分类系统应有适当的分级，各资源类别之间要求具备周延性与互斥性。

（2）相对一致性原则。同一类型休闲农业资源的内涵与外延应具有一致性。在资源的主要构成、内外部景观特征、景观功能等方面应保持相对一致性，而与不同级的资源类别间有较大的差异性。

（3）发生与演化一致性原则。处于同一分级的休闲农业资源在发展形成过程中应具有相似特征，有共同的形成基础和演变规律。

（4）同时性原则。休闲农业资源分类应与农业季节性特征相结合，不同类型休闲农业资源应体现出其依托环境基础的不同特征。

二、休闲农业资源具体分类

根据上述休闲农业资源分类原则，可将休闲农业资源大致分为休闲农业生产资源、休闲农业生活资源和休闲农业生态资源三大类。根据各类资源的内部差异，进一步细分为若干小类（见表3－1）。资源分类的名称以原始资源为主，需进一步加工的二级产业属于其游憩机会发展的项目，是休闲农业资源开发与利用的方向。

表3－1 休闲农业资源基础分类

基本类型	一级分类	二级细类
生产资源	农作物	粮食作物、特用作物、园艺作物、饲料绿肥作物、药用植物
	农耕活动	水田耕种、旱田耕种、果园耕种、蔬菜花卉耕种、茶园等特殊作物耕种
	农具	耕作、灌溉、运输、贮存、装盛、防雨防晒工具
	养殖动物	家禽、家畜、牧养动物、水产动物、特种动物
	农业生产场所	养殖场、农作物生产基地、农产品加工场所
生活资源	农民自身	当地的语言、宗教信仰、农民特色、人文历史传说
	日常生活	饮食、衣物、日常生活建筑物、开放空间、交通方式
	农村文化与庆典活动	地域文化、乡土文化、农耕文化、饮食文化、民俗文化、作物文化、农事节庆文化、异域文化、庆典活动
生态资源	农村气象	气候、气象预测、特殊的天气
	农村地理	地形、土壤、水文
	野生动植物	动、植物及微生物的物种和群落
	农村能源	风能、太阳能、地热能
	农村景观	全景、特色、围闭、焦点、框景、细部、瞬间

1. 农业生产资源及其游憩机会

农业生产资源是休闲农业生产资源的重要基础和来源，开发来源涵盖粮食作物、特用作物、园艺作物、饲料绿肥作物、药用作物等农作物资源，水田、旱田、果园、蔬菜、花卉、茶园等农耕活动，耕作、运输、贮存、装盛、防雨、防晒等方面的农作工具，以及家禽家畜、水产养殖等养殖动物（见表3－2）。各类农业生产资源为休闲农业生产资源的开发提供了分类基础和资源游憩机会。

表 3－2 农业生产资源及其游憩机会

生产资源	资源类型	资源细类	资源游憩机会
农作物资源	粮食作物资源	稻、小麦、大麦、燕麦、黑麦、玉米、小米、高粱、黍等谷类作物；大豆、豌豆、绿豆、小豆、菜豆等豆类作物；甘薯、马铃薯、木薯、豆薯、山药、魔芋等薯芋类作物	麦浪、干燥花、乡土绿篱植物、绿肥植物、地被观赏植物
	特用作物资源	黄麻、大麻、洋麻、苎麻、棉花等纤维作物；油菜、花生、芝麻、向日葵及甘蔗、甜菜等油料与糖料作物；烟草、茶叶、咖啡、薄荷、啤酒花等嗜好作物；大箐、黄栀等染料作物	特殊造景用景观植物、制作过程的操作与参观、植物介绍、品尝
	园艺作物	常绿果树与落叶果树；根菜类、叶菜类、花菜类、果菜类、菇类蔬菜；切花或盆花类、球根类花卉	参观、采摘、观察、景观树木、农事参与
	饲料与绿肥作物	豆科与禾本科饲料作物；太阳麻、油菜花等绿肥作物	农田景观及有机农作、乡土教学
	药用作物	人参、枸杞等药草；九重塔、薄荷等香草	药膳或草药园，调味、香料及香精的制作
农耕活动	水田、旱田耕种	水稻的插秧、巡田，莲花、茭白、笋等水生作物；玉米、高粱、花生等旱田作物	耕作、采收阶段的参观或活动参与
	果园耕种	木本类或蔓藤类果树的修剪、疏果、套袋、采摘等工作	过程解说或采摘等
	蔬菜、花卉耕种	根茎叶菜等各种蔬菜的制作、播种、管理、采收等	采收活动或直接出租
	茶园等特殊作物耕种	修剪、采茶、制茶等	采茶活动、比赛或制茶解说等
农具	耕作工具	镰刀、柴刀、锯斧、锄头等	展示、操作、留念等
	运输工具	人力车、畜力车等	展示、游园工具
	贮存工具	大陶缸等	展示、功能解说
	装盛工具	麻袋、箩筐、簸箕、木桶、铁皮桶等	手工艺品、装饰品
	防雨防晒工具	如斗笠、蓑衣、龟壳等	装饰、体验、功能解说
养殖动物	家禽家畜	鸡、鸭、鹅、猪、狗、羊、牛、马、猫等	放牧、挤牛乳、剪羊毛、捉小猪、抓土鸡、坐牛车、骑马等活动
	水产养殖	虾、蟹、海参等贝类、鱼类水产品养殖	观赏、捕捞、垂钓、加工、美食等

2. 农民生活资源及其游憩机会

农民生活资源是从农村日常生活与文化庆典中汲取的资源项目。包括农村日常衣食住行娱乐的特色、地方人文历史与宗教信仰、地方的民俗礼仪与文化庆典活动等与生活息息相关的资源。农民生活资源的分类为休闲农业生活资源开发提供了分类基础与资源游憩机会（见表3－3）。

表3－3 农民生活资源及其游憩机会

生活资源	资源类型	资源细类	资源游憩机会
农民自身	当地语言	各民族语言、地方方言等	语言学习、特殊方言解说等
	宗教信仰	如天主教、基督教、佛教、道教等	宗教仪式解说、参与体验
	农民特质	如个性、性情、群体性等特质	聘当地人为导游进行示范、解说活动等
	人文历史	历史人物、历史故事等	景观构造、历史解说等
日常生活特色	饮食	饮食种类、烹调、加工、贮藏；有关饮食的习惯、用具、禁忌	农家宴、烹饪教学、用具留念、禁忌解说等
	服饰	布料、衣帽、饰品、特色民族服饰等	展示、解说、纪念品等
	建筑物	竹屋、石屋、茅草屋、古村老宅、祠堂、庙宇等	参观、解说、餐厅或民宿等
	开放空间	村庄、市场、养殖场、鱼池、广场等	参观、解说或作为活动场所等
	交通方式	乡间道路、交通工具、运输工具等	体验、参观
农村文化及庆典活动	工艺	民间技艺、雕刻、绘画、泥塑、编织、童玩	装饰、表演、学习、纪念品等
	表演艺术	杂技、乐器、戏剧、讲唱地方歌谣及舞蹈等	表演、观赏、学习
	礼仪礼节	待人接物的礼仪礼节	解说、体验
	民俗小吃	禽肉类、畜肉类、海鲜类、米面类、豆类、糕饼、甜点、糖果类、冰水饮料类、酱料类等地方特色小吃	品尝、观摩
	庆典活动	祭祀、婚丧嫁娶、赏花灯、舞狮、划龙舟等民间庆典活动	观赏、解说、活动参与等

3. 农村生态资源及其游憩机会

农村生态资源涵盖农村气候与天象、地文与水文特征、动植物多样性、农村景观维度等资源项目，具有鲜明的地域特色。农业生态资源的分类为休闲农业生态资源开发提供了分类基础与资源游憩机会（见表3－4）。

表 3-4 农村生态资源及其游憩机会

生态资源	资源类型	资源细类	资源游憩机会
农村气候与天象	气候资源	避暑、避寒气候、特殊气候	解说、观察、体验
	气象资源	光、热、雨、雪、风等	预测、现场观察、解说
	特殊天象	如乡村日月星辰变化、渔村海市蜃楼现象等	观赏、感受
农村地理	地文资源	地形、土壤、地质地貌、自然变动遗迹、沉积构造、岛礁	地形、土壤与农作物关系的解说，水土保持观念的宣传教育等
	水文资源	河口、河段、天然湖泊、池沼、瀑布、泉水、海面、冰雪地等	休憩游乐、水上活动、水文与农业关系的解说
农村生物	乡间植物	草原、草地，长在田边、水边及山野间的草本及木本植物	乡间植物多样性的生态解说；野菜、野果、野花的观赏、采摘、食用
	乡间动物	鸟类、两栖类、水族类、小型哺乳动物及蝴蝶、蜻蜓、萤火虫等昆虫类	观赏、捕食、捕捉、生态解说
农村景观	全景景观	不同地形中村落、集村或散村的整体景观	眺望、拍照、写生、地理解说
	特色景观	稻田景观、果园景观、传统聚落景观、草原景观、林地景观	游览体验、拍照、写生
	围闭景观	村庄中的巷道、大树荫蔽的林间等	可作为视线引导或作为休憩空间
	焦点景观	乡间特别的自然景物或人工建筑图案、材料、色彩等	解说、拍照等
	次级景观	植栽群、墙洞等框景景观；农宅装饰等细部景观；耕作、整地、灌溉、施肥、播种、收获、加工劳动场景的瞬间景观	创造框景效果、引导参观、实景观察、观赏体会等

通过对休闲农业开发所依托的农业生产、生活、生态资源及其游憩机会的分析，可以看出休闲农业资源种类繁多、类型多样，可结合农业资源的游憩机会对休闲农业资源进行分类，本书将休闲农业资源分为生产、生活、生态三大主类，13 个亚类（见表 3-5）。在对休闲农业资源系统分类的基础上，进一步调查、分析、评价休闲农业资源的开发现状与潜力，并结合区域经济特点，对区域休闲农业资源产业化开发的可能性进行探讨。

表 3－5　休闲农业资源分类

主类	亚类	基本类型
休闲农业生产资源	农业种植资源	粮食作物、特用作物、园艺作物、饲料绿肥作物、药用植物种植
	农耕活动资源	水田、旱田、果园、菜园、花园、茶园耕作
	农事农具资源	耕作、运输、贮存、装盛、防雨防晒工具
	农业养殖资源	家禽家畜、水产养殖等
休闲农业生活资源	农民特质资源	语言、宗教、地方历史人物、现代名人、事件
	日常生活资源	饮食、服饰、民居、生活开放空间、道路、交通
	传统建筑资源	古代建筑遗址、古道、老街、古宅、古渔村、古井、古城、原住民特色建筑
	文化庆典资源	地域文化、乡土文化、农耕文化、饮食文化、民俗文化、作物文化、农事节庆文化、异域文化、遗址遗迹文化
休闲农业生态资源	农村气象资源	气候、气象、特殊天象、天气
	农村地理资源	平原、步道、悬崖、峡谷、河滩、峭壁、田地、海岸、岛屿等地形地质景观；湖沼、河床、山涧、瀑布、温泉等水文景观
	农村生物资源	山菜、野花、野果、野草、林木等乡村植物；禽类、蝶类、鸟类、鱼类、兽类等乡间动物
	农村能源资源	风能、太阳能、水能、地热
	农村景观资源	村落景观、农园景观、农田景观、水乡景观、旱地景观、梯田景观、森林景观、海洋渔场景观、淡水渔场景观、草原景观等

第二节　休闲农业资源开发现状与问题

随着我国城镇化进程的加快、城乡居民可支配收入和消费支出能力的提高、居民消费方式和消费结构的转变，休闲农业已从萌芽起步、初步发展阶段进入快速发展阶段。休闲农业资源开发规模逐年增长，开发类型趋向多元，空间分布呈现集聚发展态势。

一、休闲农业资源开发规模

目前，我国休闲农业资源开发已由自发式、小规模发展阶段进入规模化、专业化经营阶段。摸底调查结果显示：农家乐、休闲农庄、农业园区、民俗村等形式的经营主体已辐射带动周边196.8万农户脱贫致富。休闲农业的重要收入来源是农副产品销售收入，占营业总收入54.6%。2016年，全国休闲农业和乡村旅游接待人数达21亿人次，中国民众人均出行1.5次；2016年全国休闲农业和乡村旅游完成投资3000亿元，与2013年相比，年均增速47%。2016年，上规模的经营主体达30.57万个，比2015年增加近4万个，增幅15%。其中聚集村达到9万个，园区超过4万家。2016年营业收入超过5700亿元，同比增长18.8%，相比2010年营业收入1200亿元，增长近5倍，年均增幅达到29.7%。2010年以来，全国休闲农业和乡村旅游年均增速超过30%，2016年，产业带动农民就业达845万人，从业人员年收入超过3万元。①

数据显示，我国休闲农业资源开发的投资产值率与利润回报率相对较高，2015年全国休闲农业营业收入达4544.6亿元，利润总额达811.7亿元，其中西部地区、中部地区营业收入分别为1584.2亿元和1407.8亿元，高于东部地区。休闲农业从业人员人均劳动产值为同期全国农业劳动力人均劳动产值的近3倍，中部地区休闲农业经营主体94196个，从业人员数290.15万人，高于其他区域。东部地区休闲农业接待人次达9.83亿人次，占全国的41.9%（见表3-6）。

表3-6　2015年各区域休闲农业发展基本情况

区域	经营主体个数（个）	从业人员数（万人）	接待人次（亿人次）	带动农户数（万户）	营业收入（亿元）	利润总额（亿元）
东部地区	62990	247.95	9.83	194.69	1174.5	367.4
中部地区	94196	290.15	6.32	193.94	1407.8	186.9
西部地区	85769	218.24	7.40	256.05	1584.2	172.9
东北地区	17493	44.12	1.30	44.54	305.4	56.95
合计	265463	814.5	23.47	702.12	4544.6	811.7

资料来源：《中国休闲农业年鉴》（2016）。

二、休闲农业资源开发类型

为加快休闲农业发展、转变农业发展方式、拓展农业功能、满足居民日益增

① 数据整理自蒋平．中国休闲农业与乡村旅游深度调研与投资战略规划分析前瞻．前瞻产业研究院，2013.

长的休闲消费需求，农业部和国家旅游局从2004年开展全国休闲农业示范点创建活动。2004年、2005年评选出两批全国农业旅游示范点，分别为203家、156家。2010年，农业部、国家旅游局联合发布《关于开展全国休闲农业与乡村旅游示范县和全国休闲农业示范点创建活动的建议》，并于2010~2015年共评选出636家全国休闲农业与乡村旅游示范点，其中2010年、2011年、2012年、2014年每年100家，2013年83家，2015年153家。截至2015年底，共评定休闲农业示范点995处，对示范带动作用强、经营管理规范、服务功能完善、基础设施健全、从业人员素质高、发展成长性好的休闲农业单位进行重点推广。2010~2017年共评出休闲农业与乡村旅游示范县388个，其中2010年32个、2011年38个、2012年41个、2013年38个、2014年37个、2015年68个、2016年74个、2017年60个。目前评选出的995处休闲农业示范点中：农家乐9个，占0.90%；休闲农业园691个，其中，农业观光型园区342个，占34.37%，农业生态型园区169个，占16.98%，农业基地型园区180个，占18.09%；休闲农庄121个，占12.16%；特色乡镇174个，占17.49%。

1. 农家乐

从各地区休闲农业资源开发实践来看，农家乐形式普及度最广，受欢迎程度最高，在经营主体数量和接待规模上占绝对优势。这一形式主要是由农民自发形成的、小规模的休闲服务，以农业资源、生态环境和农村生活文化为基础，将乡村农家改造为家庭旅馆、农村客栈等，以“住农家屋、吃农家饭、干农家活、享农家乐”为经营内容，利用村民的房舍、自产的蔬菜、家禽、水产等资源吸引游客前来进行吃、住、玩、游、娱、购等休闲活动，以城市中、低收入者为主要客源。各地已开发的农家乐一般经营规模较小，经营内容单一，经营水平和经济效益不高。

2. 休闲农业园

由示范点数量来看，休闲农业园占比最高，这主要是因为休闲农业园一般经营规模较大，经营内容与功能多样，休闲服务质量与档次较高[167]，经济效益显著，对区域经济的辐射带动能力较强。目前已开发的休闲农业园多以休闲度假、生态保育、科普教育功能为主。一是观光度假型，主要是利用乡村独特的自然景观资源、民俗风情资源及休闲娱乐设施等开展休闲度假项目，为游客提供亲近自然、观光娱乐、健身疗养、森林探险、生态养生等休闲度假活动以及设施功能多样化的休闲娱乐场所；二是生态保育型，依托山区、峡谷、森林、草原、湖泊等生态环境资源建设休闲农业园区，依托乡村生态环境和自然资源优势，以康体娱乐、健身疗养为主题，开展休闲农业特色经营项目以及高尔夫、骑马、射击、温泉、药疗等疗养健身项目，为游客提供亲近原生态的自然环境，体验各种康体疗养活动，品尝野生、营养、无污染的绿色食品，如广西桂林的阳朔、井冈山的拿山盆地等；三是科普教育型，利用现代农业高新技术、农业设施及生物工程技术，在城市郊区建立农、林、牧生产基地，农业科技示范园，农业生态科技园，教育农园和农业博物馆等，把农业的生产功能、景观功能、生态功能、科技示范功能结合在一起，展示农业生产的高新技术和科技成果，以供游客参观和学习，是一种集合农业生产、科技示范与科普教育功能为一体的特色经营模式，如北京小汤山现代农业科技示范园区、深圳的光明农场等。

3. 休闲农庄

我国休闲农庄一般由休闲农业企业进行专业化经营，企业经营规模庞大、业务运作方式成熟。休闲农庄经营特色明显，投资回报率较高，是吸引社会资本的主要经营方式，但目前我国休闲农庄数量相对较少。已开发的休闲农庄经营面积达上千亩或上万亩，庄园包括以观光、采摘、参与体验为特征的经营体验区和供游客住宿、餐饮、娱乐的游客休憩区，可提供的休闲活动内容十分丰富，包括观光、采摘、住宿、养生、疗养、娱乐、消遣、科普教育、民俗文化等各种休闲服务类型，游客不仅可以观光、采摘，体验农民生活，享受乡土情趣，还可以住宿、度假、游乐[125]。如台湾的龙头休闲农场，场内分茶园区、自然景观区、游园区、滑草区、度假山庄。

4. 特色乡镇

我国民俗村镇特色资源丰富，资源审美价值和文化价值突出，传承乡土文化的潜力较大，资源开发的经济效益明显。目前已开发的特色乡镇主要以特色乡村和民族村寨的传统民居与民俗文化资源为依托，并将村寨田园风光、典型民居、传统聚落、乡土庙宇与传统文化旅游活动相结合，开发集教育、休闲、饮食、娱乐为一体的休闲农业项目，如江苏昆山市的周庄、山西的平遥古城等。

三、休闲农业资源开发布局

1. 休闲农业示范点总体分布特征

休闲农业示范点在各区域呈现不均匀分布状态。从示范点数量来看，东部北京、天津、河北、上海、江苏、浙江、福建、山东、广东、海南 10 省市共 386

处，占总数的38.79%，其中仅山东、江苏、浙江三省就达到总数的19.69%；中部山西、安徽、江西、河南、湖北、湖南六省共176处，占总数的17.69%；西部内蒙古、广西、四川、重庆、贵州、云南、西藏、陕西、甘肃、青海、宁夏、新疆12省市区共325处，占总数的32.67%；东北部辽宁、吉林、黑龙江共108处，占总数的10.85%（见表3-7）。

表3-7 休闲农业示范点省域分布情况

省份	示范点（处）	所占百分比（%）	省份	示范点（处）	所占百分比（%）
山东	85	8.54	内蒙古	27	2.71
江苏	67	6.73	黑龙江	27	2.71
辽宁	60	6.03	云南	27	2.71
浙江	44	4.42	湖南	26	2.61
四川	41	4.12	湖北	25	2.51
贵州	38	3.82	江西	25	2.51
安徽	37	3.72	天津	24	2.41
河北	36	3.62	甘肃	24	2.41
新疆	36	3.62	陕西	23	2.31
广东	34	3.42	上海	22	2.21
河南	33	3.32	吉林	21	2.11
广西	33	3.32	青海	20	2.01
重庆	32	3.22	海南	14	1.41
福建	32	3.22	宁夏	14	1.41
山西	30	3.02	西藏	10	1.01
北京	28	2.81	合计	995	100

2. 休闲农业示范点的省域分布特征

一是地理集中指数。地理集中指数一般用来衡量研究对象区域分布是否均衡与集中的指数，这里可用地理集中指数分析休闲农业示范点区域分布的集中程度[3]，其计算公式为：

$$U = 100 \times \sqrt{\sum_{i=1}^{n}\left(\frac{x_i}{M}\right)^2}$$

其中，U 是集中指数；x_i 为第 i 个省市区的休闲农业示范点数量；M 为休闲农业示范点总数；n 为省市区总数；U 值取 0 ~ 100 的数值，U 值越大表明示范点分布越集中，U 值越小表明示范点分布越均衡。休闲农业示范点总数 M 为 995 个，省市区总数 n 为 31 个，通过公式计算可得 U 为 19.85。若休闲农业示范点平均分布于 31 个省市区中，则每个省市区平均应有 30.81 个示范点，由公式计算，此时集中指数 U 为 17.24，小于 19.85，结果表明我国休闲农业示范点在各省域的分布较为集中。

二是不均衡指数。不均衡指数用以衡量研究对象在不同区域内分布的均衡程度[167]，可用不均衡指数分析休闲农业示范点在不同省域分布的均衡性，采用洛伦兹曲线进行计算，公式如下：

$$S = \frac{\sum_{i=1}^{n} w_i - 50(n+1)}{100n - 50(n+1)}$$

其中，S 为不均衡指数；n 为省域数量；w_i 为各省域休闲农业示范点数量占比的累计百分比。若 $S=1$，表明休闲农业示范点集中于同一省域，若 $S=0$，说明休闲农业示范点省域分布均匀，若 S 介于 0 ~ 1，表示休闲农业示范点分布不均衡。由图 3 - 1 洛伦兹曲线可以看出，各省域休闲农业示范点呈现不均衡分布状态。

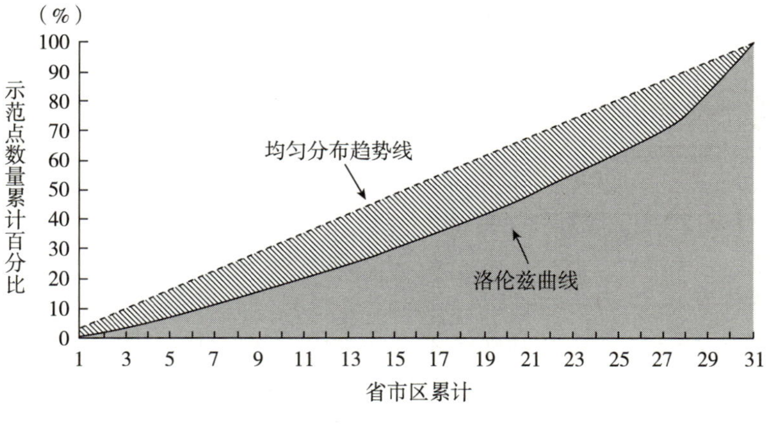

图 3 - 1　各省市区休闲农业示范点数量累计百分比洛伦兹曲线

三是基尼指数。基尼系数（Gini）主要研究离散区域空间要素分布情况。这里用基尼系数衡量休闲农业示范点省域空间分布状况，计算公式如下所示[167]：

$$G = \frac{-\sum_{i=1}^{n} p_i \ln p_i}{\ln N}$$

$$G = 1 - \frac{1}{n}\left(2\sum_{i=1}^{n-1} w_i + 1\right) \qquad C = 1 - G$$

其中，w_i 表示第 1 个区域累计到第 i 个区域的休闲农业示范点数量占比；n 为省域总数；C 为分布均匀度。基尼系数越大表明集中程度越高，分布均匀度越低[2]。根据省域休闲农业示范点数量计算得出基尼系数 $G = 0.959$，$C = 0.041$。表明我国省域休闲农业示范点呈现集中分布，均衡性不高。

四是客源市场地理联系度。城镇居民是休闲农业的主要客源，休闲农业示范点的空间分布具有明显的市场导向性。地理联系率是反映两经济要素在地理分布上联系情况的指标，可以用地理联系率来分析休闲农业示范点分布与客源市场分布之间的配合度。

地理联系率计算公式为：

$$V = 100 - \frac{1}{2}\sum_{i=1}^{n} |S_i - P_i|$$

其中，V 表示地理联系率；n 表示区域数量；S_i 表示第 i 个区域内休闲农业示范点数量占全国总数的百分比；P_i 表示第 i 个区域内城镇人口数量占全国城镇人口的百分比。地理联系率的值介于 0～100，值越大表明两经济要素配合度越高，空间联系越紧密。以 2016 年各省市区休闲农业示范点数及城镇人口数为数据基础，计算得出 $V = 99.79$，表明休闲农业示范点与客源市场间的配合度很高，且呈现出明显的城市聚集性，也充分说明休闲农业主要集中分布在东部经济发达省市和大城市郊区。

四、休闲农业资源开发特点

1. 开发阶段与形式

我国休闲农业资源开发中自发式、自主式与开发式三种开发模式并存[168]，三种模式是在不同经济基础上对应发展起来的。农家乐、渔家乐等形式属于自发式开发阶段，是休闲农业资源开发的早期阶段，一般由分散的农户自发经营，根据市场需求提供一些休闲游憩类的产品。中小规模的休闲农业园区建设则为自主式开发阶段，是资源开发的初级经营阶段，以中小企业为主导、以短期盈利为目的，结合农业资源有规划地开发一定的休闲游憩项目。大规模的休闲农庄、休闲农场运营属于开发式经营模式，是成熟的企业化运营阶段，一般由大企业集团主导，以长期投资收益为目的，在农业和旅游业具有相当基础的大中城市周边开发休闲农业项目（见表3－8）。

表3－8　休闲农业资源开发经营层次

经营主体	开发形式	开发阶段	主导者	开发目的
农家乐	自发式	早期萌芽阶段	分散的农户	迎合市场需求，获取额外收入
休闲农业园	自主式	初级经营阶段	中小企业参与运营	以短期盈利为目的
休闲农庄	开发式	成熟经营阶段	大型企业集团	以长期投资收益为目的

2. 客源市场特征

休闲农业客源市场的开拓受距离城市远近、交通便利性与信息通达性、旅游目的地经营规模与接待条件等因素的制约。从我国休闲农业资源开发的客源主体来看，城市郊区型休闲农业主要以距离较近城市的中低收入者为主，景区边缘型休闲农业及特色乡镇的客源主体为国内都市游客，国际游客甚少。从游客停留时间和活动空间看，主要以近程一日游、二日游为主。受城郊农村基础设施与休闲服务设施不完善、城市辐射强度弱等因素影响，都市游客多以常住地城市为节点，以一日游为活动半径向周边地区辐射。

3. 资源开发趋势

随着开发条件的日益成熟，我国休闲农业资源开发也呈现出新的趋势。主要表现在：一是休闲农业资源开发已从单一的功能模式向观光、体验、休闲、娱乐、养生、教育等多功能发展，由层次较低的农家乐等小规模经营模式逐步向高品位、高层次、多功能的产业类型转化；二是休闲农业资源开发空间布局由大城市向中、小城市扩展，由城市近郊向中、远郊延伸，在城市近郊形成以观光、采摘、科技、教育、餐饮、购物功能为主的休闲圈，中郊形成观光、休闲、体验、住宿为主的休闲圈，远郊形成以休闲、度假功能为主导的特色休闲圈，从而形成了休闲农业空间分布的新格局；三是休闲农业资源开发逐步走向规范化和专业化趋势，各地农业和旅游部门日益重视休闲农业的规范化管理，一些地区已开始制定农业旅游示范点评定标准，并对农家乐和休闲农庄制定星级标准，并根据标准进行定期评估，评定出国家级及省级休闲农业旅游示范点，从而逐步推进休闲农业的专业化、规模化、产业化经营。

五、休闲农业资源开发存在的问题

我国的休闲农业经过20多年的发展，已形成一定的产业基础，休闲农业资源开发水平不断提高，产业规模不断扩大。但就产业发展总体水平而言，还存在一系列的困难和问题。从产业自身发展来看，主要存在产业经营方式粗放、经营模式雷同、经营管理水平不高、产业体系不健全、产业布局不合理等问题；从产业发展外部环境来看，主要存在行业管理不规范、政策扶持力度不足、规划引导不到位、企业融资渠道不畅等问题。这些问题已成为制约休闲农业资源开发与产业化发展的瓶颈，需要认清问题所在并切实加以解决。

1. 休闲农业资源开发政策环境不完善

首先，休闲农业资源开发过程中缺乏宏观调控和指导，造成项目建设的随意性和盲目性，休闲农业经营管理机制的不健全和管理方式的不规范也导致休闲农业资源开发效益低下。一是缺乏统一协调管理的实质机构，休闲农业资源开发与产业发展过程中牵涉各级城乡建设以及农业、旅游业、相关服务业、环境保护产业领域的发展，需要有集中的政府权威管理机构对休闲农业产业各项工作进行统一协调管理，避免在资源开发、产业结构调整、城乡一体化发展、环境保护评估等问题上出现互相推诿、利益纠葛的现象。二是各级政府休闲农业产业规划引导工作相对滞后，休闲农业资源开发缺乏统筹安排与规划建设，导致资源开发形式单一、项目布局选址不科学和不合理、低水平重复建设项目较多，与区域环境发展不协调等多方面问题。三是各级地方行政管理部门对休闲农业开发项目缺乏有效监管，也是造成休闲农业资源地生态经济价值受损和生态环境恶化的主要原因，表现在：一方面，一些地区相关监管部门责任缺位，导致休闲农业项目开发盲目追求高规格的接待标准，破坏了乡村自然生态环境，极大地降低了休闲农业原生资源的生态经济附加值；另一方面，由于休闲农业资源开发缺乏有效监督和管理，项目开发超出资源地环境压力范畴，导致资源过度消耗、生活垃圾和污水得不到有效处理等生态环境问题已经显现。

其次，我国休闲农业资源开发中土地资源产权不清晰是休闲农业产业发展过程中面临的主要问题，主要表现在土地资源的反租倒包。我国休闲农业项目开发与园区建设需要集中利用农村耕地，大多数采取反租倒包形式，由集体经济组织将已经承包给农民的土地反租回集体，这种方式可以顺利集中农村土地资源，减少大型项目整合土地资源的成本，这又在一定程度上保持了农村土地承包经营制度的稳定性。但在农地资源利用中，大多数地区仍然依靠行政手段配置资源，项目在实施过程中并未按照农民意愿市场化配置资源，多数由地方基层行政组织出面干预，农民往往面临信息不对称和丧失谈判权和决策权的问题。从产权关系来看，农民是集体土地所有权的真正主体，任何基层行政组织无权代替农民处置土地，但直接从农民手中流转土地，必然会大幅度增加流转成本。因此，需要建立属于农民自己的合作社等集体经济组织，在体现农民自身意愿的基础上，实现土地资源集中和减少整合成本的目的。

2. 休闲农业资源开发配置不合理

由于缺乏前期的市场调查与项目整体规划，普遍存在休闲农业资源整合能力不强，资源开发类型单一，开发模式雷同、重复建设等现象。目前休闲农业活动大多停留在观光、采摘、垂钓、餐饮等低层次阶段，各类观光采摘园、垂钓园和农家乐、渔家乐等初级项目开发较多，休闲农业资源深层开发不足，产品系列化程度不高，园区同质化趋势明显，项目活动单一，缺乏体验性和市场吸引力，竞争力不强。尤其在客源市场条件相对较好的城市郊区，为吸引客流，增加收入，各区县农民自发、盲目建设休闲农业项目，缺乏统一的区域规划，往往经营内容雷同，服务项目单一，缺乏经营特色，造成各项目间的恶性竞争，区域协作性不强，难以形成功能互补和集群竞争优势。

3. 休闲农业资源开发组织化程度不高

目前，大城市休闲农业有所发展，经营范围较为广泛，而中小城市及特色农区开展的休闲农业资源开发大多数还处于传统的粗放型“小农经济”状态。首先，休闲农业的发展由于受到现有土地流转制度的限制与农户自身资金的限制，起点低、规模小、散布广，资源开发以个体的、分散的、自发的、粗放的模仿式经营形式为主，存在资金投入不足、抵御风险能力弱、科学管理水平低等不利因素，难以满足现代农业集约化发展要求。同时，小农自发开展的作坊式休闲农业项目只限于对农业自然资源的利用，缺乏对农业、农村生态、文化资源的整合利用，综合开发能力较弱，经营项目形式粗放，缺乏内涵，难以满足旅游者的知识化、多元化需求。其次，在以企业为主体的经营模式中，由于市场经营观念和科学发展的理念不强，企业经营者在项目投资前期缺乏对客源市场的充分调研与分析，以及对项目开发可行性的评估和审查，造成项目资源开发层次较低，经营特色不鲜明，经营规模有限，品牌化经营能力不足，难以形成竞争优势和产业化发展能力。

4. 休闲农业资源开发产业体系不健全

休闲农业发展缺乏区域整体规划与开发，经营状态分散，产业化程度低，尚未形成较完整的产业链和产业体系，缺乏对相关产业的产品和服务整合优化能力，对于区域休闲农业产业发展形成制约。主要表现在：一是休闲农业资源自身价值挖掘不足，休闲农业经营模式单一固化，经营项目多停留在观光、采摘、体验阶段，且对农产品深加工及农业科技知识运用产生的价值链延伸利用不足；二是休闲农业经营产业链条短，难以形成基于产业链扩展的专业化和精细化分工与合作格局，无法形成规模经济和范围经济效应；三是在休闲农业产业体系中，农业合作组织发展步伐慢，品牌龙头企业数量少，农业合作组织多为松散型形式，数量少、规模小、抵御市场风险能力不足、辐射带动能力弱，而具有一定知名度的高品位、多功能的品牌龙头企业少之又少，难以形成产业发展优势；四是相关支撑产业和辅助产业的落后或缺失，休闲农业项目开发地的建筑企业、规划和设计机构、餐饮住宿业、文化娱乐业、媒体广告业、银行保险业等部门和行业对休闲农业产业的支持和辅助力度有限，也直接导致目前一些休闲农业项目公共、食宿、卫生、交通等基础设施不完善，专业服务设施匮乏，用地结构与空间布局散乱，从而制约休闲农业的产业化发展。

第三节 休闲农业资源开发影响因素分析

休闲农业资源开发的影响因素主要是指休闲农业产业运行的宏观环境，包括区域经济发展水平、社会人口消费能力、关联产业发展基础、产业开发政策环境等。经济、社会、产业、政策环境直接影响到各地区休闲农业资源优势向产业经济优势转变的能力，是休闲农业产业规模化、集约化、规范化、组织化发展的支撑条件，也是休闲农业产业化开发基础的构成要素。

一、经济环境因素

休闲农业是伴随着社会经济的发展而兴起的。区域经济发展程度和总体水平的高低在很大程度上决定了休闲农业资源的开发状况和居民的出游水平。区域经济发展水平对休闲农业开发的影响主要表现在：一是影响休闲农业开发的投资规模与环保力度，经济发展水平高则有能力加大在经营管理、人才引进和环境保护等方面的投资，促进休闲农业资源的可持续利用；二是影响客源市场规模大小及其旅游需求与消费能力，社会经济发展水平高则对外联系度高，从而带动区域人流、物流、信息流增大，扩大潜在的客源市场。

随着经济的快速发展和城市化进程的推进，加快农业战略转型、深化农村经济体制改革已成为解决农业发展深层次和长远问题的关键。休闲农业的兴起为传统农业的战略转型指明了方向。休闲农业产业化发展成为解决“三农”问题、优化农业产业结构、推进农业现代化和市场化的重要手段，是实施从传统农业向现代农业跨越的重要举措。经济社会的进步、城镇化水平的提高以及居民闲暇时间的增多进一步推进社会消费结构的转型，推动发展型和享受型消费模式的形成，进而为休闲农业产业化发展提供支撑。

1. 社会经济发展

从宏观环境来看，国家宏观经济的良性发展是休闲农业可持续发展的重要前提。改革开放以来，我国的经济增长率一直在高位运行，GDP 总量保持继续增长态势[2]。截至 2017 年，我国 GDP 达到 827122 亿元，比上年增长 6.9%（见图 3－2）。

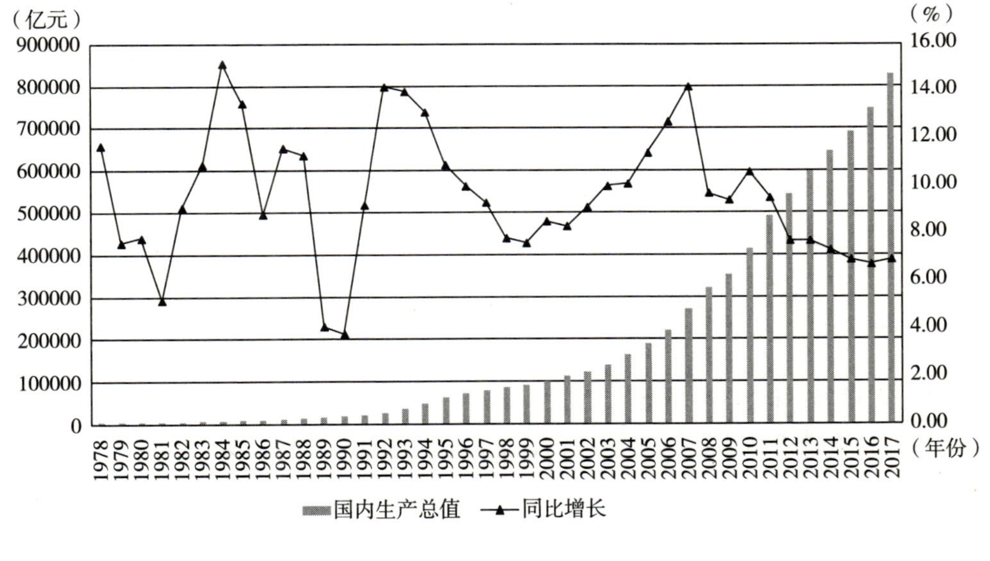

图 3－2　1978～2017 年我国国内生产总值（GDP）与年增长率情况

休闲农业需求规模通常由休闲农业市场容量的大小、规模增长速度及市场饱和度来衡量。当休闲农业需求规模较小时，企业竞争和创新意识较弱，进入休闲农业市场的竞争主体较少，难以形成休闲农业产业竞争力。当休闲农业需求达到一定规模时，区域内竞争主体不断增加，进而促进休闲农业产业体系的形成。

随着国家经济实力的增强，我国人均 GDP、人均可支配收入和消费支出能力都在不断增长，用于休闲娱乐的消费支出显著增加。根据国际经验，人均 GDP 达到 1000 美元时，观光性旅游急剧膨胀；人均 GDP 达到 2000 美元时，基本形成对休闲服务的多样性需求和多样化选择；人均 GDP 达到 3000 美元时，人们就会产生度假需求[169]。2017 年，我国人均 GDP 达到 8836 美元，与 2004 年的 1490 美元相比，年均增长 5.22%。我国大部分省份人均 GDP 超过 4000 美元，达到中等发达国家水平，国民休闲需求已达到一定规模（见图 3－3）。

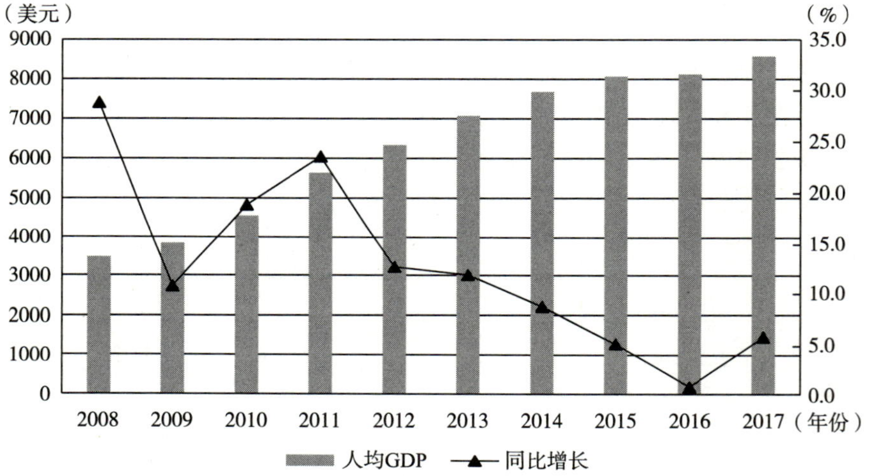

图 3－3　2008～2017 年人均国内生产总值及其增长速度①

2. 基础设施条件

基础设施条件主要包括交通运输设施、区域金融服务设施、邮电通信设施、排污处理设施、环境卫生设施等，这些基础设施条件是休闲农业产业发展必不可少的辅助性供给。交通基础设施的完善、交通设施数量的增加和效率的提高，缩短了客源地与目的地间的空间距离，减少了休闲旅游者的时间成本，并带给旅游者安全、舒适、快捷的出行感受。现代通信技术的不断发展、信息技术的广泛应用和各种技术创新产品的出现，一方面，为休闲旅游者提供了更多的选择空间，降低了方案搜寻成本；另一方面，显著降低了休闲农业企业的经营成本，能有效

① 资料来源：《国民经济和社会发展统计公报》（2008～2017 年）。

掌握市场的即时需求，设计开发迎合市场需求的创新产品，以提高经营效率和经济效益。

我国交通、邮电和通信设施等基础设施建设不断完善，运输服务保障水平不断提升。铁路、公路、航空、水运行业快速发展，2017 年底，全国公路总里程达 477.35 万千米，公路密度为 49.72 千米/百平方千米，国家高速公路达 10.23 万千米。农村交通条件进一步改善，全国农村公路（含县道、乡道、村道）里程达 400.93 万千米，乡镇公路通达率达 99.99%，建制村公路通达率为 99.98%。交通基础设施建设投资规模持续增长，铁路公路水路固定资产投资达 31151.16 亿元，占全社会固定资产投资的 4.7%①。2017 年，完成营运性客运量 184.86 亿人，旅客运输周转量总计 32812.55 亿人千米，较 2002 年增长 2.21 倍。私人汽车数量急剧增多，私人汽车保有量达 18695 万辆，较 2002 年增长 8.12 倍，私家车保有量增加是居民消费升级的重要表现，极大地促进了短途旅游发展，自驾游成为休闲农业旅游的主要出行方式。全年完成邮电业务总量 13379 亿元，其中，电信业务总量 27557 亿元。移动电话普及率达 102.5 部/百人，互联网上网人数达 7.72 亿人，互联网普及率已达 55.8%。同时，新农村建设极大地改善了农村基础设施状况，尤其是交通、通信、环境卫生、公用设施等基础设施，为休闲农业的建设和发展奠定了基础，大大提高了旅游接待能力[2]。农村地区“村村通”工程大大改善了农村交通条件，交通工具数量和质量也得到显著提高，为居民出游创造了便利的条件。

表 3-9　2000~2016 年我国交通条件基本情况②

年份	城市每百万人拥有公交车辆（台）	城市人均拥有道路面积（平方米）	城镇每百户拥有家用汽车（辆）	农村每百户拥有摩托车（辆）
2000	10.8	6.1	0.5	21.94
2001	6.1	7	0.5	21.71
2002	6.7	7.9	0.88	28.07
2003	7.7	10.9	3.37	40.7
2004	8.4	11	4.32	44.59

① 资料来源：《2017 年公路水路交通运输行业发展统计公报》。
② 资料来源：《中国经济贸易年鉴》(2017)。

续表

年份	城市每百万人拥有公交车辆（台）	城市人均拥有道路面积（平方米）	城镇每百户拥有家用汽车（辆）	农村每百户拥有摩托车（辆）
2005	8.6	10.9	3.37	40.7
2006	9.1	11	4.32	44.59
2007	10.2	11.4	6.06	48.52
2008	11.1	12.2	8.83	52.45
2009	11.1	12.8	10.89	56.64
2010	9.7	13.2	13.07	59.02
2011	11.8	13.8	18.6	60.85
2012	12.1	14.4	21.5	62.2
2013	12.8	14.9	22.3	61.1
2014	13.0	15.3	25.7	67.6
2015	13.3	15.6	30.0	67.5
2016	13.8	15.8	35.5	65.1

二、社会环境因素

1. 居民闲暇时间

居民闲暇时间是保证休闲消费的前提。研究表明，休闲经济的产生是劳动生产率提升与科学技术水平提高的结果，劳动者单位时间劳动产能显著提高，进而实现劳动报酬增加，从而推动劳动供给的增加，但到达一定劳动报酬水平后，劳动供给将随着报酬水平的提高而减少，即经济学中所谓的“后弯劳动供给曲线”（见图 3－4）。从图中可见，纵轴 W 表示工资水平，横轴 L 表示劳动供给量，如果工资水平低于 W_1，劳动供给随着工资的增加而增加，劳动供给曲线向右上方倾斜；当工资水平达到 W_1 时，劳动供给量达到最大值 L_2，L 是劳动者愿意付出的最高劳动供给量，随着工资的继续增加，劳动供给量反而减少，劳动供给曲线从 b 点（即 W_1 处）开始向后弯曲，随着工资的提高，劳动者不再付出更多的劳动，反而通过减少劳动来获取闲暇时间[170]。因此，科学技术的进步和劳动生产率的提高，导致人们有更多的休闲时间。

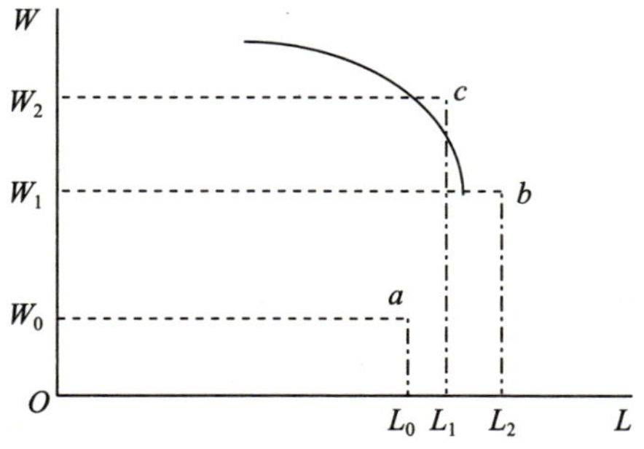

图 3－4　后弯劳动供给曲线

自 2008 年《全国年节及纪念日放假办法》和《职工带薪年休假条例》方案调整以后，我国法定节假日与休息日已累计达 115.3 天，如计算带薪休假，则一年平均休假时间超过了 1/3（见表 3－10）。学生、教师等群体加上寒暑假，全年约 140 天，享有带薪休假权利的职工全年约有 124 天假期[170]。国家法定节假日的调整在时间分布上相对分散，更有利于传承民族传统文化，并与完善职工带薪年休假制度相结合。休假办法实施后，缓解了结构性供需矛盾和旅游接待负担过重导致的生态环境破坏问题，增加了民众选择旅游时间和方式的自主性，推动了节日期间的中短途旅游人数和长假、长周末形成的大小旅游高峰次数大幅上升，民俗文化旅游活动日渐增多，假日经济效应得到充分发挥。

表 3－10　全年休假时间

全体公民放假的节日	日期	时间
元旦	1 月 1 日	1 天
春节	农历除夕至初六	7 天
清明节	农历清明	3 天
五一国际劳动节	5 月 1 日	3 天
端午节	农历端午	3 天
中秋节	农历中秋	3 天
国庆节	10 月 1 日	7 天

资料来源：《全国年节及纪念日放假办法》。

2. 城镇与农村居民生活水平提高

第一，城镇化进程加快。近年来，我国城市化水平快速推进，城镇化率每年约提高 1 个百分点，截至 2017 年，我国城镇化率已达到 58.52%。一方面，城镇化水平的提高导致城市人口密度的增加，进而造成城市休闲环境与设施的供应不足，城市居民到郊区与特色乡村休闲度假的需求不断增长，为休闲农业提供了巨大的客源市场；另一方面，随着人们生活水平的提高，以食品、衣着消费为内容的生存型消费占消费支出的比重趋于下降，城镇和农村居民家庭恩格尔系数由1978 年的 57.5% 和 67.7% 分别下降到 2017 年的 28.6% 和 31.2%，2017 年全国居民恩格尔系数为 29.39%，进入了联合国划分的 20% ~30% 的富足区间。居民恩格尔系数的显著降低，说明居民用于食品的消费支出比例在逐年减少[2]，休闲娱乐、教育文化服务消费比重持续提高，居民消费趋势已由温饱型转向个性化、多样化的精神消费与文化消费领域，这一消费群体也成为了休闲农业旅游消费的主体。

同时，城乡居民收入和支出水平的大幅度提高，既为城市居民外出旅游提供了休闲资金储备，又为农村居民发展休闲农业提供了物质保障，进一步促进了休闲农业从自发的、节假日的旅游向产业化、常态化方向发展。2017 年，我国城镇居民人均可自由支配收入和人均消费性支出分别达到 36396 元和 24445 元，与 2013 年相比，分别实现年均增长 8.28% 和 7.23%；农村居民家庭人均纯收入和居民人均生活消费性支出分别达到 13432 元和 10955 元，与 2013 年相比，年均增长分别为 9.25% 和 9.99%[2]（见图 3－5、图 3－6）。

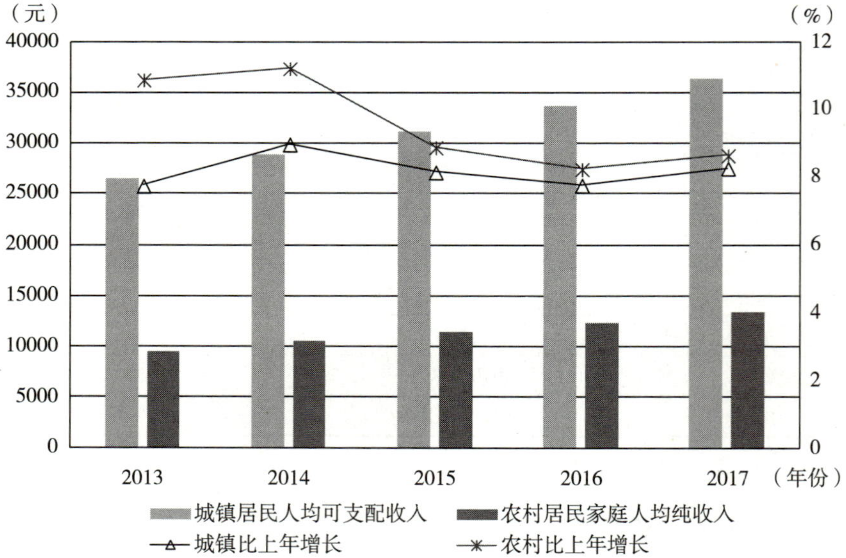

图 3－5　2013 ~2017 年我国城镇与农村居民人均可支配收入情况

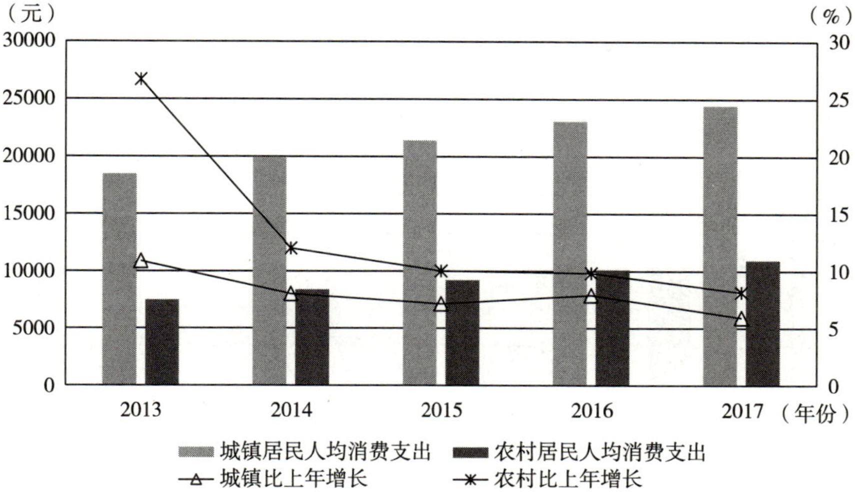

图 3－6　2013～2017 年我国城镇与农村居民人均消费支出情况

第二，农村居民家庭基本情况。根据 2016 年农村住户抽样调查显示：农村居民可支配收入 12363.4 元，其中，工资性收入达 5021.8 元，占总收入的 40.6%；经营净收入 4741.3 元，其中第一产业经营收入 3269.6 元，第二产业经营净收入 287.9 元，第三产业经营净收入 1183.8 元，占比分别为 26.4%、2.3%、9.6%；财产净收入 272.1 元，转移性净收入 2328.2 元（见图 3－7、图 3－8）。2016 年，农村居民消费支出 10129.8 元，其中，教育文化娱乐类消费支出 10.6%。

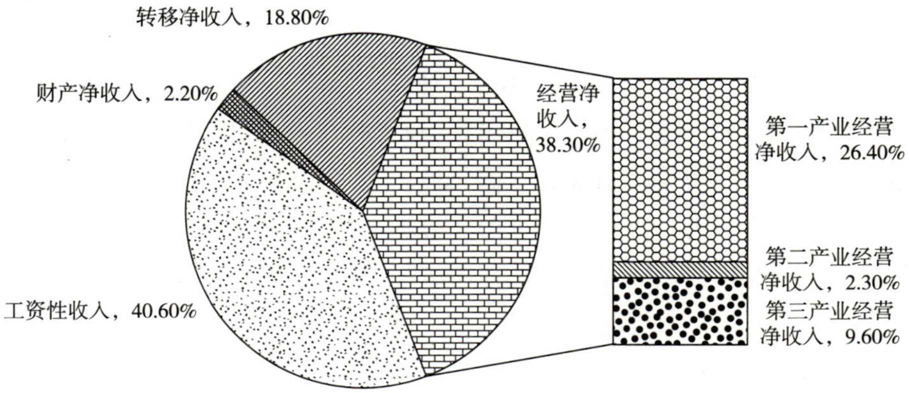

图 3－7　2016 年农村居民人均可支配收入情况

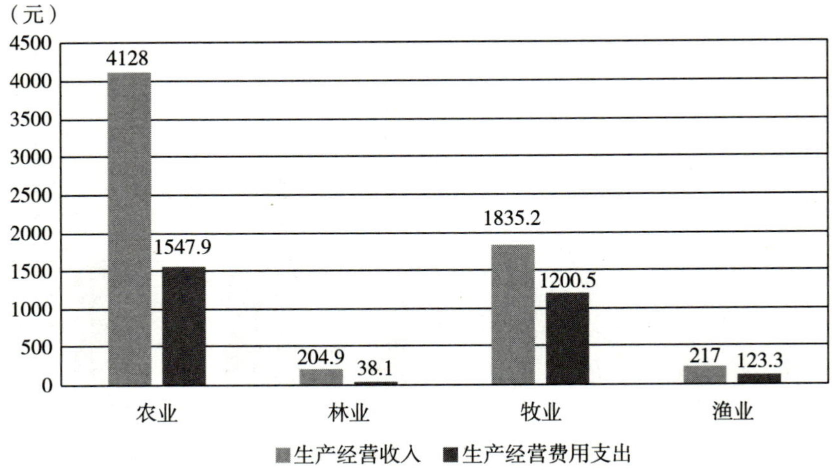

图 3-8　2016 年农村居民生产经营收入与费用支出情况

三、产业环境因素

休闲农业产业关联度大，产业链条长，是与农业及旅游业共享基础设施和产业链条的产业。休闲农业相关产业的发展为休闲农业提供了信息流、技术流、资本流、人力资源流等方面的有力支撑和有效供给。

1. 农业产业发展

改革开放后，我国农林牧渔业总产值呈现跨越式增长，2017 年，我国农林牧渔业总产值已达 114696.2 亿元，是 1978 年总产值的 82 倍，与 2008 年相比，年均增长 7.87%。2017 年，我国农、林、牧、渔业产值分别达 61719.69 亿元、4991.55 亿元、30285.04 亿元、12316.87 亿元，与 2008 年相比，年均增长率分别为 9.16%、9.79%、4.38%、10.05%。在农林牧渔业总产值中，农业和牧业产值占比较高，林业产值占比最低，农、林、牧、渔业产值占比分别为 53.81%、4.35%、26.4% 和 10.7%（见图 3-9）。总体来看，我国农业经济取得了长足发展，并保持继续增长的发展态势，为休闲农业产业化发展提供了有力的支撑和雄厚的基础。

近年来，中央强农惠农政策不断完善，大幅度增加“三农”投入，“三农”支出主要用于支持农业生产、农业农村基础设施建设、农业补贴和农村教育、卫生等社会事业的发展。2016 年，中央财政安排用于农业、林业、水利的支出达

16768亿元，与2008年的4397.6亿元相比，年均增长率达18.21%。其中农业综合开发支出610.8亿元，农业综合改革支出1471.3亿元，分别占总支出的3.6%和8.8%（见图3－10、表3－11）。

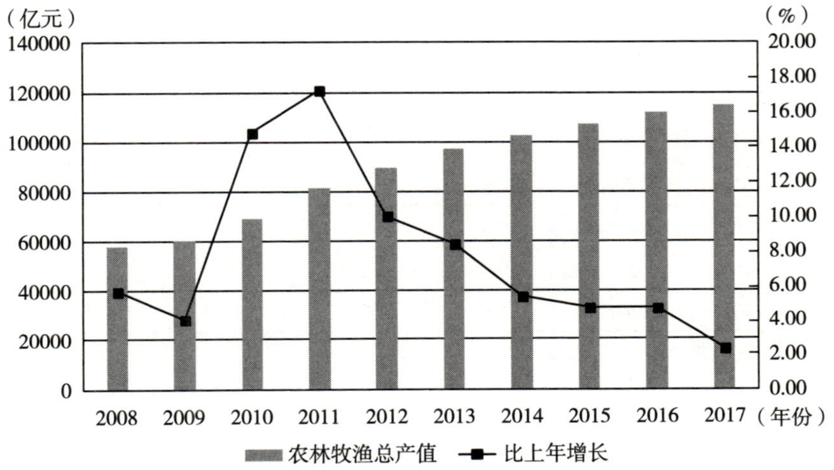

图3－9　2008～2017年我国农林牧渔业总产值变化情况

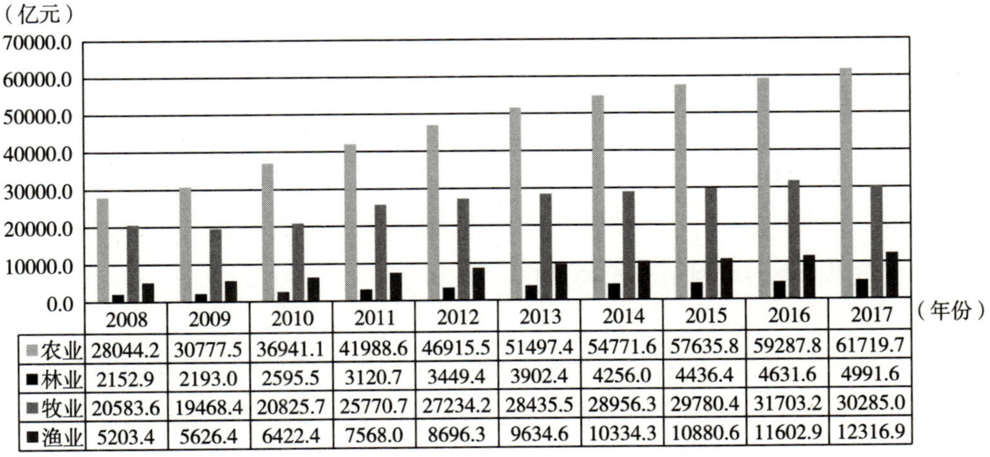

	2008	2009	2010	2011	2012	2013	2014	2015	2016	2017
农业	28044.2	30777.5	36941.1	41988.6	46915.5	51497.4	54771.6	57635.8	59287.8	61719.7
林业	2152.9	2193.0	2595.5	3120.7	3449.4	3902.4	4256.0	4436.4	4631.6	4991.6
牧业	20583.6	19468.4	20825.7	25770.7	27234.2	28435.5	28956.3	29780.4	31703.2	30285.0
渔业	5203.4	5626.4	6422.4	7568.0	8696.3	9634.6	10334.3	10880.6	11602.9	12316.9

图3－10　2008～2017年我国农业经济发展情况

资料来源：《中华人民共和国年鉴》（2017）。

表3-11 2008~2016年国家财政用于农林水各项支出情况 单位：亿元

年份	农业	林业	水利	南水北调	扶贫	农业综合开发	农业综合改革
2008	2278.9	424	1122.7	—	320.4	251.6	—
2009	3826.9	532.1	1519.6	—	374.8	286.8	—
2010	3949.4	667.3	1856.5	78.4	423.5	337.8	607.9
2011	4291.2	876.5	2602.8	68.9	545.3	386.5	887.6
2012	5077.4	1019.2	3271.2	45.9	690.8	462.5	987.3
2013	5561.6	1204.3	3338.9	95.6	841	521.1	1148
2014	5816.6	1348.8	3478.7	69.6	949	560.7	1265.7
2015	6436.2	1613.4	4807.9	81.8	1227.2	600.1	1418.8
2016	6250.4	1676.9	4408.6	66	2284.4	610.8	1471.3

资料来源：《中国农村统计年鉴》（2017）。

中央和地方政府对农业发展高度重视，大力扶持农业产业发展，组织实施了土地治理、产业化经营、科技示范等多项农业综合开发项目。2016年，全国农业产业化组织数量达41.7万个，其中农业产业化龙头企业达13.03万个。农田有效灌溉面积占比、农业科技进步贡献率、主要农作物耕种收综合机械化率分别达到52%、56%和63%，良种覆盖率超过96%，现代设施装备、先进科学技术支撑农业发展的格局初步形成。2016年，农业补贴制度深化改革，推行农业支持保护补贴，促进农业发展方式改变。中央财政继续安排26亿元，支持各地加强基层农机推广体系的改革与建设。加大对国家现代化农业示范区的政策支持力度，采取“以奖代补”、基本建设投资、引导金融资金支持示范区建设、财政支农资金整合试点等方式推进示范区建设。

2. 旅游产业发展

从我国旅游休闲需求来看，随着城镇和农村居民生活水平的提高，国内休闲旅游需求日渐增长。2017年，我国城镇居民旅游人次达36.77亿人次，农村居民旅游人次达13.24亿人次，与2000年相比，城镇与农村居民旅游人次年均增长率分别达15.3%和7.06%；城镇和农村居民旅游总花费分别为37700亿元和8000亿元，与2000年相比，分别实现年均增长18.08%和13.42%；国内旅游人均花费914元，比2000年增加了487.4元，城镇居民旅游人均花费1044元，农村居民人均花费596元，分别比2000年增加了365.4元和369.4元，年均增长率分别为2.57%和5.85%（见表3-12）。可以看出，我国城镇和农村旅游市场不断拓展，年接待旅游人次及用于旅游的人均消费大幅上升，为休闲农业发展奠定了坚实的客源市场基础，尤其中小城镇和农村居民已成为国内旅游市场的新生力量和休闲农业发展的重要客源。

表3-12　2000~2017年国内旅游发展情况

年份	城镇居民旅游人次（亿人次）	农村居民旅游人次（亿人次）	城镇居民旅游总花费（亿元）	农村居民旅游总花费（亿元）	国内旅游人均花费（元）	城镇居民旅游人均花费（元）	农村居民旅游人均花费（元）
2000	3.29	4.15	2235.3	940.3	426.6	678.6	226.6
2001	3.75	4.09	2651.7	870.7	449.5	708.3	212.7
2002	3.85	4.93	2848.1	1030.3	441.8	739.7	209.1
2003	3.51	5.19	2404.1	1038.2	359.7	684.9	200
2004	4.59	6.43	3359	1351.7	427.5	731.8	210.2
2005	4.96	7.16	3656.1	1629.7	436.1	737.1	227.6
2006	5.76	8.18	4414.7	1815	446.9	766.4	221.9
2007	6.12	9.98	5550.4	2220.2	482.6	906.9	222.5
2008	7.03	10.09	5971.7	2777.6	511	849.4	275.3
2009	9.03	9.99	7233.8	2949.9	535.4	801.1	295.3
2010	10.65	10.38	9403.8	3176	598.2	883.0	306.0
2011	16.87	9.54	14808.6	4496.8	731.0	877.8	471.4
2012	19.33	10.24	17678	5028.2	767.9	914.5	491
2013	21.86	10.76	20692.6	5583.5	805.5	946.6	518.9
2014	24.83	11.28	24219.8	6092.1	839.7	975.4	540.2
2015	28.02	11.88	27610.9	6584.2	857	985.5	554.2
2016	31.95	12.4	32241.3	7147.8	888.2	1009.1	576.4
2017	36.77	13.24	37700	8000	914	1044	596

资料来源：《中国旅游统计年鉴》（2000~2017）。

2017年，我国旅游市场保持平稳较快增长，全国旅游业对GDP的综合贡献为9.13万亿元，占GDP总量的11.04%。全年共接待入境游客13948万人次，实现旅游外汇收入1234亿美元，分别比上年增长0.8%和2.9%%；国内旅游人数50.01亿人次，实现收入45700亿元，分别比上年增长12.8%和15.90%（见

表3－13）。截至2017年第三季度，全国旅行社数量为27409家，纳入统计管理系统的星级饭店数量达10962家。

表3－13　2002～2017年国内外旅游人数与旅游收入增长情况

年份	入境旅游人数（万人次）	比上年增长（%）	国内旅游人数（亿人次）	比上年增长（%）	旅游外汇收入（亿美元）	比上年增长（%）	国内旅游收入（亿元）	比上年增长（%）
2002	9790.83	9.99	8.78	11.99	203.85	14.57	3878.36	10.11
2003	9166.21	－6.38	8.70	－0.91	174.06	－14.61	3442.27	－11.24
2004	10903.82	18.96	11.02	26.67	257.39	47.87	4710.71	36.85
2005	12029.23	10.32	12.12	9.98	292.96	13.82	5285.86	12.21
2006	12494.21	3.87	13.94	15.02	339.49	15.88	6229.74	17.86
2007	13187.33	5.55	16.10	15.49	419.19	23.48	7770.62	24.73
2008	13002.74	－1.40	17.12	6.34	408.43	－2.57	8749.30	12.59
2009	12647.59	－2.73	19.02	11.10	396.75	－2.86	10183.69	16.39
2010	13376.22	5.76	21.03	10.57	458.14	15.47	12579.77	23.53
2011	13542	1.24	26.40	25.53	485.00	5.86	19306.00	21.00
2012	13240.53	－2.20	29.57	12.00	500.28	3.20	22706.22	17.60
2013	12907.78	－2.5	32.62	10.30	516.64	3.30	26276.12	15.70
2014	12849.83	0.00	36.11	10.70	1053.80	203.00	30311.86	15.40
2015	13382.04	4.10	40.00	10.50	1136.50	7.80	34195.05	13.00
2016	13844.38	3.50	44.40	11.00	1200.00	5.60	39390.00	15.19
2017	13948.00	0.80	50.01	12.80	1234.00	2.90	45700.00	15.90

资料来源：《中国旅游统计年鉴》（2000～2017）。

3. 休闲农业产业发展

休闲农业产业自身发展因素包括休闲农业资源要素禀赋及休闲农业企业等方面。从休闲农业企业来看，可从休闲农业企业规模经济与进入退出壁垒两方面分析。依据产业组织理论，企业规模经济可分为生产性规模经济和经营性规模经济两大类型，生产性规模经济是指由产量规模扩大而导致单位成本下降的现象；经营性规模经济是指生产性投资扩大、销售网络投资扩大和管理过程投资扩大等导致的企业经营收益增加现象。休闲农业企业生产性规模经济表现在地区接待规模的扩大及组团规模的扩大上，经营性规模经济则体现在客源市场的空间扩散、销售渠道的网络化及管理方式的体系化带来的收益增加。一方面，休闲农业企业要形成较强的组团和接待能力，需要与旅游、交通、餐饮、购物等相关休闲农业服务部门建立紧密联系，通过不断扩大销售网络、增加销售网点来实现。另一方面，就休闲农业企业的进入与退出壁垒来看，休闲农业企业市场进入壁垒包括行政法规、产品差异化程度、营销费用、经营成本等，我国休闲农业企业进入壁垒相对较低，企业进入市场门槛低，缺乏长远的经营战略与品牌意识，企业经营技术含量不高，休闲农业市场存在多、小、散的现象，市场集中度较低。企业退出壁垒包括沉没成本、违约成本、市场发育与行政法规完善程度等，我国休闲农业企业资产专用性弱，导致企业退出沉没成本低，休闲农业企业的购销合同多为一次性临时契约形式，违约成本低，而法律法规也未对休闲农业企业的退出做出严格限制。

同时，休闲农业企业市场竞争行为也影响着休闲农业产业的发展程度。企业市场竞争行为表现为以下三种类型：一是由企业定价行为引起的价格竞争；二是由企业的差异化或产品与技术创新引起的非价格竞争；三是由企业兼并扩张行为引起的组织结构调整。就休闲农业企业而言，企业竞争多体现为价格竞争形式，企业通常根据淡旺季需求实行时间以及数量折扣的价格歧视策略，休闲农业企业一般产品差异化程度较低、企业产品创新能力不足，影响了休闲农业产业化发展能力。

四、政策环境因素

政府在休闲农业产业发展方面提供的政策支撑、资金引导和行政法规等，为休闲农业产业发展创造了具有竞争优势的宏观环境。

在政策支撑方面，积极的休闲农业经济刺激政策对提高休闲农业产业化能力具有显著影响。主要表现在：一是直接相关的产业政策，政府部门根据地区总体经济发展的目标和战略，对休闲农业总体发展规划、投融资政策等进行具体设定，为休闲农业产业发展提供基本指导和战略方向；二是配套协调管理政策，休闲农业产业发展涉及发展和改革、工商、财政、税务、金融、环保、交通、司法等各个政府部门，相关部门通过明确各环节的分工协作、理顺多头管理体制，从而为促进休闲农业产业化发展提供有利政策。

在资金引导方面，休闲农业产业与企业的创新发展离不开资金支持。政府在休闲农业产业发展中，可以安排财政资金向休闲农业产业适当倾斜，培育良好的投资环境与融资平台，积极引导社会资金投入休闲农业产业，通过财政资金与社会资金的合理运用促使地区休闲农业实现产业化发展。

在行政法规支持方面，制定休闲农业法律法规是合理开发休闲农业资源、规范休闲农业市场秩序、促进产业良性发展的法制保障。休闲农业管理体制机制的创新与完善则有利于明晰各级主管部门职能，确立政府部门对休闲农业产业发展的作用机制，在休闲农业产业战略规划、市场营销、生态环保方面起到监督与管理作用，从而实现休闲农业资源的有效配置和产业良性发展。

第四节　休闲农业资源开发路径分析

休闲农业资源开发路径是在对地区休闲农业资源类型、结构、特色、组合、分布、规模、成因以及相关的文化、艺术、民俗等进行调查分析的基础上，分析不同类型休闲农业资源的游憩机会，结合地区自然、社会、经济、生态环境、潜在客源等开发条件选择资源开发类型、空间布局模式和投资模式。[171]

一、休闲农业资源游憩机会分析

休闲农业自身的特性使休闲游憩活动具有多样性、独特性与精致性特征。表现在：①休闲农业资源可提供与生活充分结合的游憩机会，满足人们对农作物的性状、成长过程、采摘过程认知和了解的需求，满足参与者回归淳朴农业生活的放松感受。②农业生产的各个环节都蕴藏着技术性特征，农作物品种的选择、播种、栽种、耕耘、收获、农具的使用等都可以满足休闲农业参与者的好奇心和求知欲。③休闲农业资源种类包罗万象，可提供的休闲活动类型丰富多彩，能够充分满足人们求新、求异、求变的休闲需求。[172]

休闲农业资源游憩机会的分析是资源开发的基础。针对不同休闲农业资源的特质可充分挖掘其休闲游憩价值。休闲农业生产、生活、生态资源各具特色，且具有极强的休闲价值与开发潜力。不同休闲农业资源可供开发的游憩机会如表3－14所示。

表 3-14　休闲农业资源游憩机会分析[173]

主类	亚类	体验方式与游憩机会
休闲农业生产资源	农业种植资源	观赏不同的节令农作物的枝、干、叶、花、芽、果的形态展现
		体验农作物选种、育苗、移植、施肥、中耕、灌溉、修剪、除草、收获、处理等过程
		体验采摘、煮食方法、加工方法、纺织等
	农耕活动资源	参与体验育种、育苗、整地及种植等耕种活动；灌溉、施肥、病虫害防治、中耕除草、修剪等管理活动；采摘、收割等收获活动；晒干、冷冻、腌制等贮藏活动；配合各季节农耕活动的生物特性进行技术性的讲解
	农事农具资源	农具的展示、讲解、操作
	农业养殖资源	养殖动物生活习性、经济用途的讲解；参与喂养、观察、食用等
休闲农业生活资源	农民特质资源	挑选一些有特色、技艺的当地农民为游客服务；教做农事活动，进行解说及示范；担任各种体验活动的表演者与示范者
	日常生活资源	品尝传统农家餐饮；租售农家传统服饰；提供农家院落器具与设备；参与民间传统娱乐活动
	传统建筑资源	参观、欣赏传统建筑
	文化庆典资源	设立与文化、民俗、庆典活动有关的展室；参与农庄活动的表演等
休闲农业生态资源	农村气象资源	利用二十四节气安排游客相应体验活动，如寒露时尝蟹、赏菊，立冬时进补等；观测天象
	农村地理资源	登山涉水的体验活动，结合水域与地质条件开展不同游憩活动
	农村生物资源	为游客提供捕捉、渔捞、采集、烹饪的设备和工具，让游客享受从田间到饭桌的过程
	农村能源资源	了解特色能源的利用方式
	农村景观资源	提供游客拍照、宣传设施；开辟休憩空间，供游客休息；设立观景台，供游客登高观景

二、休闲农业资源开发经营类型

1. 休闲农业园

（1）农业观光园。观光园区依托农作物、园艺作物、果树、花卉、茶、蔬菜等资源，以展示种植业的栽培技术或园艺、农产品及其生产过程为主，供游人观赏，并参与水果、蔬菜、花卉采摘，享受参与体验农事劳作的乐趣。农业观光园可细分为观光果园、观光菜园、观光花园、观光茶园、观光瓜园、观光竹园、观光中草药园、生态农园等[174]，如北京的锦绣大地、北戴河集发生态农业观光园等（见表3－15）。

表3－15 休闲农业观光园类型与功能导向

类型	功能导向
观光果园	利用成熟果园，开展观赏、品尝、采果、购果等旅游活动
观光花园	利用花卉种植基地，开展观赏、购物、园艺欣赏与学习等活动
观光瓜园	利用瓜果种植基地，开展观赏、品尝、购物、参观体验瓜果文化等活动
观光菜园	利用大型菜园，开展观赏、品尝、采摘、购菜、文化体验等活动
观光茶园	利用大型茶园，开展观赏、采茶、品茶、茶文化体验等活动
观光竹园	利用大型竹林，开展观赏、竹艺学习、制品购买、竹文化体验等活动
观光中草药园	利用中草药种植基地，开展观赏、知识学习、成品购买等活动
生态农园	利用无公害农作物种植基地，开展观光、购买、学习、文化体验等活动

（2）农业公园。按照公园的经营思路，将生产、消费、旅游空间相融合，形成集娱乐、食宿、购物、休闲、旅游、度假、会议于一体的农业公园形式。园区注重农业生产、人文历史资源的开发，休闲服务设施较为完善，是一种综合性的农业园区，一般包括服务区、景观区、种植区、养殖区、休闲区等。

（3）科技农园。依托先进的农业科技生产方式，强化生产过程的科技性、生态性、趣味性、艺术性，形成林果粮间作、农林牧结合的综合科技生态农业景观，向游客展现农业科学技术、提供休闲游憩的场所和丰富多彩的绿色农产品。经营内容如农业博物馆、高新科技示范园、生态农博园等。科技农园可以成为学习、教育、科研、考察的场所，由此实现科普教育与观光休闲功能的有效结合（见表3－16）。

表3－16 休闲农业科技农园类型与特色

园区类型	园区特色	园区功能
高新科技示范园	依托农业科研基地或科研单位，以展示农业科研成果为主	观光、品尝、娱乐、购物
生态农博园 农业艺术博览园	依托农业资源环境与生态农业技术，培育新奇、优质的花木、果蔬生态种植基地	观光、品尝、娱乐、购物、学习、参观、教育
农业综合园	以农业高新技术成果、现代农业生产方式为载体	科研开发、生产、示范、参观、教育、学习

（4）教育农园。教育农园建设兼顾园林设计的休闲娱乐性与农业生产的科普教育性。农园中所栽植的作物种类、形态特征和造型特点、养殖的生物以及配备的设施极具教育内涵，如特用植物、热带植物、水耕设施栽培、树木蔬菜标牌展示、传统农具展示等[175]，为游客提供了解农业生产、农业科技知识的户外教学和体验场所。

（5）市民农园。在城市近郊地区，农业经营者将农地分割为若干区块向城市居民出租，市民在承租的土地上进行农业生产活动。市民农园主要以休闲体验为主，市民参与农业生产过程、享受耕作乐趣、体验田园生活，所生产的农产品一般供自己享用或馈赠亲朋[125]。多数租用者只在节假日到农园作业，平时则由农地提供者代为经营管理。

2. 休闲农庄

（1）生产型休闲农庄。是指依托农、林、牧、渔等大型农业生产基地，开发以规模化、集约化生产为特征的休闲农庄。这类模式以生产为主要功能，并为游客提供参观农业集约化生产过程、参与农产品加工制作等休闲娱乐活动（见表3－17）。

表3－17　生产型休闲农业发展模式

生产基地类型	产业资源依托	休闲功能
种植业基地	药材基地、花木基地、蔬菜瓜果基地等现代化种植业生产基地	观光、参与、体验
林果业基地	天然林场、人工林场、现代林果种植基地	观光、采摘、森林浴、野营、避暑
畜牧养殖业基地	畜牧养殖基地、现代牧场	观光、放牧、参观畜牧养殖、体验牧民生活
渔业基地	现代渔业生产基地	科技养殖、规模养殖、特色水产品、垂钓
农副产品加工基地	地方特色副业产品加工基地	参与体验手工艺品加工制作过程

（2）产业型休闲农庄。是以林牧渔业资源为依托开展的休闲农业项目。一是林业休闲，开发利用林区多变的地形、辽阔的林地、富有的山谷、奇石、溪流等资源，发展具有多种休闲功能的人工林场、天然林地、森林公园等经营模式，为观光、野营、探险、狩猎、科考、避暑、休闲、度假、森林浴、天然氧吧等活

动提供空间场所；二是乡野畜牧，依托草原自然风光和畜牧文化资源，开发草原观光、畜牧生活体验、草原文化感受为内容的休闲农业项目，为游客提供观光和参与牧业生活的乐趣；三是休闲渔业，充分利用海洋、海岛、沿海地带风光和渔业生产资源、渔业及渔村文化资源、渔村设备、渔业生产产地、渔业经营资源等，建设以观光、体验、休闲、度假为主的沿海观光度假园区，开展猎鱼、溪边垂钓、岸钓、船钓、海上竞赛、参与捕捞作业、体验渔村生活等活动，如深圳海上田园滨海旅游区（见表3－18）。

表3－18　特色林牧渔业休闲模式

产业休闲模式	表现形式	主要特色
林业休闲模式	森林公园	城市的附近或林区开发的森林公园
	休闲林场	改造现有的林场资源，开发休闲度假功能
	休闲山庄	利用林木资源和森林景观，开发森林休闲山庄
	森林人家	利用林区动植物资源和乡土特色产品，开发生态型休闲旅游
牧业休闲模式	乡野畜牧	依托草原和草地畜牧业，开展乡野畜牧活动
渔业休闲模式	养殖休闲	利用水产养殖项目开展观光休闲活动
	垂钓休闲	淡水垂钓、海上垂钓、岛礁垂钓等
	渔事体验	参观海上捕捞渔事
	文化展览	渔业文化、渔村民俗展览
	休闲渔庄	利用渔业生物资源和优质的生态环境建设休闲渔庄

3. 民俗村镇

利用典型民居、特色村寨、新村风貌、民俗艺术等村落资源以及一些历史上具有一定经济、文化和商业地位与功能的地域保存的传统建筑、庙宇宗祠等，以乡土文化、民俗风情、民族传统为主题开展休闲农业项目，展示特色村落乡镇的传统文化与民俗生活，让游客体验村落民俗、生态艺术以及新农村建设成果等，如江苏昆山市的周庄、山西的平遥古城等（见表3－19）。

表3－19　民俗村镇型休闲农业

村落休闲类型	资源依托	开发特色
古村落	历史传统建筑、村落居民生活方式、民俗文化资源	了解区域文化、历史沿革

续表

村落休闲类型	资源依托	开发特色
民族村寨	少数民族特色村寨、民族风情	了解民族风俗文化
民俗艺术村	乡土特色民俗、文化、工艺制作	体验民俗活动、参观工艺品生产过程
红色教育村	革命历史遗址遗迹、历史文化村	接受红色教育
生态环保村	农林牧渔土地综合利用的生态模式	接受生态文明教育、了解生态技术应用
新农村	社会主义新农村建设的格局、建筑、绿化、庭院	体验新农村新风貌、新风气、新形象

三、休闲农业资源开发空间布局

1. 景区边缘型

依托著名景区已有的知名度、美誉度、吸引力、影响力以及客源市场的带动力发展休闲农业产业，与景区形成资源组合、产业互补、客源共享的发展形式。如安徽西递宏村主动接受黄山产业圈的辐射带动，利用黄山风景区的区位优势进行开发建设[176]。

2. 都市郊区型

此类休闲农业主要布局在大中城市近郊或中远郊地区，利用大中城市近郊或远郊明显的区位优势、便利的交通通信条件、相对良好的自然和人文环境开发休闲农业项目，大中城市的社会经济发展和稳定以及庞大的客源市场能够有效刺激和带动郊区休闲农业的迅速扩张，如苏州的未来农林大世界。

3. 特色农区型

特色农区型地区一般位于具有特色农业及特色民俗文化的乡村地区，如特色蔬菜、瓜果生产基地、特色建筑群落等，主要以城市居民为客源，立足地区传统农业资源、农耕文化、民俗资源、民族传统文化以及特色村落村庄开展观光、体验、求知、劳作、购物等休闲活动。

休闲农业地域分布类型如表3－20所示。

表3－20　休闲农业地域分布类型

模式	区位条件	目标市场	开发特点
景区边缘型	位于风景名胜区边缘地带，受景区区位辐射	以景区依托客源为目标市场	接受景区的区位优势、资源互补优势、产业优势辐射带动，经营规模较小

续表

模式	区位条件	目标市场	开发特点
都市郊区型	距大中城市10千米以内	以邻近大中城市为目标市场	依托大中城市一定的农业产业基础，构造休闲农业景观，规模范围一般在2平方千米内
特色农区型	距大中城市20千米以外，但交通便利	以多个大中城市为目标市场	农业产业基础良好，以独立完整的农业自然景观单元为依托，经营范围在6平方千米左右

四、休闲农业资源开发组织模式

1. 政府主导型

政府主导型模式是以政府主导推进休闲农业产业发展，通过制定产业相关政策扶持和推动休闲农业项目开发建设[177]。这一模式包括政府独办、“政府＋企业”“政府＋企业＋农户”三种形式。政府独办是指在休闲农业开发早期由政府独立出资建设并管理的休闲农业景区；“政府＋企业”模式是由政府出资建设、企业运营管理的形式，在一些资源较为集聚、专业化程度较高的休闲农业产业地区，将政府的资金支持与企业经营管理的优势相结合，实现休闲农业专业化、规模化发展，如南宁花花大世界景区、广西药用植物园等；“政府＋企业＋社区＋农户”是政府主导型模式最常见的经营方式[178]，这种形式的休闲农业政府仍处于主导地位，负责休闲农业总体规划和基础设施建设，并在开发过程中给予必要的指导，企业负责经营管理和进行开拓市场、组织客源等商业运作，农户通过出让（租）土地或农业资源成为休闲开发项目的股东来间接参与经营，或由当地村委会或农民旅游协会来组织协调，组织农户参与休闲活动表演、工艺品制作、提供住宿餐饮等，并协调企业与农户的利益，该模式有助于调动政府、企业、农户三方的积极性，驱动三方力量，发挥产业链各环节的优势，大力发展当地的休闲农业产业，尤其在经济发展较为落后的农村地区更具针对性和可操作性。

2. 企业主导型

企业主导型模式中企业拥有完全自主权，政府起服务和辅助性作用[179]。一般由民营企业、股份制或其他类型企业作为投资和经营主体进行开发、规划、经营、管理，并通过向村组、农户租赁土地使用权，实行开发经营。此类模式一般包括企业独立投资、“企业＋农户”“企业＋社区＋农户”三种形式。企业独资形式是由企业在资源基础优越、区位优势明显、政策环境良好的地区投资开发休闲农业项目，这种模式的企业经营不受行政干扰及农户经营低效率影响，运营管理规范化，投资经济收益较高，但社会效益不明显，如江苏天目湖生态农业有限公司自主投资建设的江苏天目湖农业生态园；在“企业+农户”模式中，企业是投资经营主体，同时充分利用当地农户闲置的资产、富余的劳动力、丰富的农事活动，带动、吸收农户加入并进行规范化经营管理，从而提高当地农户的积极性和认可度，减少企业发展阻力，提高企业经营的社会效益，如兴宁区南宁乡村大世界景区；“企业+社区+农户”模式，企业主要通过当地社区（如村委会）来组织农户参与休闲农业运营，企业制定相关规定，负责规划、招徕、营销、宣传和培训，规范农户行为，保障企业、农户和游客利益，社区负责协调企业和农户关系，组织农户按企业要求规范经营，并为农户争取相关利益。

3. 个体经营型

个体经营型模式是指由当地农户或个体经营商作为投资主体，开发经营休闲农业活动，获取经济利益的发展模式。这一模式因投资小、风险低、收益快而较为普遍。但此类模式多为农民自发经营，往往投资规模小、经营项目雷同、经营管理不规范、产业化程度低，产业经营社会和生态效益不高，产业发展带动效应有限。个体经营模式包括个体农户和“示范农户+农户”两种形式，个体农户型是指农业个体户通过对自家经营的农园、果园、牧场、渔场等进行设计改造建设观光项目，开放自家特色农业果蔬园，经营农家特色餐饮、农家旅馆，独立完成旅游接待和服务工作，实现自身经济效益，其典型形式如农家乐、渔家乐等，随着经营规模的扩大，还可以进一步吸纳农村剩余劳动力，形成一定规模的个体农庄，如兴宁区侯哥休闲农庄等；“示范农户+农户”模式一般是指由“开拓户”变成“示范户”，然后由“示范户”带动其他农户共同发展[180]，其他农户通过从示范户学习经验和技术，纷纷加入休闲农业开发行列，形成松散型的利益共同体，如武鸣双桥镇下渌村。

4. 新型农业经营主体经营型

目前我国休闲农业与乡村旅游的发展日趋要求规模化、产业化，合作社、家庭农场经营模式解决了土地集中利用的问题，根据当地农业资源类型、经济发展水平、经营形态等具体情况来定位发展方向、类型及趋势，合作社开展休闲农业可以充分挖掘地方历史文化与民俗风情，并采取“合作社+基地+农户”模式，加快基础性开发，提升服务质量，打造旅游品牌，增强其开拓市场和带动周边农户致富能力，构建与新农村建设、生态旅游农业和谐共生的乡村文化。农民合作社、家庭农场开展休闲农业旅游已有很多的成功案例，如厦门市同安区丽园农家乐专业合作社，以从事乡村旅游、农家菜经营、特色农业种植、农耕体验、闽台小吃、一村一品销售等项目为主，现有拓展项目、水上项目、农耕项目三大类27项新概念旅游主项目。莱芜市龙山乡村旅游专业合作社采取统一标准、统一价格、统一接待、统一分配、统一宣传、统一培训的管理制度，形成了集观光、旅游、垂钓、餐饮、住宿于一体的服务模式，开发了开心农场、狐仙岭、生态游、鲜果采摘园等观光项目，垂钓、摸螃蟹等休闲娱乐项目。因此，发展休闲农业的合作社、家庭农场要做到有特色、完善的服务，地方政府和行业协会应帮助这些合作社积极打造地域品牌。发展模式如主题休闲观光园、生态农业体验园、生态农业教育农园、农艺庄园等。

企业主导的经营模式，责、利、权关系明确，可以发展大型综合性、高科技的休闲农业观光园区。个体经营模式，可以发展特色、精品农业，新型农业经营主体发展休闲农业，需要政府部门的引导和扶持，应避免同质化恶性竞争，做到一村一品、一户一特。休闲农业投资经营模式。

休闲农业投资经营模式如表3－21所示。

表3－21　休闲农业投资经营模式

投资经营模式	模式特点	具体表现形式
政府主导型	政府主导休闲农业投资、规划和基础设施建设；企业经营受行政干扰与农户低效率影响	①政府独办 ②“政府＋企业” ③“政府＋企业＋农户”
企业主导型	以具有较强的资金、人才、技术实力和较高的生产、经营能力、管理水平并占领一定销售市场的企业为龙头；生态、社会效益不高	①企业独立投资 ②“企业＋农户” ③“企业＋社区＋农户”
个体经营型	以当地农户或城乡的经济能人为主导；投资小、风险低、收益快；经营内容雷同、管理水平不高、经营方式不规范、产业化程度低	①个体农户 ②“示范农户＋农户”
新型农业经营主体经营型	以合作社、家庭农场等模式集中利用土地资源；依托当地农户与产业基地，经营特色鲜明；需要政府部门的引导与支持	①“合作社＋基地＋农户” ②“新农人＋家庭农场”

第四章　我国休闲农业产业化开发基础分析与评价

休闲农业产业化开发基础是指影响休闲农业经济运行的各种因素的总和，包括基础环境、直接环境和间接环境。基础环境重点是指休闲农业资源环境，即休闲农业资源类型与开发价值；直接环境是由休闲农业产业及企业自身、产业竞争者、上下游相关联产业、市场需求者等要素构成；间接环境则是指影响休闲农业产业化发展的经济环境、社会环境、政策环境等。任何产业的形成和发展都是诸多因素综合作用的结果，因此，在研究休闲农业产业化影响因素和运行机理时，应在宏观经济、社会、产业、政策环境下，综合考虑各因素在休闲农业产业发展中的作用程度与影响能力。鉴于休闲农业资源的开发价值是休闲农业产业发展的核心，本书重点对休闲农业资源价值进行分析，通过构建休闲农业资源评价指标体系，从审美价值、体验价值、文化价值、集群价值与科学价值等方面对代表性城市休闲农业资源质量与开发价值进行等级评估，并将分析结果作为休闲农业产业化开发基础的重要构成要素，进而评估不同城市休闲农业产业化开发基础等级。

第一节　休闲农业资源开发价值评价

一、休闲农业资源评价指标选取

休闲农业资源评价就是对休闲农业资源进行分析、比较和研究，看其是否具备开发价值。对特定区域而言，休闲农业资源评价是对区域休闲农业资源系统的评价，即对区域内休闲农业资源开发价值进行综合评判和鉴定的过程。除对资源单体价值评价外，还需要分析休闲农业资源要素在研究区域内的分布差异、类型组合，以此体现休闲农业开发的多样性、均衡性与互补性。休闲农业资源的价值和功能具有多种层次和多样形式，在进行资源评价时，需要综合衡量、全面完整地进行系统评估，对休闲农业资源的属性、价值等核心内容作出科学评价，以求准确反映休闲农业资源的整体价值。

对休闲农业资源的评价主要从休闲农业资源要素价值的五个维度进行，包括休闲农业资源自身的审美价值、体验价值、文化价值、集群价值、科学价值等评价指标（见表4－1）。审美价值即休闲农业资源的美、奇、特、新、稀缺、特殊的象形含义等；体验价值即资源的参与性、适游性、康体性；文化价值即资源蕴含的历史背景、文化传统、文化品位、风俗民情、社会时尚等；集群价值是休闲农业资源空间分布的集聚程度，资源分布的密集性与集聚性可以增强资源的吸引力；科学价值即对游客的科考吸引力、科普教育意义等。

表4－1　休闲农业资源评价指标

评价因子	评价指标	指标因素	指标说明
休闲农业资源价值	审美价值	观赏性	资源给游客带来的美好感官程度
		稀缺性	资源的异质性与珍稀程度
		多样性	资源类型多样化程度
		奇特性	资源个性的强弱程度
	体验价值	参与性	资源利用的可参与程度
		适游性	资源可供参观、娱乐、游览的潜力
		康体性	资源带给游客身心上的舒适程度
	文化价值	特色性	资源蕴含的农耕、饮食、居住、民俗节庆文化的特色性
		知名度	资源被了解和熟悉的程度及被认知的广泛程度
		吸引力	历史文化价值对游客的吸引程度
	集群价值	集中度	资源的集聚效应与规模性
		组合度	资源空间结构的多样性和协调性
		完整度	资源与其环境背景的综合表现程度
	科学价值	科考性	资源的科学考察价值
		教育性	资源的教育意义
		科普性	资源的知识普及与传播效应

二、休闲农业资源评价体系构建

鉴于休闲农业资源评价指标不易量化，本书将层次分析法、变异系数赋权法、熵值法引入休闲农业资源评价模型计算各因素综合权重，最后利用模糊评价法对代表性城市休闲农业资源价值进行模糊判别，得到最终评价结果[181]。

1. *层次分析法赋权*

层次分析法（The Analytical Hierarchy Process，AHP）是由美国运筹学家托马斯·萨蒂（T. L. Saaty）[182]于20世纪70年代提出的一种定性与定量相结合的多目标决策方法，该方法适用于多目标、多因素、多准则的非结构化的复杂系统中权重的确定。采用层次分析法赋权的步骤为：

（1）确定评价指标集。依据层次递阶结构的定义及特性，选取若干影响因素，构建休闲农业资源评价指标体系层次递阶结构，系统层表示休闲农业资源评价目标，状态层、要素层为休闲农业资源的具体评价因子和指标。

设 $B=\{B_1, B_2, \cdots, B_m\}$ 是一个由 B 层评价指标组成的指标集；对 $i=1, 2, \cdots, m$，设 $C_i=\{C_{i1}, C_{i2}, \cdots, C_{im}\}$ 是对应于 $B_i(i=1, 2, \cdots, m)$ 的评价因子 C 层组成的指标集（见表4－2）。

表4－2　休闲农业资源评价指标体系

系统层	状态层	要素层
资源价值评价 A	审美价值 B_1	观赏性 C_1
		稀缺性 C_2
		多样性 C_3
		奇特性 C_4
	体验价值 B_2	参与性 C_5
		适游性 C_6
		康体性 C_7
	文化价值 B_3	特色性 C_8
		知名度 C_9
		吸引力 C_{10}
	集群价值 B_4	完整度 C_{11}
		集中度 C_{12}
		组合度 C_{13}
	科学价值 B_5	科考性 C_{14}
		教育性 C_{15}
		科普性 C_{16}

（2）构建比较判断矩阵。采用德尔菲法，运用问卷调查或直接访问的方式征求专家意见，并进行收集和整理，对每一层次指标关于上一层中某一准则的相对重要性进行两两比较，构造比较矩阵。采用萨蒂（T. L. Saaty）的 1～9 比例标度法定量化专家评价意见，其转换标准如表 4－3 所示。

表 4－3　层次分析 1～9 比例标度法

重要性定量化标度	两个指标相比，一个比一个重要的定性比较
1	表示 a_i 与 a_j 相比，同等重要
3	表示 a_i 与 a_j 相比，前者比后者稍重要
5	表示 a_i 与 a_j 相比，前者明显重要
7	表示 a_i 与 a_j 相比，前者强烈重要
9	表示 a_i 与 a_j 相比，前者绝对重要
2、4、6、8	表示上述判断的中间值
倒数	若元素 i 与元素 j 的重要性之比为 a_{ij}，则元素 j 与元素 i 的重要性之比为 $a_{ji}=1/a_{ij}$

（3）层次单排序及一致性检验。层次单排序是指本层次与上一层次某因素有联系的因子，计算判断矩阵的特征根与特征向量，确定各因素重要性次序的权值。如对判断矩阵 B，计算满足 $BW=\lambda_{max}W$ 的最大特征值 λ_{max} 与对应（经过归一化）的特征向量 W，λ_{max} 为 B 的最大特征根，W 为对应于 λ_{max} 的正规化特征向量，$W=(w_1, w_2, \cdots, w_n)$，$W$ 的分量 w_i 是相应因素单排序的权值。可利用方根法计算最大特征值，计算方法如下：

首先，矩阵 B 的元素按行相乘：$u_{ij}=\prod b_{ij}(i, j=1, 2, \cdots, n)$；

其次，所得乘积分别开 n 次方：$u_i=u_{ij}^{1/n}$（n 为判断矩阵的阶数）；

再次，进行归一化处理，得出各因素指标的权重：$W_i=u_i/\sum u_i$，即得特征向量 W；

最后，计算判断矩阵最大特征根：$\lambda_{max}=\sum(BW)_i/nW_i$，式中 $(BW)_i$ 表示向量 BW 的第 i 个分量。

对层次单排序进行一致性检验，计算一致性指标判断矩阵的一致性（见表4－4）。一致性指标 CI 越大，表明矩阵的一致性越差，CI 为 0 则判断矩阵具有完全一致性。通过将 CI 与平均随机一致性指标 RI 进行比较计算判断矩阵是否具有满意的一致性。计算公式为：$CI=\frac{\lambda_{max}-n}{n-1}$，$CR=\frac{CI}{RI}$，若 $CR<0.10$，表明矩阵具有满意的一致性，否则需重新修正矩阵。

表 4－4 平均随机一致性指标

矩阵阶数	1	2	3	4	5	6	7	8	9
RI 值	0.00	0.00	0.58	0.90	1.12	1.24	1.32	1.41	1.45

（4）层次总排序及一致性检验。层次总排序一般先根据本层次单排序结果，计算本层次所有因素相对上一层次而言的重要性权值。设上层元素有 m 个，下层元素有 n 个，计算下层因素相对上层因素的权向量，总排序权向量各分量的计算公式：$W_i=\sum_{j=1}^{m}a_jb_{ij}(i=1,\cdots,n)$，并检验层次总排序计算结果是否具有满意的一致性，最终得出总排序权重。

2. 变异系数赋权法

变异系数主要根据评价对象各项指标观测值的变异程度进行赋权，若在评价对象上某项指标观测值的变异程度较大，表明该指标与客体评价的平均水平具有较大差距，应赋予较高权重，变异程度小则赋予较小权重[2]。变异系数法指标权重与指标变量值紧密联系，评价结果相对客观。

变异系数赋权法以各评价指标为随机变量，计算各指标的标准化值，求出均方差并进行归一化处理，得出各指标的权重系数。设 X 为原始数据矩阵，其中 x_{ij} 为第 i 个对象的第 j 个指标数值，m 为评价指标个数，n 为评价对象个数。

$$X=\begin{bmatrix} x_{11} & x_{12} & \cdots & x_{1m} \\ x_{21} & x_{22} & \cdots & x_{2m} \\ \vdots & \vdots & \ddots & \vdots \\ x_{n1} & x_{n2} & \cdots & x_{nm} \end{bmatrix}$$

变异系数法计算步骤如下：

（1）计算各指标的标准差。

$$\bar{x}_i=\frac{1}{n}\sum_{x=1}^{n}x_{ix}\ (i=1,\ 2,\ 3,\ \cdots,\ n);$$

$$S_i=\sqrt{\frac{1}{n}\sum_{x=1}^{n}(x_{ix}-\bar{x}_i)^2}\ (i=1,\ 2,\ 3,\ \cdots,\ n)$$

其中，$\bar{x}_i$表示均值，S_i 表示第 i 个指标的标准差，用以反映指标的绝对变异程度。

（2）计算各指标的变异系数。

$$V_i = \frac{s_i}{\bar{x}_i} \quad (i = 1,\ 2,\ 3,\ \cdots,\ n)$$

其中，V_i 表示 x_i 的变异系数，用以反映指标的相对变异程度。

（3）归一化处理各指标变异系数，确定各指标权重。

$$w_i = \frac{v_i}{\sum_{i=1}^{n} v_i}(i = 1,\ 2,\ 3,\ \cdots,\ n)$$

其中，w_i 表示相应的权重系数。

3. 熵值法确定指标权重

熵值法是根据各项指标值的差异程度，确定各指标的权重。若评价对象的某项指标值差异较大，则熵值较小，表明该项指标承载较高的有效信息量，应赋予较大权重，反之，则赋予较小权重[2]。熵值法确定权重的主要步骤如下：

首先，归一化处理原始矩阵。设原始数据矩阵为 $A = (a_{ij})_{m \times n}$（$m$ 个评价指标，n 个评价对象），对原始矩阵进行归一化处理，其结果为 $R = (r_{ij})_{m \times n}$。

其次，计算第 i 个指标的熵值。计算公式为：$h_i = -k \sum_{j=1}^{n} f_{ij} \ln f_{ij}$，其中，$f_{ij} = r_{ij} \Big/ \sum_{j=1}^{n} r_{ij}$，$k = 1/\ln n$，当 $\sum_{j=1}^{n} r_{ij} = 0$ 时，令 $f_{ij} = 0$。

最后，根据第 i 个指标的熵值，计算第 i 个指标的权重，计算公式为：

$$u_i = \frac{1 - h_i}{m - \sum_{i=1}^{m} h_i}(0 \leqslant u_i \leqslant 1,\ \sum_{1}^{m} u_i = 1)$$

层次分析法主要以评价者对评价对象各项指标的主观价值判断为依据，需要评价者对评价对象的要素构成及作用关系有清晰的认识和深度的理解。变异系数赋权法和熵值法中计算的指标权重大小能够分辨各项指标对综合评价的影响程度，但对指标价值的主观理解和各项指标的独立性大小体现不足。应将主观赋权法与客观赋权法有效结合，利用科学的分配方法，确定评价指标的综合权重。本书将层次分析法、变异系数赋权法、熵值法得到的元素权重值进行加权处理，得到综合权重，计算公式为：

$W_i=(v_i+w_i+u_i)/3(i=1, 2, 3, \cdots, n)$

其中，W_i 为第 i 个指标的综合权重，v_i、w_i、u_i 分别为层次分析法、变异系数法、熵值法确定的第 i 个指标权重。

4. 模糊综合评价模型的构建

模糊评价法是对受多因素综合影响的模糊现象做出综合评价的一种量化的数学方法。确定休闲农业资源评价指标体系中各因素的综合权重后，采用模糊评价法对不同因子按一定分级确定评分标准[183]（见表4－5）。

表4－5　休闲农业资源定量评价基本指标模糊计分标准

评价系统	项目指标		4	3	2	1
资源要素价值	审美价值	观赏性	极高	较高	一般	低
		稀缺性	罕有	较少	较普遍	普遍
		奇特性	罕有	较少	较普遍	普遍
		多样性	极高	较高	一般	低
	体验价值	参与性	极高	较高	一般	低
		适游性	极适	较适	一般	不适
		康体性	极高	较高	一般	低
	文化价值	特色性	极高	较高	一般	低
		知名度	极高	较高	一般	低
		吸引力	极高	较高	一般	低
	集群价值	完整度	极高	较高	一般	低
		集中度	极强	较强	一般	弱
		组合度	优	良	中	差
	科学价值	科考性	极高	较高	一般	低
		教育性	极高	较高	一般	低
		科普性	极高	较高	一般	低

模糊综合评价具体步骤：

（1）取 $X=\{X_1, X_2, X_3, \cdots, X_i\}$ 为对象集。

（2）取 $U=\{U_1, U_2, U_3, \cdots, U_m\}$ 为指标集。

（3）取 $V=\{V_1, V_2, V_3, \cdots, V_n\}$ 为评语集，即评分标准。

（4）确立模糊转换矩阵 $R(r_{ij})_{m\times n}$，即 U 到 V 上的模糊关系矩阵：

$R=\begin{bmatrix} r_{11} & r_{12} & \cdots & r_{1n} \\ r_{21} & r_{22} & \cdots & r_{2n} \\ \vdots & \vdots & \ddots & \vdots \\ r_{m1} & r_{m2} & \cdots & r_{mn} \end{bmatrix}$，其中，$r_{ij}(i=1, 2, \cdots, m; j=1, 2, \cdots, n)$表示对第 i 个指标的评价对于第 j 个等级 V_j 的隶属度。

$r_{ij}=V_{ij}\Big/\sum_{i=1}^{m}V_iK_i\,(i=1, 2, \cdots, m; j=1, 2, \cdots, n)$，$V_{ij}$表示第 i 个 V_j 级评语。

（5）取 $W=\{W_1, W_2, \cdots, W_m\}$ 为指标的权重集。

（6）计算 $F=WR$，得到 $F=\{F_1, F_2, \cdots, F_m\}$。

（7）计算 $S=F\times\{V_1, V_2, \cdots, V_n\}$，即为 X_i 的最后得分值。

（8）最后对 $S(X_1)$，$S(X_2)$，…，$S(X_i)$进行排序分级。根据评价对象的得分值将休闲农业资源分为优、良、中、低 4 个质量等级，如表 4－6 所示。

表 4－6　休闲农业资源质量等级表

级别	得分区间	资源特点
优级	3.50 分以上	资源价值极高，品位突出，对国内外游客有强烈吸引力，具有极强的产业基础和开发潜力
良级	2.50～3.49 分	资源价值极高，品位突出，对国内游客具有强烈吸引力，具有极强的产业开发条件和开发潜力
中级	1.50～2.49 分	资源价值很高，品位比较突出，对区域游客具有强烈吸引力，具有很强的产业开发条件和开发潜力
低级	1.49 分以下	资源价值较高，品位比较突出，对区域游客具有强烈吸引力，具有一定的可开发潜力

三、休闲农业资源评价结果分析

根据层次分析法、变异系数赋权法、熵值法对休闲农业资源评价的 16 项基础指标权重 v_i^1，v_i^2，v_i^3（$i=1, 2, \cdots, 16$），按所在状态层进行加权，而后根据各基础指标权重所占比例重新分配权重，得到调整后的指标权重 w_i^1，w_i^2，w_i^3（$i=1, 2, \cdots, 16$），以此类推，得到状态层各指标权重 β_j^1，β_j^2，β_j^3（$j=1$，

2，…，5）。

取以上三种方法所得各层次指标权重的算数平均值，计算公式为：

（1）基础指标层：$w_i=(w_i^1+w_i^2+w_i^3)/3$，$i=1, 2, \cdots, 16$；

（2）状态层：$\beta_j=(\beta_j^1+\beta_j^2+\beta_j^3)/3$，$j=1, 2, \cdots, 5$。

即得到休闲农业资源价值各层次评价指标的综合权重（见表4－7）。

表4－7 休闲农业资源价值评价指标权重计算结果

子系统层	AHP法权重	变异系数法权重	熵值法权重	综合权重	评价指标层	AHP法权重	变异系数法权重	熵值法权重	综合权重
审美价值	0.34	0.18	0.25	0.26	观赏性	0.47	0.29	0.19	0.31
					稀缺性	0.28	0.27	0.28	0.27
					多样性	0.16	0.21	0.19	0.19
					奇特性	0.10	0.24	0.34	0.22
参与价值	0.34	0.22	0.18	0.25	参与性	0.63	0.32	0.33	0.43
					适游性	0.26	0.32	0.33	0.30
					康体性	0.11	0.36	0.34	0.27
文化价值	0.13	0.19	0.19	0.17	特色性	0.49	0.35	0.36	0.40
					知名度	0.31	0.33	0.32	0.32
					吸引力	0.20	0.32	0.32	0.28
集群价值	0.13	0.20	0.21	0.18	集中度	0.56	0.32	0.38	0.42
					组合度	0.32	0.37	0.28	0.32
					完整度	0.12	0.32	0.34	0.26
科学价值	0.06	0.21	0.17	0.14	科考性	0.54	0.31	0.34	0.40
					教育性	0.30	0.33	0.32	0.32
					科普性	0.16	0.36	0.34	0.29

本书选取我国东、中、西、东北部四大区域具有代表性的40个城市，对其休闲农业资源价值进行评价与分析。东部地区城市包括：北京、天津、石家庄、上海、南京、无锡、苏州、杭州、宁波、福州、厦门、济南、青岛、广州、深圳、珠海、海口；中部地区城市包括：太原、合肥、南昌、郑州、武汉、长沙；西部地区城市包括：呼和浩特、南宁、桂林、重庆、成都、贵阳、昆明、拉萨、西安、兰州、西宁、银川、乌鲁木齐；东北地区城市包括：沈阳、大连、长春、

哈尔滨。这些城市大多为省会城市及副省级城市，且休闲农业发展已经初见成效，能够代表区域休闲农业的发展水平。

根据休闲农业资源价值评价指标的综合权重计算40个城市休闲农业资源价值，评级结果如表4-8所示。

表4-8　2002~2016年40个城市资源价值评级

资源价值评级	总评分区间	年份	城市
优级	3.50分以上	2002	广州、深圳、上海、北京、天津
		2003	广州、深圳、上海、北京、天津
		2004	深圳、广州、北京、上海、天津
		2005	深圳、广州、北京、上海、天津
		2006	深圳、广州、北京、上海、天津
		2007	深圳、广州、上海、北京、天津
		2008	广州、上海、北京、深圳、天津
		2009	北京、广州、上海、深圳、天津、青岛
		2010	北京、上海、广州、深圳、天津、杭州、青岛
		2011	北京、上海、广州、天津、深圳、杭州、青岛
		2012	北京、上海、天津、广州、深圳、杭州、青岛
		2013	北京、上海、天津、广州、深圳、杭州、青岛、重庆
		2014	北京、上海、天津、广州、深圳、杭州、青岛、重庆
		2015	北京、上海、天津、广州、深圳、重庆、青岛、杭州、南京
		2016	北京、上海、天津、重庆、广州、深圳、青岛、杭州、南京
良级	2.50~3.49分	2002	青岛、杭州、苏州、南京、武汉、成都、珠海、长沙、重庆、大连、宁波、无锡、沈阳、济南、海口、厦门、石家庄、福州、西安、昆明、哈尔滨
		2003	青岛、杭州、苏州、南京、武汉、珠海、成都、长沙、重庆、大连、宁波、无锡、沈阳、济南、海口、厦门、石家庄、福州、西安、昆明、哈尔滨
		2004	青岛、杭州、苏州、南京、武汉、成都、长沙、重庆、珠海、无锡、大连、宁波、沈阳、济南、海口、厦门、石家庄、福州、西安、昆明、哈尔滨

续表

资源价值评级	总评分区间	年份	城市
良级	2.50~3.49分	2005	青岛、杭州、苏州、南京、成都、武汉、长沙、重庆、珠海、无锡、大连、宁波、沈阳、济南、海口、石家庄、厦门、西安、福州、昆明、哈尔滨
		2006	杭州、青岛、苏州、南京、成都、武汉、重庆、长沙、珠海、无锡、宁波、大连、济南、沈阳、海口、厦门、石家庄、西安、福州、昆明、哈尔滨
		2007	杭州、青岛、苏州、南京、重庆、成都、武汉、珠海、长沙、无锡、宁波、大连、济南、沈阳、海口、厦门、石家庄、福州、西安、昆明、哈尔滨、长春
		2008	青岛、杭州、南京、苏州、武汉、成都、重庆、珠海、长沙、无锡、大连、宁波、沈阳、济南、海口、厦门、石家庄、福州、西安、昆明、哈尔滨、长春、呼和浩特
		2009	杭州、南京、苏州、重庆、武汉、成都、珠海、大连、长沙、无锡、宁波、沈阳、济南、海口、厦门、石家庄、福州、西安、昆明、哈尔滨、长春、呼和浩特
		2010	苏州、南京、重庆、武汉、成都、珠海、长沙、宁波、大连、无锡、沈阳、济南、海口、厦门、石家庄、福州、西安、昆明、哈尔滨、长春、呼和浩特
		2011	南京、重庆、苏州、武汉、成都、大连、宁波、长沙、珠海、无锡、沈阳、济南、海口、厦门、西安、石家庄、福州、昆明、哈尔滨、长春、呼和浩特
		2012	重庆、南京、苏州、武汉、成都、大连、宁波、长沙、珠海、无锡、沈阳、济南、海口、厦门、西安、石家庄、福州、昆明、哈尔滨、长春、呼和浩特、桂林
		2013	南京、苏州、武汉、成都、大连、宁波、长沙、珠海、无锡、沈阳、济南、海口、厦门、西安、石家庄、福州、昆明、哈尔滨、长春、呼和浩特、桂林
		2014	南京、苏州、武汉、成都、大连、宁波、长沙、珠海、无锡、沈阳、济南、海口、厦门、西安、石家庄、福州、昆明、哈尔滨、长春、呼和浩特、桂林

续表

资源价值评级	总评分区间	年份	城市
良级	2.50～3.49分	2015	苏州、武汉、成都、大连、宁波、长沙、珠海、无锡、沈阳、济南、海口、厦门、西安、石家庄、福州、昆明、哈尔滨、长春、呼和浩特、桂林
		2016	苏州、武汉、成都、大连、宁波、长沙、珠海、无锡、沈阳、济南、海口、厦门、西安、石家庄、福州、昆明、哈尔滨、长春、呼和浩特、桂林
中级	1.50～2.49分	2002	长春、呼和浩特、南宁、郑州、南昌、合肥、兰州、贵阳、太原
		2003	长春、呼和浩特、南宁、郑州、南昌、合肥、兰州、贵阳、太原
		2004	长春、呼和浩特、南宁、郑州、南昌、合肥、兰州、贵阳、太原
		2005	长春、呼和浩特、南宁、郑州、南昌、合肥、兰州、贵阳、太原
		2006	长春、呼和浩特、桂林、南宁、南昌、合肥、郑州、乌鲁木齐、兰州、贵阳、太原
		2007	呼和浩特、桂林、南宁、郑州、南昌、合肥、兰州、贵阳、太原
		2008	桂林、南宁、郑州、南昌、合肥、兰州、贵阳、太原、乌鲁木齐
		2009	桂林、南宁、郑州、南昌、合肥、兰州、贵阳、太原、乌鲁木齐
		2010	桂林、南宁、郑州、南昌、合肥、兰州、贵阳、太原、乌鲁木齐
		2011	桂林、南宁、郑州、南昌、合肥、兰州、贵阳、太原、乌鲁木齐
		2012	南宁、郑州、南昌、合肥、兰州、贵阳、太原、乌鲁木齐
		2013	南宁、郑州、南昌、合肥、兰州、贵阳、太原、乌鲁木齐
		2014	南宁、郑州、南昌、合肥、兰州、贵阳、太原、乌鲁木齐
		2015	南宁、郑州、合肥、南昌、兰州、贵阳、太原、乌鲁木齐
		2016	南宁、郑州、南昌、合肥、兰州、贵阳、太原、乌鲁木齐
低级	1.49分以下	2002	银川、西宁、拉萨、乌鲁木齐
		2003	银川、西宁、拉萨、乌鲁木齐
		2004	银川、西宁、拉萨、乌鲁木齐
		2005	银川、西宁、拉萨、乌鲁木齐
		2006	银川、西宁、拉萨、乌鲁木齐
		2007	银川、西宁、拉萨、乌鲁木齐
		2008	银川、西宁、拉萨
		2009	银川、西宁、拉萨

续表

资源价值评级	总评分区间	年份	城市
低级	1.49 分以下	2010	银川、西宁、拉萨
		2011	银川、西宁、拉萨
		2012	银川、西宁、拉萨
		2013	银川、西宁、拉萨
		2014	银川、西宁、拉萨
		2015	银川、西宁、拉萨
		2016	银川、西宁、拉萨

2002 ~2016 年，休闲农业资源价值评分为优级的城市由广州、深圳、上海、北京、天津 5 个增长至 9 个，青岛、杭州、重庆、南京资源价值评分由 2002 年的良级水平进入优级。北京、上海、天津等城市的资源价值评分高于 3.89 分，其审美价值、文化价值、体验价值评分较高（见图 4 –1）。

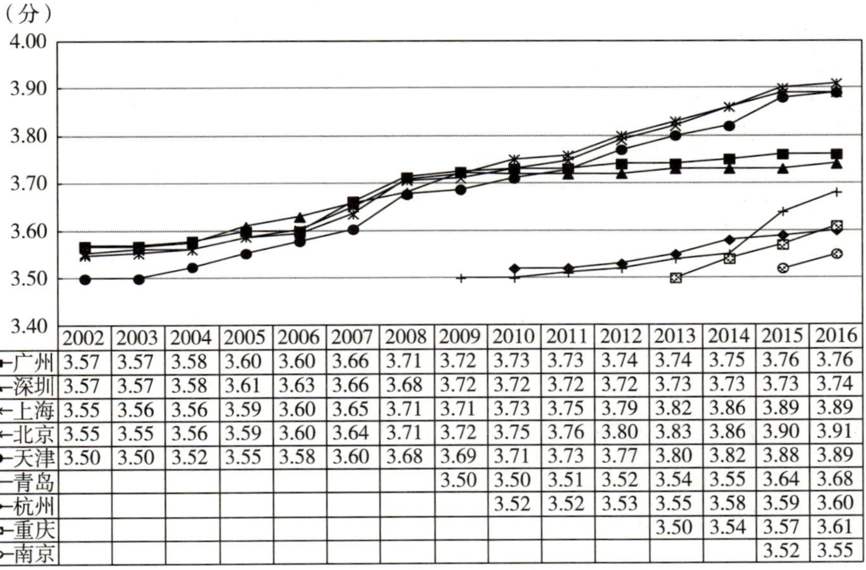

（年份）	2002	2003	2004	2005	2006	2007	2008	2009	2010	2011	2012	2013	2014	2015	2016
广州	3.57	3.57	3.58	3.60	3.60	3.66	3.71	3.72	3.73	3.73	3.74	3.74	3.75	3.76	3.76
深圳	3.57	3.57	3.58	3.61	3.63	3.66	3.68	3.72	3.72	3.72	3.72	3.73	3.73	3.73	3.74
上海	3.55	3.56	3.56	3.59	3.60	3.65	3.71	3.71	3.73	3.75	3.79	3.82	3.86	3.89	3.89
北京	3.55	3.55	3.56	3.59	3.60	3.64	3.71	3.72	3.75	3.76	3.80	3.83	3.86	3.90	3.91
天津	3.50	3.50	3.52	3.55	3.58	3.60	3.68	3.69	3.71	3.73	3.77	3.80	3.82	3.88	3.89
青岛								3.50	3.50	3.51	3.52	3.54	3.55	3.64	3.68
杭州									3.52	3.52	3.53	3.55	3.58	3.59	3.60
重庆												3.50	3.54	3.57	3.61
南京														3.52	3.55

图 4 –1 2002 ~2016 年优级城市休闲农业资源价值评分

2016 年，休闲农业资源价值评分处于良级的城市 20 个，苏州、武汉、大连、成都、宁波、长沙资源价值评分高于3.40分，苏州、成都休闲农业资源的文化价值、集群价值相对较高，武汉、重庆休闲农业资源的审美价值、体验价值较高。昆明、哈尔滨、长春、呼和浩特、桂林休闲农业资源价值评分低于3.00分，资源的集群价值、文化价值、科学价值评分较低（见图4－2）。

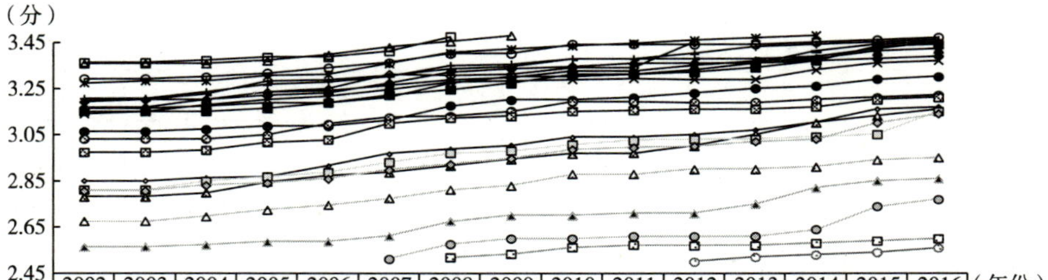

	2002	2003	2004	2005	2006	2007	2008	2009	2010	2011	2012	2013	2014	2015	2016
青岛	3.36	3.36	3.37	3.39	3.39	3.41	3.48								
杭州	3.36	3.36	3.36	3.37	3.40	3.43	3.45	3.48							
重庆	3.17	3.17	3.20	3.23	3.25	3.31	3.31	3.31	3.34	3.34	3.45				
南京	3.28	3.28	3.28	3.30	3.31	3.36	3.41	3.42	3.43	3.45	3.46	3.47	3.48		
苏州	3.29	3.29	3.30	3.32	3.34	3.36	3.40	3.40	3.44	3.44	3.44	3.44	3.45	3.46	3.47
武汉	3.21	3.21	3.24	3.27	3.28	3.30	3.35	3.36	3.38	3.38	3.40	3.43	3.44	3.45	3.46
成都	3.20	3.20	3.22	3.28	3.29	3.31	3.33	3.34	3.38	3.38	3.38	3.38	3.39	3.42	3.45
大连	3.16	3.16	3.17	3.19	3.19	3.21	3.28	3.30	3.30	3.31	3.33	3.36	3.41	3.44	3.45
宁波	3.15	3.15	3.15	3.16	3.19	3.22	3.25	3.27	3.31	3.31	3.32	3.34	3.37	3.43	3.44
长沙	3.17	3.17	3.20	3.23	3.24	3.26	3.29	3.30	3.33	3.33	3.35	3.37	3.38	3.41	3.42
珠海	3.19	3.20	3.20	3.22	3.23	3.28	3.32	3.33	3.35	3.36	3.36	3.36	3.37	3.38	3.39
无锡	3.14	3.15	3.18	3.20	3.22	3.25	3.28	3.28	3.29	3.29	3.29	3.29	3.33	3.36	3.37
沈阳	3.06	3.06	3.07	3.09	3.09	3.11	3.18	3.20	3.20	3.21	3.23	3.25	3.26	3.29	3.30
济南	3.03	3.03	3.03	3.05	3.10	3.12	3.13	3.15	3.19	3.19	3.19	3.19	3.20	3.21	3.22
海口	2.97	2.97	2.98	3.02	3.03	3.10	3.12	3.13	3.15	3.16	3.16	3.16	3.17	3.20	3.21
厦门	2.85	2.85	2.86	2.87	2.92	2.97	2.99	3.00	3.04	3.04	3.05	3.07	3.10	3.16	3.17
西安	2.78	2.78	2.80	2.85	2.87	2.89	2.92	2.94	2.97	2.97	3.00	3.05	3.10	3.13	3.16
石家庄	2.81	2.81	2.85	2.87	2.89	2.93	2.97	2.98	3.01	3.02	3.03	3.03	3.04	3.05	3.15
福州	2.81	2.81	2.83	2.84	2.86	2.90	2.92	2.95	2.99	2.99	3.00	3.02	3.03	3.10	3.14
昆明	2.68	2.68	2.70	2.72	2.75	2.78	2.81	2.83	2.88	2.88	2.90	2.90	2.91	2.94	2.95
哈尔滨	2.56	2.56	2.57	2.59	2.59	2.61	2.68	2.70	2.70	2.71	2.71	2.75	2.82	2.85	2.86
长春						2.51	2.58	2.60	2.60	2.61	2.61	2.61	2.64	2.74	2.77
呼和浩特							2.52	2.53	2.56	2.57	2.57	2.57	2.58	2.59	2.60
桂林											2.50	2.52	2.53	2.54	2.56

图4－2　2002～2016年良级城市休闲农业资源价值评分

2016年，休闲农业资源价值处于中级水平的城市8个，贵阳、太原、乌鲁木齐等城市资源价值评分低于2.00分，其体验价值、集群价值、科学价值评分相对较低（见图4－3）。

2016年，拉萨、银川、西宁休闲农业资源价值评分低于1.49分，尚处于低级水平。3个城市的体验价值、文化价值评分高于审美价值、集群价值、科学价值（见图4－4）。

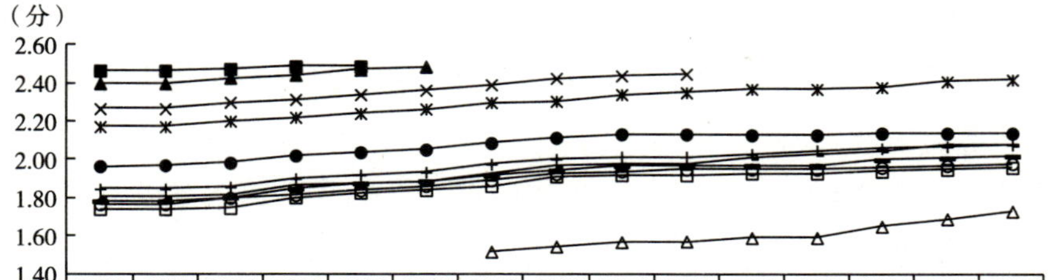

（年份）	2002	2003	2004	2005	2006	2007	2008	2009	2010	2011	2012	2013	2014	2015	2016
长春	2.46	2.46	2.47	2.49	2.49										
呼和浩特	2.40	2.40	2.43	2.44	2.47	2.49									
桂林	2.26	2.26	2.30	2.31	2.34	2.36	2.39	2.42	2.44	2.45					
南宁	2.17	2.17	2.20	2.22	2.24	2.26	2.30	2.30	2.34	2.35	2.37	2.37	2.38	2.41	2.42
郑州	1.96	1.97	1.98	2.02	2.04	2.05	2.09	2.11	2.13	2.13	2.13	2.13	2.14	2.14	2.14
南昌	1.85	1.85	1.86	1.90	1.92	1.93	1.98	2.00	2.02	2.02	2.03	2.05	2.06	2.07	2.08
合肥	1.80	1.80	1.81	1.86	1.88	1.88	1.92	1.97	1.98	1.98	2.01	2.03	2.05	2.08	2.08
兰州	1.78	1.78	1.80	1.85	1.87	1.89	1.92	1.94	1.97	1.97	1.97	1.97	2.00	2.01	2.02
贵阳	1.76	1.76	1.80	1.81	1.84	1.86	1.89	1.92	1.94	1.95	1.95	1.95	1.96	1.97	1.98
太原	1.74	1.74	1.75	1.80	1.83	1.84	1.86	1.91	1.92	1.92	1.93	1.93	1.94	1.95	1.96
乌鲁木齐							1.52	1.54	1.57	1.57	1.59	1.59	1.65	1.69	1.73

图 4－3　2002～2016 年中级城市休闲农业资源价值评分

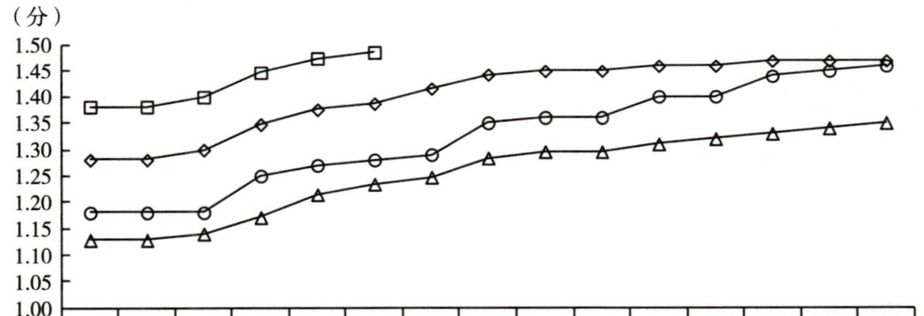

（年份）	2002	2003	2004	2005	2006	2007	2008	2009	2010	2011	2012	2013	2014	2015	2016
拉萨	1.18	1.18	1.18	1.25	1.27	1.28	1.29	1.35	1.36	1.36	1.40	1.40	1.44	1.45	1.46
银川	1.13	1.13	1.14	1.17	1.21	1.23	1.25	1.28	1.30	1.30	1.31	1.32	1.33	1.34	1.35
西宁	1.28	1.28	1.30	1.35	1.37	1.39	1.42	1.44	1.45	1.45	1.46	1.46	1.47	1.47	1.47
乌鲁木齐	1.38	1.38	1.40	1.45	1.48	1.49									

图 4－4　2002～2016 年低级城市休闲农业资源价值评分

第二节　休闲农业产业化开发基础评价指标构建

休闲农业产业化的开发基础是推动休闲农业产业化得以发生和发展所必需的

动力因素，休闲农业产业化运行机制即是对各个动力因素间相互关系的作用机理，以及维持和改善这种作用机理的各种经济关系、组织制度等所构成的综合系统进行研究。

为提取休闲农业产业化开发基础的构成要素，首先从需求和供给层面分析休闲农业产业化的运行机制。从需求层面看，一方面，休闲农业潜在客源市场规模庞大，市场对休闲农业产品和服务具有持续而稳定的需求，市场需求的大小和持续时间决定了产业的规模化程度；另一方面，社会经济整体发展水平的提高、城市化进程的加快都进一步推动城镇和乡村居民生活消费结构不断升级，需求层次的加速升级推动了休闲农业产业化的发展趋势。从供给层面看，休闲农业产业化的互利互补性促使企业产生内外部经济效应，即产生企业集群的内源动力和外源动力。首先，内部经济效应主要基于企业自身发展角度，一是休闲农业相关联产业形成一定形式的战略联盟关系，在一定程度上降低了企业的市场交易成本，如园艺产业与高新技术产业的联盟、生物技术工程产业与食品医药产业的联盟、地方民俗工艺产业与创意产业的联盟等；二是同一产业的企业间相互竞争与学习而产生的正外部效应，如休闲农业企业间、旅游企业间、物流企业间基于竞争形成的技术外溢等，促使企业不断提高自身实力，以获取竞争优势和更高经济效益。其次，外部经济效应是指休闲农业产业发展对环境的依赖度，一是产业发展硬件环境和软件环境的支持与区域内企业集群情况及产业发展规模成正比，交通、通信、水电等基础设施建设、环境保护投入、产业投资优惠政策等环境支持条件越完善，休闲农业产业规模经济水平越高；二是产业化经营形成的区域品牌效应客观上增强了集群内每个企业的市场竞争力，可以通过产业集群的品牌效应实现企业共赢效果。

鉴于此，本书将休闲农业产业化开发基础的构成要素归纳为经济因素、社会因素、产业因素及支撑因素四方面，并分析各因素间相互影响和相互作用的方式，进而描述休闲农业产业化运行的作用原理和传导过程。同时，以 40 个代表性城市为研究对象，利用各城市 2002 ~ 2016 年产业化开发基础系统的原始数据进行测算与分析，探究休闲农业产业化的影响因素及其作用程度。

一、休闲农业产业化开发基础评价原则

鉴于休闲农业产业化开发基础系统构成要素的复杂性，休闲农业产业化开发基础评价及其指标选取应遵循如下原则：

（1）全面性与重要性相结合原则。休闲农业产业化开发基础评价应全面反映休闲农业产业化发展涉及的各方面因素，但基础系统中众多因子的作用程度与影响方式有差别，其指标设置不宜过多，应遵循全面性与重要性相结合原则，找出能够全面客观表征休闲农业产业化开发基础的主导因素，选取能够突出系统特性的指标，构建科学合理的指标体系。

（2）系统性与层次性相结合原则。休闲农业产业化开发基础系统是由不同层次、不同要素组成的复杂系统，根据要素的特点和相互关系，分为经济系统、社会系统、产业系统、支撑系统，这些系统既相互联系又相互独立，指标体系要综合反映系统的各个层面及其相互关系，并依据一定的逻辑规则组织分项指标，建立良好的结构层次，避免指标重复和简单罗列，形成多指标的系统、有机综合。

（3）规范性与实用性相结合原则。为保证评价结果的客观性与准确性，选取指标应含义明确、方法科学、计算规范，能够被使用者较好地理解和掌握。同时，选用数据应具有权威性和统一性，以保证对选取的指标的测算能够客观、真实、有效地反映评价对象，设计的指标不宜过多、过细，要保证每个细分指标都能够科学地量化，并注意指标数据收集、统计与分析的可操作性和可比较性。

（4）可比性与动态性原则。指标选取应便于进行不同区域和不同时间节点的横向和纵向比较，指标设计要尽量采用可比性强的相对量指标和具有共性特征的可比指标，如以人均、百分比等表示。同时，休闲农业产业发展是一个动态的、不断进步的过程。指标体系应能反映休闲农业产业发展现状、潜力以及演变趋势，指标选取时应注意静态与动态指标相结合。

二、休闲农业产业化开发基础评价指标确定

休闲农业产业化开发基础系统是一个复合系统，对系统的解构可以从经济系统、社会系统、产业系统以及支撑系统四方面入手，分析市场需求、产业供给与社会关系的整体协调机制，从而探索休闲农业产业化开发的运行机制。

1. 经济系统

经济系统分为三个层次，一是经济规模层，包括人均生产总值、人均农业总产值、人均第三产业产值、消费贡献率，主要反映地区经济发展总体状况；二是经济投入层，包括人均固定资产投资、农村固定资产投资、人均第一产业固定资产投资，主要反映地区经济投入情况及对农业、农村经济投入水平；三是经济结构层，包括农业经济贡献率、第三产业比重及第三产业区位商，用以

衡量地区产业结构及第三产业经济地位。各项指标的衡量方法与经济意义如下：

（1）人均生产总值，即人均 GDP，是衡量一地区经济发展状况的指标，以某一地区一年内实现的国内生产总值与该地区年末常住人口相比计算。人均生产总值既可反映地区经济总量情况，又体现人均经济能力，能够客观反映地区的经济发展水平。

（2）人均农业总产值，主要衡量一地区农业经济发展情况，可以客观反映地区农业经济人均规模与农业生产力发展水平。

（3）人均第三产业产值，主要衡量一地区第三产业发展水平与产业结构优化程度。

（4）消费贡献率，主要反映最终消费对经济增长的贡献率和拉动作用，体现出城乡居民的消费需求与消费能力。

（5）人均固定资产投资，以某一地区固定资产投资总额与该地区年末常住人口之比计算，在一定程度上反映一地区固定资产投资完成情况和经济增长情况。

（6）农村固定资产投资，是指农村进行建造和购置固定资产的经济活动，衡量固定资产投资对促进农村经济增长和农民收入增加的支撑能力。

（7）人均第一产业固定资产投资，第一产业固定资产投资总额与年末常住人口之比，客观反映地区第一产业资本投入水平。

（8）农业经济贡献率，以农业增加值的增量占国内生产总值增量的比重计算，反映第一产业对国内生产总值增长的贡献程度。

（9）第三产业比重，是指第三产业产值占国内生产总值（GDP）的比重，反映地区产业结构情况。

（10）第三产业区位商，区位商指数（Location Quotient）是指区域中某一产业占有的份额与整个经济中该产业占有的份额相比的值，该指数通过各产业部门在各地区的相对专业化程度间接地反映了区域间经济联系的结构和方向。区位商方法通过区位商系数来判定区域是否存在产业集聚或产业集群现象。区位商计算公式如下：

$$LQ = (E_{ij}/E_i)/(E_{kj}/E_k)$$

其中，LQ 表示一定区域内某产业占优份额与整个经济中该产业占优份额的比值；E_{ij}是指 i 地区产业 j 的总产值；E_i是指 i 地区总产值；E_{kj}是指全国 k 产业 j 的总产值；E_k是指全国 k 的总产值。当 LQ 大于 1 时，说明给定区域的产业具备相对的专业化。

第三产业区位商是指一地区第三产业产值占全部统计地区第三产业总产值比重与该地区国内生产总值占全部统计地区国内生产总值比重之比，用以衡量地区第三产业发展的情况和特点。地区第三产业区位商指数大于1，说明在统计范围内，第三产业在该地区相对集中；第三产业区位商指数小于1，表明该地区第三产业不具有显著集中性。

2. 社会系统

社会系统可从社会人口总体情况及城镇与农村社会生活质量方面解析，社会人口因子包括城镇化水平、受教育程度及第三产业就业人员比重，反映地区社会人口的整体素质及就业人口结构特征；城镇生活因子包括城镇居民人均可支配收入、城镇居民人均消费性支出、城镇家庭恩格尔系数，反映城镇居民家庭生活质量及消费能力；农村生活因子包括农村居民人均纯收入、农村居民家庭人均生活消费支出以及农村家庭恩格尔系数，反映地区农村居民家庭生活质量及消费能力，而城镇与农村居民的收入与消费支出能力也是产生休闲需求的基础。各项指标的衡量方法与经济意义如下：

（1）城镇化水平，是指城镇人口占总人口的比例，反映人口向城市聚集的过程和程度，是一地区经济发展程度和社会组织程度的重要标志。

（2）受教育程度，该项指标可以衡量一地区人力资本水平和当地居民的消费能力和消费技能。

（3）第三产业就业人员比重，反映地区就业结构特征及第三产业发展对就业人员的吸纳能力。

（4）城镇居民人均可支配收入，是指城镇居民家庭全部现金收入用于安排家庭日常生活的收入，衡量城镇居民收入水平和生活水平。

（5）城镇居民人均消费性支出，是指城镇居民个人购买商品和劳务的支出，衡量城镇居民消费支出和生活质量水平。

（6）城镇家庭恩格尔系数，是指城镇居民家庭食品支出总额占消费支出总额的比重，衡量城镇居民生活水平高低。

（7）农村居民人均纯收入，是指农村居民总收入扣除各项费用性支出后的收入，衡量农村居民实际收入水平和农民扩大再生产及改善生活的能力。

（8）农村居民家庭人均生活消费支出，是指农村居民用于家庭日常生活的消费性支出，反映农村居民生活质量与消费支出能力。

（9）农村家庭恩格尔系数，是指农村居民家庭食品支出总额占消费支出总额的比重，反映农村居民生活质量与收入水平。

3. 产业系统

休闲农业是农业与旅游业相交叉的产业，农业现代化水平与旅游经济的发展水平直接影响到休闲农业的发展趋势、产业规模以及组织化程度。产业系统由农业产业基础、旅游经济水平、旅游产业基础及休闲农业产业规模四方面构成。从农业产业基础层面来看，高效设施农业面积占比、农业综合机械化率水平、农业科技贡献率表征了农业现代化水平，农业现代化能够更好地满足农业生产新技术对耕作的要求，还能释放出大量农业劳动力，大大提高农业生产效率，农业现代化是休闲农业发展的重要前提，农业现代化水平越高，越有利于休闲农业的功能拓展；从旅游经济水平层面来看，主要包括国内旅游收入、旅游外汇收入、旅游客源接待量三项指标，反映旅游经济发展总体水平；从旅游产业基础层面看，包括旅游接待能力、旅游服务能力及旅游资源丰度等指标，这些指标能够综合反映出旅游及休闲服务业整体发展水平，休闲农业与旅游业密切相关，旅游业及其相关产业发展水平的高低直接决定休闲农业产业发展空间和规模；休闲农业产业规模层面包括休闲农业资源价值、休闲农业资源规模、休闲农业企业数三项指标，休闲农业资源价值包括地区休闲农业资源的审美价值、体验价值、文化价值、集群价值、科学价值，表征休闲农业资源的价值水平与开发潜力，休闲农业资源规模与企业数可以表征休闲农业产业供给水平与组织化程度。各项指标的衡量方法与经济意义如下：

（1）高效设施农业面积占比，是指高效设施农业面积占耕地总面积的比重，反映地区农业现代化、产业化、集约化水平。

（2）农业综合机械化率水平，是指地区农业耕种收机械化水平，反映农机技术推广能力及农机专业化、市场化水平。

（3）农业科技贡献率，是指农业产出增长中由科技进步形成的增长比例，反映农业科技进步对经济增长的作用程度。

（4）国内旅游收入，是指旅游目的地销售旅游产品所获得的货币收入总额，反映地区旅游业总体规模和发达程度。

（5）旅游外汇收入，是指一地区为入境旅游者提供商品及各种服务所得到的外汇收入，反映地区入境旅游的发展规模和水平。

（6）旅游客源接待量，是指地区旅游接待总人数，包括国内旅游者与入境旅游者，反映地区旅游资源吸引力与旅游经济发展水平。

（7）旅游接待能力，以地区星级饭店数量表征，反映地区经济发展水平与旅游客源接待能力。

（8）旅游服务能力，以地区旅行社数量表征，反映地区旅游业发展水平与整体服务环境。

（9）旅游资源丰度，以各地区优质旅游资源总数表示，主要包括全国重点文物保护单位、国家森林公园、全国工农业示范点、A级景区、国家级风景名胜区、国家级水利风景区、中国历史文化名城（镇、村）、世界遗产、世界地质公园、国家自然保护区、全国红色旅游景点等，反映地区旅游资源单体的丰富程度与资源优势。

（10）休闲农业资源价值，是一地区休闲农业资源审美、体验、文化、集群与科学价值评估值的加权平均，审美价值评估值为地区休闲农业资源的观赏性、稀缺性、多样性与奇特性的综合评分值；体验价值评估值为地区休闲农业资源的参与性、适游性、康体性的综合评分值；文化价值评估值为地区休闲农业资源的特色性、知名度、吸引力的综合评分值；集群价值评估值为地区休闲农业资源的集中度、组合度、完整度的综合评分值；科学价值评估值为地区休闲农业资源的科考性、教育性、科普性的综合评分值。

（11）休闲农业资源规模，以地区休闲农业资源单体数量表示，反映地区休闲农业资源规模度。

（12）休闲农业企业数，是指地区经营休闲农业项目的企业数量，反映地区休闲农业发展程度与产业化开发基础。

4. 支撑系统

支撑系统由基础设施、服务设施、生态环境质量、环境治理状况、政策环境五方面构成，基础设施包括基础设施建设投资占比、路网密集度、客运周转量三项指标；服务设施包括人均邮电业务总量、互联网用户数、私人汽车拥有量三项指标，交通与电信的便利程度决定休闲农业目的地的可进入性，私人汽车拥有量则反映城镇居民自驾车短途出游能力，自驾车出游者是城市郊区休闲农业的主要客源；生态环境质量层面包括建成区绿化覆盖率、人均绿地面积、空气质量优良率三项指标；环境治理状况层面包括城镇污水处理率、生活垃圾无害化处理率两项指标，环境质量与环境治理的各项指标表征地区生态环境保护状态及重视程度，良好的生态环境是地区产业快速、健康、可持续发展的基础条件和根本保障，休闲农业产业的可持续发展离不开地区生态环境的有力支撑；政策环境因素包括农业财政支出占比、农村每万人拥有金融机构网点数、年出台政策文件数等。各项指标的衡量方法与经济意义如下：

（1）基础设施建设投资占比，是指基础设施建设投资占固定资产投资总额的比重，反映地区满足社会公共需要的能力，包括公共交通通信、环境卫生、公共安全、能源服务及日常公共服务等基础设施建设能力。

（2）路网密集度，是指一区域内所有道路的总长度与区域总面积之比，反映地区路网容量与交通运输服务水平。

（3）客运周转量，是指一定时期内运送旅客数量与平均运距的乘积，在一定程度上反映出地区交通发达程度及经济特征。

（4）人均邮电业务总量，是指地区人均邮政业务及电信业务量，衡量地区信息化发展水平与通信设施建设水平。

（5）互联网用户数，是指地区固定宽带接入用户和移动互联网用户，反映社会信息化程度和信息技术普及与应用能力。

（6）私人汽车拥有量，主要反映地区服务设施水平与居民消费能力。

（7）建成区绿化覆盖率，是指城市建成区内用于绿化的乔灌木和多年生草本植物的垂直投影面积占比，包括园林绿地外的道路绿化覆盖面积和单株树木的覆盖面积，反映城市绿地数量与质量。

（8）人均绿地面积，一般是指城市非农人口人均拥有公共绿地面积，是衡量城市绿化水平的重要指标。

（9）空气质量优良率，是指城市空气质量达到及好于二级以上天数占全年的比重，反映地区对空气质量的重视程度及保护水平。

（10）城镇污水处理率，是指经管网进入污水处理厂处理的城市污水量占污水排放总量的百分比，反映地区对城镇污水处理设施建设的重视程度及改善环境质量的能力。

（11）生活垃圾无害化处理率，是指无害化处理的垃圾量占总处理垃圾量的比率，反映地区生态环境建设水平。

（12）农业财政支出占比，是指农业财政支出占地区总财政支出的比率，农业财政支出包括农业基本建设支出、农林水气象各部门的事业费、农业科技三项费用、支援农村生产支出、农业综合开发支出、农村社会救济和农村自然灾害救济费等，反映财政支出对农村经济增长与农民消费能力的支撑程度及政府对“三农”财政扶持力度。

（13）农村每万人拥有金融机构网点数，是指农村地区平均每万人拥有金融机构网点数量，反映农村经济发展的投融资水平与农村金融服务体系建设情况。

（14）年出台政策文件数量，是指地区年出台的休闲农业相关政策文件数量，休闲农业产业相关政策是政府为了实现休闲农业产业发展目标，对休闲农业发展过程中的重要方面及环节所采取的一系列有计划的措施和行动，包括政府财政、税收优惠政策以及金融扶持政策等。反映中央和地方政府对休闲农业产业发展的重视程度及支持力度。

据此，确定休闲农业产业化开发基础评价指标体系，共分4个系统层、15个状态层、45项因子指标，各具体指标层说明如表4－9所示。本书数据主要来源于2002～2016年全国及各省市区的相关统计年鉴，包括《中国统计年鉴》《中国经济社会发展统计数据库》《中国经济年鉴》《中国区域经济统计年鉴》《中国区域经济发展年鉴》《中国发展报告》《中国城市年鉴》《中国县（市）社会经济统计年鉴》《中国城乡建设统计年鉴》《中国农村统计年鉴》《中国农村贫困监测报告》《中国农业年鉴》《中国农垦统计年鉴》《中国农业发展报告》《中国住户调查年鉴》《中国工会统计年鉴》《中国环境统计年鉴》《中国建设年鉴》《中国财政年鉴》《中国金融年鉴》《中国旅游统计年鉴》等。

表4－9 休闲农业产业化开发基础评价指标及说明

系统层	状态层	因子层	单位	说明
经济系统	经济规模	人均生产总值	万元/人	国内生产总值与地区常住人口数之比
		人均农业总产值	万元/人	农业总产值与地区常住人口数之比
		人均第三产业产值	万元/人	第三产业产值与地区常住人口数之比
		消费贡献率	%	当年最终消费增量与GDP增量之比
	经济投入	人均固定资产投资	万元/人	固定资产投资总额与总人口数之比
		农村固定资产投资占比	%	农村固定资产投资额与固定资产投资总额之比
		人均第一产业固定资产投资	万元/人	第一产业固定资产投资总额与总人口数之比
	经济结构	农业经济贡献率	%	农业增加值增量占国内生产总值增量比重
		第三产业比重	%	第三产业产值占国内生产总值比重
		第三产业区位商	—	地区第三产业产值占全部地区比重与地区生产总值占全部地区比重之比

续表

系统层	状态层	因子层	单位	说明
社会系统	社会人口	城镇化水平	%	非农业人口占总人口比重
		受教育程度	%	大专以上人口比重
		第三产业就业人员比重	%	第三产业就业人员数占全社会就业人员总数比重
	城镇生活	城镇居民人均可支配收入	元	城镇居民家庭人均可用于最终消费支出和其他非义务性支出以及储蓄的总和
		城镇居民人均消费性支出	元	城镇居民个人和家庭用于生活消费以及集体用于个人消费的全部支出
		城镇家庭恩格尔系数	%	城镇居民家庭食品支出总额占消费支出总额比重
	农村生活	农村居民人均纯收入	元	农村居民当年从各个来源渠道得到的总收入，相应地扣除获得收入所发生的费用后的收入总和
		农村居民家庭人均生活消费支出	元	农村居民家庭常住人口平均的生活消费支出
		农村家庭恩格尔系数	%	农村居民家庭食品支出总额占消费支出总额比重
产业系统	农业产业基础	高效设施农业面积占比	%	高效设施农业面积占耕地面积比重
		农业综合机械化水平	%	农作物耕种收综合机械化生产占总生产能力之比
		农业科技贡献率	%	农业科技投入与农业增加值之比
	旅游经济水平	国内旅游收入	亿元	为国内旅游者提供商品及服务所得到的旅游收入
		旅游外汇收入	万元	为入境旅游者提供的商品及各种服务所得到的外汇收入
		旅游客源接待量	亿人次	国内旅游者与入境旅游者总量
	旅游产业基础	旅游接待能力	个	区域内星级饭店数量
		旅游服务能力	个	区域内旅行社数量
		旅游资源丰度	个	区域内优质旅游资源总数
	休闲农业产业规模	休闲农业资源价值	分	休闲农业资源价值综合评分值
		休闲农业资源规模	个	区域内休闲农业景点数量
		休闲农业企业数	家	区域内休闲农业企业总数

续表

系统层	状态层	因子层	单位	说明
支撑系统	基础设施	基础设施建设投资占比	%	基础设施建设投资占固定资产投资的比重
		路网密集度	千米/平方千米	区域内所有道路的总长度与区域总面积之比
		客运周转量	亿人千米	运送旅客数量与平均运距的乘积
	服务设施	人均邮电业务总量	元/人	邮电业务总量与总人口之比
		互联网用户数	万户	地区互联网用户数
		城镇私家车拥有量	辆	城镇居民拥有私人汽车数量
	生态环境质量	建成区绿化覆盖率	%	建成区绿化覆盖面积与总面积的比值
		人均绿地面积	平方米/人	城市公共绿地面积与城市非农业人口之比
		空气质量优良率	%	空气质量达到二级以上天数占全年总天数比重
	环境治理状况	城镇污水处理率	%	经管网进入污水处理厂处理的城市污水量占污水排放总量的百分比
		生活垃圾无害化处理率	%	生活垃圾无害化处理量与垃圾产生量之比
	政策环境	农业财政支出占比	%	农业财政支出占国家财政支出比重
		农村每万人拥有金融机构网点数	个/万人	农村每万人拥有金融机构网点数量
		年出台政策文件数量	件	政府部门出台的休闲农业相关政策文件

三、休闲农业产业化开发基础评价指标权重计算

多元统计分析中的主成分分析法（Principal Component Analysis，PCA）是用低维数据来反映高维数据之间关系的一种线性降维方法，能够将高维空间问题简化到低维空间处理。该方法的核心是通过主成分分析法，选择若干主成分指标，基于主成分指标的方差贡献率构建权数并构造综合评价函数。

主成分分析法的基本原理是将原来变量重新组合成一组相互线性无关的几个综合变量，根据实际需求从中选取几个变量替代原有变量，并力求所选变量能够全面客观反映原有变量信息[184]。经典主成分分析法只针对由样本和指标构成的平面数据表，并未加入时间序列。时序全局主成分分析方法是在经典主成分分析的基础上，以一个综合变量来取代原有的全局变量，再以此为基础描述系统的总

体水平随时间变化的轨迹。

具体而言，主成分分析法依据高维数据的协方差矩阵，通过线性变换保留信息含量较多、方差较大的指标，剔除信息含量较少的指标，从而达到用较少的综合指标来尽可能地充分反映原有指标数据信息的目的。依据主成分分析方法形成的综合指标即为原始指标数据的主成分，是原始指标的线性组合，其数据不能通过直接观测、收集得到，但能够保留原始指标数据的绝大多数信息，且彼此互不相关。经典主成分分析方法一般只针对由样本和指标构成的平面数据表，未加入时间序列数据，时序全局主成分分析方法是在经典主成分分析方法的基础上，为保证系统分析的整体性、统一性与可比性，将不同时点的平面数据表整合成立体时序数据表，再以此为基础进行降维并提取出指标数据绝大多数信息。

本书选择我国东、中、西、东北部四大区域具有代表性的40个城市，对其休闲农业产业化开发基础进行评价与分析。40个城市即本章选取的东部地区17个城市：北京、天津、石家庄、上海、南京、无锡、苏州、杭州、宁波、福州、厦门、济南、青岛、广州、深圳、珠海、海口；中部地区6个城市：太原、合肥、南昌、郑州、武汉、长沙；西部地区13个城市：呼和浩特、南宁、桂林、重庆、成都、贵阳、昆明、拉萨、西安、兰州、西宁、银川、乌鲁木齐；东北地区4个城市：沈阳、大连、长春、哈尔滨。这些城市大多为省会城市或副省级城市，休闲农业产业化开发基础较好，能够有效代表区域休闲农业的发展水平与产业化开发潜力。

根据休闲农业产业化开发基础评价指标体系，从经济系统、社会系统、产业系统、支撑系统四方面出发，得到由40个城市样本、45项基础指标以及2002～2016年的15张数据表构成的40×45×15维休闲农业产业化动力系统的时序立体数据表 $X=(x_{ij}^{t})_{Tn\times p}$，其中，$n$ 为样本点个数，p 为指标个数，T 为年数。对该表进行主成分分析，分别研究2002～2016年经济系统、社会系统、产业系统、支撑系统的主要影响因素，计算步骤如下：

（1）数据标准化：将坐标原点移到数据中心，并进行压缩变换以消除量纲影响，原始数据标准化公式如下：

$$x_{ij}^{*}=\frac{x_{ij}-\bar{x}_j}{\sigma_j}，其中，\bar{x}_j=\frac{1}{n}\sum_{i=1}^{n}x_{ij}，\sigma_j=\sqrt{\frac{1}{n}\sum_{i}^{n}(x_{ij}-\bar{x}_j)^2}\ (j=1,2,\cdots,p)$$

（2）计算标准化后矩阵 X^{*} 的协方差矩阵。

$$S=\lfloor s_{ij}\rfloor_{p\times p},s_{ij}=\frac{1}{n-1}\sum_{k=1}^{n}(x_{kj}-\bar{x}_j)(x_{ki}-\bar{x}_j)$$

（3）求出 V 的前 m 个特征值 $\lambda_1 \geqslant \lambda_2 \geqslant \cdots \geqslant \lambda_m$ 及其对应的特征向量 μ_1，μ_2，…，μ_m。

（4）计算贡献率 $\lambda_k / \left(\sum_{i=1}^{p} \lambda_i\right)$ 和累计贡献率 $\sum_{i=1}^{p} \{\lambda_i / \sum_{i=1}^{p} \lambda_i\}$，一般取累计贡献率达70%以上 $\lambda > 1$ 的特征值对应的全局主成分即可。

为检验选取指标变量是否适宜主成分分析，采用 KMO（Kaiser – Meyer – Olkin）和 Bartlett 球形度检验法（Bartlett's Test of Sphericity）进行测算。其中，KMO 检验结果在0.5以下不能接受，在0.7以上比较好，越接近于1，则表明指标变量相关性越强，即可认为原始数据适宜做主成分分析；Bartlett 球形度检验显著性小于0.01，则表明拒绝单位相关原假设，原始数据适宜做主成分分析。

分别对经济系统10项指标变量、社会系统9项指标变量、产业系统12项指标变量、支撑系统14项指标变量进行检验，结果如表4－10所示。由表4－10可知，四个子系统的指标变量均适宜进行主成分分析。下面就对40个城市15年间的休闲农业产业化开发基础的四个子系统评价指标原始数据运用 SPSS18.0 统计软件进行主成分分析。

表4－10 主成分分析 KMO 和 Bartlett 球形检验值

经济系统主成分分析 KMO 和 Bartlett 的检验		
取样足够度的 Kaiser – Meyer – Olkin 度量		0.677
Bartlett 的球形度检验	近似卡方	3296.218
	df	45
	Sig.	0.000
社会系统主成分分析 KMO 和 Bartlett 的检验		
取样足够度的 Kaiser – Meyer – Olkin 度量		0.901
Bartlett 的球形度检验	近似卡方	7044.035
	df	36
	Sig.	0.000
产业系统主成分分析 KMO 和 Bartlett 的检验		
取样足够度的 Kaiser – Meyer – Olkin 度量		0.812
Bartlett 的球形度检验	近似卡方	7710.952
	df	66
	Sig.	0.000

续表

支撑系统主成分分析 KMO 和 Bartlett 的检验		
取样足够度的 Kaiser - Meyer - Olkin 度量		0.762
Bartlett 的球形度检验	近似卡方	5694.597
	df	91
	Sig.	0.000

1. 经济系统主成分提取

通过对时序立体表中 40 个城市 15 年的经济系统评价指标数据计算，得到经济系统有关全局特征值及累计贡献率，如表 4 - 11 所示。按照特征值大于 1 原则提取主成分，经济系统可综合为 3 个主成分，其信息量可达 70.01%，原有 10 项基础指标可由此 3 个主成分替代。

表 4 - 11　经济系统全局主成分特征值及贡献率

主成分	初始特征值			提取平方和载入		
	合计	方差的百分比（%）	累计百分比（%）	合计	方差的百分比（%）	累计百分比（%）
1	3.566	35.663	35.663	3.566	35.663	35.663
2	2.074	20.739	56.401	2.074	20.739	56.401
3	1.360	13.604	70.006	1.360	13.604	70.006
4	0.756	7.561	77.567			
5	0.667	6.666	84.233			
6	0.545	5.451	89.684			
7	0.459	4.590	94.273			
8	0.306	3.059	97.333			
9	0.221	2.210	99.543			
10	0.046	0.457	100.000			

为对提取的 3 个主成分进行合理的解释，需要对 10 项基础指标组成的 3 个主成分的载荷量进行分析，如表 4 - 12 所示：在主成分 1 中，人均生产总值、人均第三产业产值两项指标的载荷量远大于其他评价指标，且两项指标主要反映经济系统中经济社会的发展情况，可将第 1 主成分命名为“经济社会进步”，用以表明地区经济社会的发展水平；在主成分 2 中，人均农业总产值、人均第一产业

固定资产投资两项指标的载荷量大于其他评价指标，且两项指标主要反映经济系统中农业经济发展状况，可将第2主成分命名为“农业经济增长”，用以表明农业经济投入产出水平及其对地区经济发展的贡献能力；在主成分3中，第三产业比重、第三产业区位商两项指标的载荷量大于其他评价指标，两项指标主要反映地区第三产业发展水平及产业结构调整程度，可将第3主成分命名为“产业结构优化”，表明地区产业结构优化状态及第三产业发展对社会经济的贡献程度。

表4-12 经济系统全局主成分载荷矩阵

指标	主成分		
	1	2	3
人均生产总值	0.924	0.033	-0.163
人均农业总产值	0.187	0.827	-0.074
人均第三产业产值	0.913	-0.050	0.097
消费贡献率	0.011	0.483	0.646
人均固定资产投资	0.788	0.426	-0.162
农村固定资产投资占比	-0.633	0.244	0.248
人均第一产业固定资产投资	0.301	0.541	0.057
农业经济贡献率	-0.656	0.539	0.130
第三产业比重	0.457	-0.211	0.737
第三产业区位商	0.129	-0.300	0.680

2. 社会系统主成分提取

通过对时序立体表中40个城市15年的社会系统评价指标数据计算，得到社会系统有关全局特征值及累计贡献率，如表4-13所示。按照特征值大于1的原则提取主成分，可将社会系统综合为2个主成分，其信息量可达83.796%，超过一般标准70%，原有9项基础指标可由此2个主成分替代。

表4-13 社会系统全局主成分特征值及贡献率

主成分	初始特征值			提取平方和载入		
	合计	方差的百分比（%）	累计百分比（%）	合计	方差的百分比（%）	累计百分比（%）
1	6.535	72.612	72.612	6.535	72.612	72.612
2	1.007	11.184	83.796	1.007	11.184	83.796
3	0.526	5.848	89.644			

续表

主成分	初始特征值			提取平方和载入		
	合计	方差的百分比（%）	累计百分比（%）	合计	方差的百分比（%）	累计百分比（%）
4	0. 332	3. 692	93. 336			
5	0. 244	2. 707	96. 043			
6	0. 175	1. 939	97. 982			
7	0. 097	1. 073	99. 055			
8	0. 059	0. 657	99. 712			
9	0. 026	0. 288	100. 000			

为对提取的两个主成分进行合理的解释，需要对9项基础指标组成的两个主成分的载荷量进行分析，如表4－14所示：在主成分1中，城镇居民人均可支配收入、城镇居民人均消费性支出两项指标的载荷量远大于其他评价指标，且两项指标主要反映城镇居民生活水平，可将第1主成分命名为“社会消费能力”，表明城镇居民的收入水平与消费能力；在主成分2中，农村家庭恩格尔系数、城镇家庭恩格尔系数两项指标的载荷量远大于其他评价指标，两项指标主要反映农村与城镇居民家庭生活质量，可将第2主成分命名为“社会消费结构”，表明伴随经济发展人口生活质量与消费层次的变化情况。

表4－14　社会系统全局主成分载荷矩阵

指标	主成分	
	1	2
城镇化水平	0. 728	0. 278
受教育程度	0. 913	0. 013
第三产业就业人员比重	0. 761	0. 432
城镇居民人均可支配收入	0. 963	0. 062
城镇居民人均消费性支出	0. 953	0. 084
城镇家庭恩格尔系数	－0. 746	0. 533
农村居民人均纯收入	0. 947	0. 062
农村居民家庭人均生活消费支出	0. 941	0. 088
农村家庭恩格尔系数	－0. 648	0. 660

3. 产业系统主成分提取

通过对时序立体表中40个城市15年的产业系统评价指标数据计算，得到产业系统有关全局特征值及累计贡献率，如表4－15所示。按照特征值大于1的原则提取主成分，产业系统可综合为3个主成分，其信息量可达77.475%，超过一般标准70%，原有12项基础指标可由此3个主成分替代。

表4－15 产业系统全局主成分特征值及贡献率

主成分	初始特征值			提取平方和载入		
	合计	方差的百分比（%）	累计百分比（%）	合计	方差的百分比（%）	累计百分比（%）
1	5.939	49.488	49.488	5.939	49.488	49.488
2	2.332	19.433	68.921	2.332	19.433	68.921
3	1.027	8.554	77.475	1.027	8.554	77.475
4	0.709	5.904	83.379			
5	0.651	5.427	88.806			
6	0.446	3.719	92.525			
7	0.282	2.347	94.872			
8	0.226	1.884	96.757			
9	0.178	1.484	98.241			
10	0.139	1.156	99.397			
11	0.065	0.538	99.935			
12	0.008	0.065	100.000			

为对提取的3个主成分进行合理的解释，需要对12项基础指标组成的3个主成分的载荷量进行分析，如表4－16所示：在主成分1中，国内旅游收入、旅游服务能力两项指标载荷量大于其他评价指标，主要反映地区休闲农业产业发展的支撑能力，可将第1主成分命名为“旅游经济增长”，表明地区旅游经济发展水平以及产业发展能力；在主成分2中，休闲农业资源规模、休闲农业企业数、休闲农业资源价值3项指标载荷量大于其他评价指标，主要反映休闲农业产业集群基础，可将第2主成分命名为“产业集群水平”，表明休闲农业资源开发利用能力与休闲农业产业集群水平；在主成分3中，高效设施农业面积占比、农业科技贡献率两项指标载荷量大于其他评价指标，主要反映现代农业发展水平，可将

第3主成分命名为“现代农业发展”，表明地区农业经济发展水平与农业科技贡献度，反映现代农业发展对休闲农业产业发展的支撑度，表征关联产业发展水平对休闲农业产业发展的支撑力与带动力。

表4-16　产业系统全局主成分载荷矩阵

指标	主成分		
	1	2	3
高效设施农业面积占比	0.518	-0.114	0.596
农业综合机械化水平	0.630	-0.165	0.343
农业科技贡献率	0.634	-0.138	0.443
国内旅游收入	0.898	-0.157	-0.031
旅游外汇收入	0.791	-0.139	-0.358
旅游客源接待量	0.810	-0.203	0.066
旅游接待能力	0.762	-0.238	-0.440
旅游服务能力	0.882	-0.205	-0.124
旅游资源丰度	0.827	-0.238	-0.115
休闲农业资源规模	0.512	0.836	-0.018
休闲农业资源价值	0.457	0.800	0.024
休闲农业企业数	0.518	0.832	-0.020

4. 支撑系统主成分提取

通过对时序立体表中40个城市15年的支撑系统评价指标数据计算，得到支撑系统有关全局特征值及累计贡献率，如表4-17所示。按照特征值大于1的原则提取主成分，支撑系统可综合为4个主成分，其信息量可达73.741%，超过一般标准70%，原有14项基础指标可由此4个主成分替代。

表4-17　支撑系统全局主成分特征值及贡献率

主成分	初始特征值			提取平方和载入		
	合计	方差的百分比（%）	累计百分比（%）	合计	方差的百分比（%）	累计百分比（%）
1	5.275	37.679	37.679	5.275	37.679	37.679
2	2.280	16.287	53.966	2.280	16.287	53.966

续表

主成分	初始特征值			提取平方和载入		
	合计	方差的百分比（%）	累计百分比（%）	合计	方差的百分比（%）	累计百分比（%）
3	1.684	12.026	65.992	1.684	12.026	65.992
4	1.085	7.749	73.741	1.085	7.749	73.741
5	0.913	6.519	80.260			
6	0.635	4.536	84.796			
7	0.488	3.487	88.283			
8	0.407	2.909	91.192			
9	0.350	2.502	93.694			
10	0.272	1.945	95.639			
11	0.244	1.739	97.379			
12	0.203	1.453	98.831			
13	0.113	0.810	99.642			
14	0.050	0.358	100.000			

为对提取的4个主成分进行合理的解释，需要对14项基础指标组成的4个主成分的载荷量进行分析，如表4－18所示：在主成分1中，私人汽车拥有量、路网密集度两项指标载荷量大于其他评价指标，主要反映地区服务设施条件，可将第1主成分命名为“产业服务环境”，用来表明支撑休闲农业产业发展的服务环境和设施水平；在主成分2中，农业财政支出占比、年出台政策文件数量两项指标载荷量远大于其他评价指标，主要反映地区农业发展的政策扶持力度，可将第2主成分命名为“产业政策环境”，表明休闲农业产业发展的政策环境；在主成分3中，空气质量优良率、人均绿地面积两项指标载荷量大于其他评价指标，主要反映地区生态环境质量和环境治理状况，可将第3主成分命名为“环境保护水平”，表明生态环境保护水平对产业发展的支撑力；在主成分4中，基础设施建设投资占比指标载荷量大于其他评价指标，可将第4主成分命名为“基础设施建设”，表明地区交通便利程度及基础设施建设水平对产业发展的支撑能力。

表 4－18　支撑系统全局主成分载荷矩阵

指标	主成分			
	1	2	3	4
基础设施建设投资占比	0.223	－0.179	0.215	0.594
路网密集度	0.829	0.001	－0.101	－0.299
客运周转量	0.747	－0.184	－0.458	0.051
人均邮电业务总量	0.739	－0.324	0.013	0.150
互联网用户数	0.684	－0.032	－0.510	0.061
私人汽车拥有量	0.851	0.041	－0.312	－0.096
建成区绿化覆盖率	0.648	0.215	0.439	0.067
人均绿地面积	0.720	－0.120	0.445	0.081
空气质量优良率	0.191	－0.364	0.494	0.377
城镇污水处理率	0.572	0.139	0.375	－0.432
生活垃圾无害化处理率	0.703	－0.008	0.397	－0.282
农业财政支出占比	0.028	0.957	0.127	0.092
农村每万人拥有金融机构网点数	0.653	0.300	－0.332	0.388
年出台政策文件数量	0.130	0.942	0.024	0.166

根据上述对休闲农业开发基础的四个子系统指标变量的分析，共提取了 12 个主成分，并根据指标载荷量对主成分重新命名，将各主成分对应载荷量较大的主要指标变量作为每个主成分的构成要素，如表 4－19 所示。

表 4－19　休闲农业产业化开发基础子成分及其构成要素

基础成分	构成要素	基础成分	构成要素
经济社会进步	人均生产总值	产业集群水平	休闲农业资源规模
	人均第三产业产值		休闲农业企业数
农业经济增长	人均农业总产值		休闲农业资源价值
	人均第一产业固定资产投资	现代农业发展	高效设施农业面积占比
产业结构优化	第三产业比重		农业科技贡献率
	第三产业区位商	产业服务环境	私人汽车拥有量
社会消费能力	城镇居民人均可支配收入		路网密集度
	城镇居民人均消费性支出	产业政策环境	农业财政支出占比
社会消费结构	农村家庭恩格尔系数		年出台政策文件数量
	城镇家庭恩格尔系数	环境保护水平	空气质量优良率
旅游经济增长	国内旅游收入		人均绿地面积
	旅游服务能力	基础设施建设	基础设施建设投资占比

四、休闲农业产业化开发基础等级划分标准设定

首先，将统计指标原始数据进行无量纲化处理，即将数据实际值标准化。休闲农业产业化开发基础评价指标分为正向指标与负向指标两种类型，正向指标数据越大越好，负向指标数据越小越好，正负向指标的无量纲化计算公式如下：

$$r_{ij}=\begin{cases}\dfrac{x_{ij}-x_i^{\min}}{x_i^{\max}-x_i^{\min}}，正向指标\\[2ex]\dfrac{x_i^{\max}-x_{ij}}{x_i^{\max}-x_i^{\min}}，负向指标\end{cases}$$

其中，x_{ij}为第 i 个指标的实际计算值，$x_i^{\max}$，$x_i^{\min}$ 分别为第 i 个指标 2002～2016 年 40 个城市中的最大值和最小值。r_{ij}即为各指标无量纲化后的标准值。

根据休闲农业开发基础的四个子系统主成分分析结果，各子系统主成分分析得到的初始载荷矩阵不能反映提取的主成分与原始指标数据间的相关程度，需要根据载荷矩阵与主成分特征值求得主成分系数矩阵即特征向量，由公式 $A_i=B_i/SQRT(\lambda_i)$（B_i 为第 i 个主成分载荷矩阵的变量，λ_i 为第 i 个主成分的特征根，A_i 为第 i 个主成分的特征向量）得出各主成分系数矩阵（特征向量矩阵），得到各主成分关于基础指标因子的线性表达式，将标准化后的指标数据代入得分方程，可计算出各主成分得分值 F_{ai}（即第 a 个子系统第 i 个主成分得分），计算每个主成分所对应的特征值占所提取主成分的全部特征值之和的比重，将其作为权重系数，对得分值进行加权汇总，即可得出休闲农业产业化开发基础的综合评分值 F。

1. 经济系统主成分评分

根据经济子系统主成分初始载荷矩阵与主成分特征值可求得经济子系统各主成分的系数矩阵，得出经济子系统 3 个主成分关于 10 项基础指标的线性表达式及各主成分评分值（见表 4－20）。

表 4－20　经济系统各主成分关于基础指标的系数矩阵

基础指标	主成分 1	主成分 2	主成分 3
人均生产总值	0.49	－0.01	－0.13
人均农业总产值	0.14	0.54	0.04
人均第三产业产值	0.48	－0.09	0.07

续表

基础指标	主成分1	主成分2	主成分3
消费贡献率	0.18	0.33	0.44
人均固定资产投资	0.43	0.25	-0.13
农村固定资产投资占比	-0.32	0.20	0.30
人均第一产业固定资产投资	0.17	0.43	0.03
农业经济贡献率	-0.31	0.40	0.23
第三产业比重	0.24	-0.27	0.53
第三产业区位商	0.06	-0.26	0.58

（1）经济社会进步主成分评分值 F_{11}：

$$F_{11}=0.49X_1+0.14X_2+0.48X_3+0.18X_4+0.43X_5-0.32X_6+0.17X_7-0.31X_8+0.24X_9+0.06X_{10}$$

（2）农业经济增长主成分评分值 F_{12}：

$$F_{12}=-0.10X_1+0.54X_2-0.09X_3+0.33X_4+0.25X_5+0.20X_6+0.43X_7+0.40X_8-0.27X_9-0.26X_{10}$$

（3）产业结构优化主成分评分值 F_{13}：

$$F_{13}=-0.13X_1+0.04X_2+0.07X_3+0.44X_4-0.13X_5+0.30X_6+0.03X_7+0.23X_8+0.53X_9+0.58X_{10}$$

根据经济系统各主成分的特征值，以每个主成分所对应的特征值占比作为权重系数进行加权处理，得到休闲农业产业化开发基础经济子系统的综合评分值 F_1 的计算公式：

$$F_1=0.509F_{11}+0.296F_{12}+0.194F_{13}$$

2. 社会系统主成分评分

根据社会子系统主成分初始载荷矩阵与主成分特征值可求得社会子系统各主成分的系数矩阵，得出社会子系统 2 个主成分关于 9 项基础指标的线性表达式及各主成分评分值（见表 4-21）。

表 4-21　社会系统各主成分关于基础指标的系数矩阵

基础指标	主成分1	主成分2
城镇化水平	0.28	0.28

续表

基础指标	主成分1	主成分2
受教育程度	0.36	0.01
第三产业就业人员比重	0.30	0.43
城镇居民人均可支配收入	0.38	0.06
城镇居民人均消费性支出	0.37	0.08
城镇家庭恩格尔系数	-0.29	0.53
农村居民人均纯收入	0.37	0.06
农村居民家庭人均生活消费支出	0.37	0.09
农村家庭恩格尔系数	-0.25	0.66

（1）社会消费能力主成分评分值 F_{21}：

$$F_{21}=0.28X_{11}+0.36X_{12}+0.30X_{13}+0.38X_{14}+0.37X_{15}-0.29X_{16}+0.37X_{17}+0.37X_{18}-0.25X_{19}$$

（2）社会消费结构主成分评分值 F_{22}：

$$F_{22}=0.28X_{11}+0.01X_{12}+0.43X_{13}+0.06X_{14}+0.08X_{15}+0.53X_{16}+0.06X_{17}+0.09X_{18}+0.66X_{19}$$

根据社会系统各主成分的特征值，以每个主成分所对应的特征值占比作为权重系数进行加权处理，得到休闲农业产业化开发基础社会子系统的综合评分值 F_2 的计算公式：

$$F_2=0.866F_{21}+0.134F_{22}$$

3. 产业系统主成分评分

根据产业子系统主成分初始载荷矩阵与主成分特征值可求得产业子系统各主成分的系数矩阵，得出产业子系统3个主成分关于12项基础指标的线性表达式及各主成分评分值（见表4-22）。

表4-22 产业系统各主成分关于基础指标的系数矩阵

基础指标	主成分1	主成分2	主成分3
高效设施农业面积占比	0.21	-0.07	0.59
农业综合机械化水平	0.26	-0.11	0.34
农业科技贡献率	0.26	-0.09	0.44

续表

基础指标	主成分 1	主成分 2	主成分 3
旅游总收入占 GDP 比重	0. 37	-0. 10	-0. 03
旅游外汇收入	0. 32	-0. 09	-0. 35
旅游客源接待量	0. 33	-0. 13	0. 07
旅游接待能力	0. 31	-0. 16	-0. 43
旅游服务能力	0. 36	-0. 13	-0. 12
旅游资源丰度	0. 34	-0. 16	-0. 11
休闲农业资源规模	0. 21	0. 55	-0. 02
休闲农业资源价值	0. 19	0. 52	0. 02
休闲农业企业数	0. 21	0. 54	-0. 02

（1）旅游经济增长主成分评分值 F_{31}：

$$F_{31}=0.21X_{20}+0.26X_{21}+0.26X_{22}+0.37X_{23}+0.32X_{24}+0.33X_{25}+0.31X_{26}+0.36X_{27}+0.34X_{28}+0.21X_{29}+0.19X_{30}+0.21X_{31}$$

（2）产业集群水平主成分评分值 F_{32}：

$$F_{32}=-0.07X_{20}-0.11X_{21}-0.09X_{22}-0.10X_{23}-0.09X_{24}-0.13X_{25}-0.16X_{26}-0.13X_{27}-0.16X_{28}+0.55X_{29}+0.52X_{30}+0.54X_{31}$$

（3）现代农业发展主成分评分值 F_{33}：

$$F_{33}=0.59X_{20}+0.34X_{21}+0.44X_{22}-0.03X_{23}-0.35X_{24}+0.07X_{25}-0.43X_{26}-0.12X_{27}-0.11X_{28}-0.02X_{29}+0.02X_{30}-0.02X_{31}$$

根据各主成分的特征值，以每个主成分所对应的特征值占比作为权重系数进行加权处理，得到休闲农业产业化开发基础产业子系统的综合评分值 F_3 的计算公式：

$$F_3=0.639F_{31}+0.251F_{32}+0.110F_{33}$$

4. 支撑系统主成分评分

根据支撑子系统主成分初始载荷矩阵与主成分特征值可求得支撑子系统各主成分的系数矩阵，得出支撑子系统 4 个主成分关于 14 项基础指标的线性表达式及各主成分评分值（见表 4－23）。

表 4－23　支撑系统各主成分关于基础指标的系数矩阵

基础指标	主成分 1	主成分 2	主成分 3	主成分 4
基础设施建设投资占比	0.10	－0.12	0.17	0.57
路网密集度	0.36	0.00	－0.08	－0.29
客运周转量	0.33	－0.12	－0.35	0.05
人均邮电业务总量	0.32	－0.21	0.01	0.14
互联网用户数	0.30	－0.02	－0.39	0.06
私人汽车拥有量	0.37	0.03	－0.24	－0.09
建成区绿化覆盖率	0.28	0.14	0.34	0.06
人均绿地面积	0.31	－0.08	0.34	0.08
空气质量优良率	0.08	－0.24	0.38	0.36
城镇污水处理率	0.25	0.09	0.29	－0.41
生活垃圾无害化处理率	0.31	－0.01	0.31	－0.27
农业财政支出占比	0.01	0.63	0.10	0.09
农村每万人拥有金融机构网点数	0.28	0.20	－0.26	0.37
年出台政策文件数量	0.06	0.62	0.02	0.16

（1）产业服务环境主成分评分值 F_{41}：

$$F_{41}=0.10X_{32}+0.36X_{33}+0.33X_{34}+0.32X_{35}+0.30X_{36}+0.37X_{37}+0.28X_{38}+0.31X_{39}+0.08X_{40}+0.25X_{41}+0.31X_{42}+0.01X_{43}+0.28X_{44}+0.06X_{45}$$

（2）产业政策环境主成分评分值 F_{42}：

$$F_{42}=-0.12X_{32}+0.00X_{33}-0.12X_{34}-0.21X_{35}-0.02X_{36}+0.03X_{37}+0.14X_{38}-0.08X_{39}-0.24X_{40}+0.09X_{41}-0.01X_{42}+0.63X_{43}+0.20X_{44}+0.62X_{45}$$

（3）环境保护水平主成分评分值 F_{43}：

$$F_{43}=0.17X_{32}-0.08X_{33}-0.35X_{34}+0.01X_{35}-0.39X_{36}-0.24X_{37}+0.34X_{38}+0.34X_{39}+0.38X_{40}+0.29X_{41}+0.31X_{42}+0.10X_{43}-0.26X_{44}+0.02X_{45}$$

（4）基础设施建设主成分评分值 F_{44}：

$$F_{44}=0.57X_{32}-0.29X_{33}+0.05X_{34}+0.14X_{35}+0.06X_{36}-0.09X_{37}+0.06X_{38}+0.08X_{39}+0.36X_{40}-0.41X_{41}-0.27X_{42}+0.09X_{43}+0.37X_{44}+0.16X_{45}$$

根据各主成分的特征值，以每个主成分所对应的特征值占比作为权重系数进行加权处理，得到休闲农业产业化开发基础支撑子系统的综合评分值 F_4 的计算公式：

$F_4=0.511F_{41}+0.221F_{42}+0.163F_{43}+0.105F_{44}$

F_1、F_2、F_3、F_4 分别为休闲农业产业化开发基础四个子系统的综合评分值，为取得系统最终评分，需要对经济系统、社会系统、产业系统及支撑系统赋予权重，根据各子系统对休闲农业产业化开发基础的贡献度求得休闲农业产业化开发基础的系统综合评分值。这里采用层次分析法对四个子系统赋予权重。

首先，采用德尔菲法对各子系统评价指标权重进行评分，征求相关领域专家意见，对专家意见进行收集和整理；其次，将专家对各项指标的打分取平均值，根据各项指标平均值的相对大小给出重要性判断，求得四个子系统的权重值（见表4－24）。

表4－24　休闲农业产业化开发基础判断矩阵

开发基础 A－B	经济系统	社会系统	产业系统	支撑系统	权重
经济系统	1	2	1/2	2	0.275
社会系统	1/2	1	1/2	2	0.198
产业系统	2	2	1	2	0.387
支撑系统	1/2	1/2	1/2	1	0.140

$\lambda_{max}=4.1217$　CI＝0.040575　RI＝0.90

CR＝0.045083＜0.1，该判断矩阵具有较为满意的一致性。

根据四个子系统的综合评分值与权重值，可以得出休闲农业产业化开发基础的系统综合评分值 F：

$F=0.275F_1+0.198F_2+0.387F_3+0.140F_4$

根据休闲农业产业化开发基础的综合评分值计算方法，分别计算40个城市各子系统主成分评分值及综合评分值，并将休闲农业产业化开发基础的评价标准确定为起步阶段、初级水平、中级水平和领先水平四个等级，如表4－25所示。

主成分得分计算采用各指标的标准化值，得分只具有相对比较意义。通过各城市主成分相对得分可以看出，不同城市的休闲农业在产业结构水平、社会经济发展水平、农业现代化水平、旅游发展水平、生态环境水平、资源保护水平、基础设施建设水平等方面差异较大，发展不平稳。根据主成分综合得分可将休闲农业产业化开发基础分为四个层次：$F\geq1.00$ 为领先水平；$0.80\leq F<1.00$ 为中级水平；$0.60\leq F<0.80$ 为初级水平；$F<0.60$ 为起步阶段。

表 4-25 休闲农业产业化开发基础评价标准

评定系数	$F<0.60$	$0.60\leqslant F<0.80$	$0.80\leqslant F<1.00$	$F\geqslant 1.00$
评价标准	起步阶段	初级水平	中级水平	领先水平

第三节 休闲农业产业化开发基础综合评价

一、休闲农业产业化开发基础等级划分与评价

根据2002~2016年各城市主成分分析的综合得分情况，将40个城市休闲农业产业化开发基础分为领先水平、中级水平、初级水平及起步阶段四个层次（见表4-26）。

表 4-26 2002~2016 年 40 个城市休闲农业产业化开发基础等级划分

等级划分	等级标准	年份	城市
领先水平	$F\geqslant 1.00$	2002	北京
		2003	北京
		2004	北京、上海
		2005	北京、上海、广州
		2006	上海、北京、广州
		2007	上海、北京、广州
		2008	上海、北京、广州
		2009	北京、上海、广州
		2010	北京、上海、广州、天津
		2011	北京、上海、广州、天津
		2012	北京、上海、广州、天津、南京、苏州
		2013	北京、上海、广州、天津、南京、杭州、青岛、重庆、深圳、苏州
		2014	北京、上海、广州、天津、杭州、南京、青岛、重庆、深圳、苏州

续表

等级划分	等级标准	年份	城市
领先水平	$F \geq 1.00$	2015	北京、上海、天津、广州、杭州、青岛、南京、重庆、深圳、苏州
		2016	北京、上海、广州、天津、杭州、青岛、南京、重庆、深圳、苏州
中级水平	$0.80 \leq F < 1.00$	2002	上海、广州
		2003	广州、天津、杭州
		2004	广州、天津、杭州
		2005	天津、杭州、南京、青岛
		2006	天津、杭州、青岛、南京、深圳
		2007	天津、青岛、杭州、南京、深圳、苏州、宁波
		2008	天津、青岛、杭州、南京、深圳、宁波、苏州、重庆、厦门、成都
		2009	天津、青岛、杭州、南京、重庆、宁波、深圳、苏州、厦门、成都、大连、珠海
		2010	南京、青岛、重庆、杭州、苏州、深圳、宁波、厦门、成都、大连、珠海、武汉、无锡
		2011	重庆、南京、杭州、青岛、苏州、深圳、宁波、成都、大连、厦门、无锡、珠海、福州
		2012	青岛、杭州、苏州、深圳、大连、成都、厦门、宁波、无锡、珠海、福州、武汉、济南
		2013	大连、成都、厦门、宁波、无锡、福州、武汉、珠海、长沙、济南、沈阳、西安
		2014	宁波、成都、大连、武汉、厦门、无锡、福州、珠海、长沙、济南、西安、沈阳、哈尔滨
		2015	成都、宁波、厦门、大连、武汉、珠海、福州、无锡、长沙、济南、沈阳、哈尔滨、昆明、海口、石家庄、合肥
		2016	无锡、成都、宁波、大连、武汉、厦门、西安、长沙、福州、珠海、济南、沈阳、哈尔滨、昆明、海口、合肥、长春、南昌
初级水平	$0.60 \leq F < 0.80$	2002	杭州、天津、深圳、南京、成都、重庆、武汉、厦门、青岛、宁波
		2003	杭州、深圳、南京、成都、青岛、宁波、重庆、厦门、武汉、珠海

续表

等级划分	等级标准	年份	城市
初级水平	$0.60 \leqslant F < 0.80$	2004	深圳、青岛、南京、宁波、重庆、厦门、苏州、成都、武汉、珠海、福州、大连
		2005	深圳、宁波、重庆、厦门、苏州、成都、珠海、福州、无锡、大连、武汉
		2006	宁波、重庆、厦门、苏州、成都、福州、无锡、珠海、武汉、大连、海口、西安
		2007	厦门、重庆、成都、珠海、武汉、福州、大连、无锡、海口、济南、长沙、西安
		2008	武汉、珠海、福州、大连、长沙、无锡、济南、海口、沈阳、西安、昆明、南昌
		2009	福州、武汉、无锡、济南、长沙、海口、西安、沈阳、昆明、哈尔滨、南昌、郑州、石家庄、合肥
		2010	福州、长沙、沈阳、济南、西安、海口、哈尔滨、昆明、合肥、石家庄、南昌、郑州、长春
		2011	沈阳、武汉、济南、长沙、西安、哈尔滨、海口、石家庄、合肥、长春、昆明、南昌、郑州、呼和浩特、南宁
		2012	沈阳、西安、长沙、哈尔滨、昆明、海口、石家庄、南昌、合肥、长春、呼和浩特、太原、郑州、南宁、兰州
		2013	哈尔滨、昆明、石家庄、海口、合肥、南昌、呼和浩特、长春、郑州、太原、南宁、兰州、桂林
		2014	昆明、海口、石家庄、南昌、长春、合肥、郑州、太原、呼和浩特、南宁、兰州、桂林
		2015	南昌、长春、呼和浩特、郑州、南宁、太原、兰州、桂林、贵阳
		2016	呼和浩特、郑州、石家庄、南宁、太原、兰州、桂林、贵阳
起步阶段	$F < 0.60$	2002	珠海、福州、苏州、大连、长沙、无锡、昆明、海口、南昌、西安、济南、哈尔滨、石家庄、郑州、太原、合肥、长春、兰州、南宁、沈阳、桂林、西宁、呼和浩特、银川、贵阳、拉萨、乌鲁木齐
		2003	福州、苏州、大连、昆明、无锡、西安、长沙、南昌、海口、济南、合肥、石家庄、太原、郑州、哈尔滨、沈阳、长春、南宁、兰州、桂林、呼和浩特、贵阳、西宁、银川、拉萨、乌鲁木齐

续表

等级划分	等级标准	年份	城市
起步阶段	$F<0.60$	2004	无锡、昆明、西安、海口、长沙、南昌、合肥、济南、石家庄、长春、哈尔滨、郑州、沈阳、太原、南宁、桂林、呼和浩特、兰州、贵阳、银川、西宁、乌鲁木齐、拉萨
		2005	西安、海口、昆明、长沙、南昌、济南、合肥、石家庄、沈阳、哈尔滨、郑州、长春、太原、兰州、呼和浩特、桂林、贵阳、银川、西宁、乌鲁木齐、拉萨
		2006	济南、长沙、南昌、昆明、沈阳、合肥、石家庄、哈尔滨、长春、郑州、南宁、兰州、太原、桂林、呼和浩特、贵阳、银川、乌鲁木齐、西宁、拉萨
		2007	昆明、沈阳、南昌、合肥、哈尔滨、石家庄、郑州、长春、呼和浩特、南宁、兰州、太原、桂林、贵阳、乌鲁木齐、银川、西宁、拉萨
		2008	哈尔滨、合肥、长春、郑州、石家庄、南宁、呼和浩特、太原、兰州、桂林、贵阳、银川、乌鲁木齐、西宁、拉萨
		2009	长春、南宁、太原、呼和浩特、兰州、桂林、贵阳、银川、西宁、乌鲁木齐、拉萨
		2010	南宁、呼和浩特、太原、兰州、桂林、贵阳、银川、拉萨、乌鲁木齐、西宁
		2011	太原、兰州、桂林、贵阳、银川、拉萨、西宁、乌鲁木齐
		2012	桂林、贵阳、银川、西宁、乌鲁木齐、拉萨
		2013	贵阳、银川、西宁、拉萨、乌鲁木齐
		2014	贵阳、银川、乌鲁木齐、西宁、拉萨
		2015	银川、西宁、乌鲁木齐、拉萨
		2016	银川、西宁、乌鲁木齐、拉萨

由表4－26可以看到，领先水平城市从2002年只有北京1个发展到2016年的10个，中级水平城市也由上海、广州2个发展为18个，初级水平城市8个，处于起步阶段的城市由2002年的27个缩减为4个。各年份处于不同层级的城市数量与位次不断发生变化，15年间，40个代表性城市休闲农业取得了长足发展，随着经济社会加速发展，城乡居民消费升级，基础设施建设不断完善，各城市以促进农民就业增收、建立美丽宜居乡村为目标，进一步推进产业升级，优化发展

政策，休闲农业发展加快，布局进一步优化，质量不断提升，领域向多元化拓展，为农林牧渔等多行业带来了新的增长点。以下主要结合 2016 年各城市休闲农业产业化开发基础等级划分情况进行分析：

1. 领先水平城市休闲农业产业化开发基础评估

北京、上海、广州、天津、杭州、青岛、南京、重庆、深圳、苏州等城市的系统综合评分值高于 1.00，处于领先水平，休闲农业产业化开发基础雄厚，已初步具备产业集群发展的条件。北京、广州、南京的经济系统评分值相对较高，休闲农业产业发展的经济保障能力较强，2016 年，北京人均生产总值达 114590 元，三次产业结构比例为 0.5∶19.2∶80.3，人均固定资产投资额达 38942 元，社会经济整体发展水平较高，农业、农村经济投入力度与产出能力较强，第三产业对城市经济的拉动作用明显；广州人均生产总值达 145254 元，人均第三产业产值 96533 元，第三产业区位商为 1.21，三次产业结构比例为 1.22∶30.22∶68.56，产业投入产出水平较高，第二、第三产业对城市经济贡献度大；南京人均生产总值 127048 元，三次产业结构比例为 2.4∶39.2∶58.4。上海、北京的社会系统评分值高于 1.55，2016 年，上海、北京城镇居民人均可支配收入分别达 36230 元、34438 元，城镇居民人均消费性支出分别达 39857 元、38256 元，城镇家庭恩格尔系数分别达 25.1、21.1，农村家庭恩格尔系数分别达 33.6、26.9，城镇与农村居民社会消费能力与生活质量对休闲农业产业发展的支撑能力明显。北京、上海两城市的产业系统评分值较高，2016 年，北京、上海国家级休闲农业示范点数分别达 21 处和 19 处、休闲农业资源价值均处于优级水平，资源价值评分值分别为 3.91、3.89，休闲农业资源的审美价值、体验价值、文化价值、集群价值、科学价值较高；2016 年，两城市分别实现国内旅游收入 4683 亿元、3443.9 亿元，实现旅游外汇收入 50.7 亿元、65.3 亿元，实现旅游客源接待量 2.85 亿人、3.03 亿人，其中入境旅游人数分别达 416.5 万人次、659.83 万人次，旅游产业的经济贡献率较高；两城市高效设施农业面积占比、农业综合机械化水平及农业科技贡献率均处于较高水平，现代农业发展水平较高，对农业产业结构调整与休闲农业产业发展具有较强的支撑力。北京、上海、深圳、广州的支撑系统评分值较高，2016 年，四城市客运周转量分别达 1888.4 亿人千米、1903.39 亿人千米、2853.55 亿人千米、1026.99 亿人千米，私人汽车拥有量分别达 452.8 万辆、242.7 万辆、184.9 万辆、282.89 万辆，邮电业务总量分别达 1782.4 亿元、564.25 亿元、647.42 亿元、1715.02 亿元，交通、通信等基础设施相对完善；

2016 年，四城市建成区绿化覆盖率分别达 48.4%、38.8%、41.8%、45.1%，空气质量优良率分别为 78.9、77.5%、84.9%、97%，城镇污水处理率分别为 90%、93%、90%、96.7%，生活垃圾无害化处理率分别为 99.8%、100%、96.1%、100%，生态环境质量较好，环境治理能力较强（见图 4－5）。

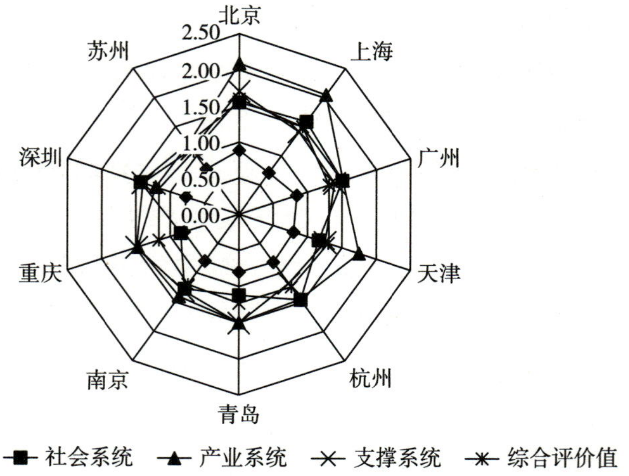

图 4－5　2016 年领先水平城市休闲农业产业化开发基础各子系统及综合评价值

2. 中级水平城市休闲农业产业化开发基础评估

无锡、成都、宁波、大连、武汉、厦门、西安、长沙、福州、珠海、济南、沈阳、哈尔滨、昆明、海口、合肥、南昌、长春等城市休闲农业产业化开发基础处于中级水平，系统综合评价值高于 0.80，产业发展形成一定的规模，产业集聚发展趋势明显。长沙、大连经济系统评分值较高，2016 年，两城市人均生产总值分别达 125457 元、117850 元，三次产业结构比分别为 3.6∶27.8∶68.6、6.7∶40.9∶52.4，第三产业区位商分别为 0.83、0.85，社会经济发展水平及第三产业地位对休闲农业开发支撑度较高。珠海、无锡社会系统评分值高于 1.15，2016 年，两城市城镇居民人均可支配收入分别达 42537 元、48628 元，城镇居民人均消费性支出分别达 32151 元、31438 元，城镇家庭恩格尔系数分别为 31.3、28.0，农村家庭恩格尔系数分别为 35.9、29.8，城镇居民消费能力较强，城乡居民生活消费结构得到进一步调整，休闲农业产业发展的消费支撑能力和需求拉动效应明显。成都、武汉产业系统评分值较高，2016 年，两城市国家级休闲农业示范点各两处，休闲农业资源价值处于良级水平，资源价值总评分分别为 3.45 分、3.46 分，休闲农业资源的审美价值、体验价值、文化价值、科学价值评分较高；2016 年，两城市国内旅游收入分别达 2502 亿元、2398 亿元，旅游外汇收入分别达 7.6 亿元、15.1 亿元，旅游客源接待量分别达 2.01 亿人、2.33 亿人，旅游经济发展水平及客源基础对休闲农业产业发展形成有效支撑。厦门、大连、成都三城市支撑系统评分值较高，2016 年，三城市私人汽车拥有量分别为 261.5 万辆、142.4 万辆、371.2 万辆，路网密集度分别为 3.11、3.30、2.83，人均邮电业务总量分别达 6532.4 元、3903.4 元、4456 元，基础设施与服务设施相对完善，旅游目的地交通通达性较高；三城市建成区绿化覆盖率分别达 42.93%、45.3%、39%，空气质量优良率分别为 98.6%、82.9%、62.9%，城镇污水处理率分别达 93.9%、90.2%、92%，生活垃圾无害化处理率均达 100%，其休闲农业产业发展的生态环境基础良好（见图 4－6）。

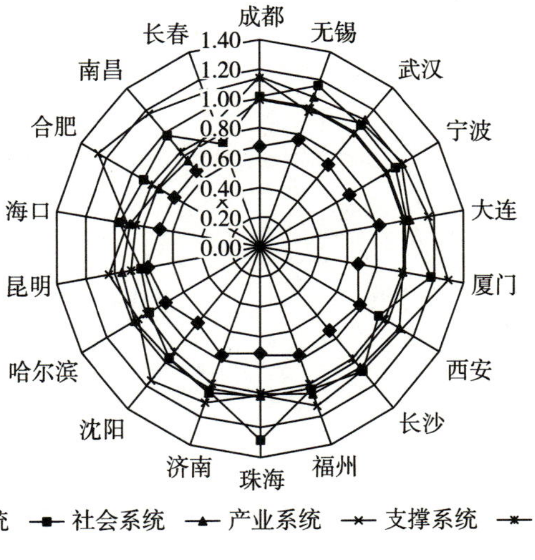

图 4－6　2016 年中级水平城市休闲农业产业化开发基础各子系统及综合评价值

3. 初级水平城市休闲农业产业化开发基础评估

呼和浩特、石家庄、郑州、太原、南宁、兰州、桂林、贵阳等城市休闲农业产业化开发基础处于初级水平，系统评分值高于 0.60，产业发展形成一定的开发基础，具有产业化开发潜力。呼和浩特市经济系统评分值较高，2016 年人均生产总值达 103726 元，第三产业区位商为 1.18，第三产业的经济贡献率较高。呼和浩特、郑州两城市社会系统评分值高于0.90，2016年，两城市城镇化率分别达75.99%、71%，城镇居民人均可支配收入分别为43294元、33214元，城镇人均消费性支出分别为31826元、23210元，城镇家庭恩格尔系数分别为25.0、28.5，农村家庭恩格尔系数分别为31.0、22.5，社会消费能力与消费结构得到有效提升，对休闲农业产业发展形成显著拉动效应。石家庄产业系统评分值较高，2016年实现国内旅游收入750.3亿元，旅游外汇收入0.7亿元，旅游客源接待量达7628.4万人，旅游经济的蓬勃发展为休闲农业项目开发提供了充足的客源基础；城市休闲农业资源价值综合评分值分别为3.15，资源价值处于良级水平，休闲农业资源的审美价值、体验价值、文化价值评分较高，休闲农业产业发展具有一定基础优势。南宁、石家庄两城市支撑系统评分值高于1.10，2016年，两城市私人汽车拥有量分别达102.8万辆、296.9万辆，人均邮电业务总量分别为3420.2元、2464.5元，交通、通信等基础设施建设水平相对较高；建成区绿化覆盖率、城镇污水处理率、生活垃圾无害化处理率、空气质量优良率等项指标优势明显（见图4-7）。

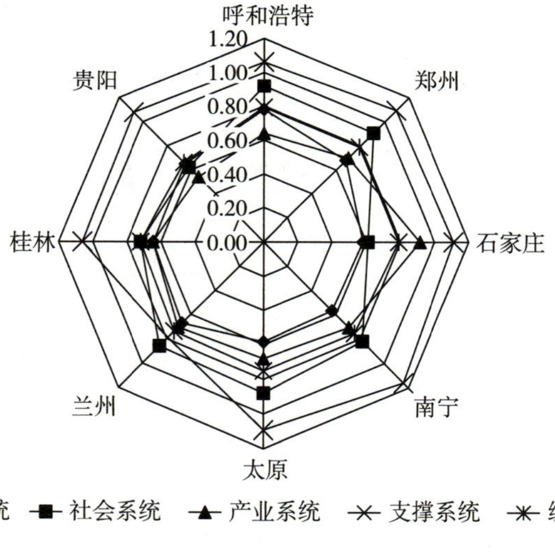

图4-7　2016年初级水平城市休闲农业产业化开发基础各子系统及综合评价值

4. 起步阶段城市休闲农业产业化开发基础评估

银川、西宁、乌鲁木齐、拉萨等城市休闲农业产业化开发基础处于起步阶段，综合评价值低于0.60，休闲农业产业发展基础相对薄弱。这些城市社会经济发展水平不高，人均固定资产投资水平较低，城镇与农村居民的消费能力与消费层级偏低。其中，西宁的综合评价值低于0.55，旅游收入水平与旅游客源接待量较低，对城市经济的促进作用不明显，农业科技贡献率与现代化发展能力不足，尚未形成对农业产业结构调整的有效支撑；休闲农业资源价值评分处于中低级水平，银川、西宁、拉萨的休闲农业资源价值综合评价值分别为 1.73、1.58、1.46，远低于区域平均水平，休闲农业资源的体验价值、集群价值、文化价值不高，资源优势转化为经济优势的能力较弱；城市基础设施建设投资与环境保护投资力度不够，产业政策环境支撑力度不足，对休闲农业产业发展的重视程度尚浅（见图4－8）。

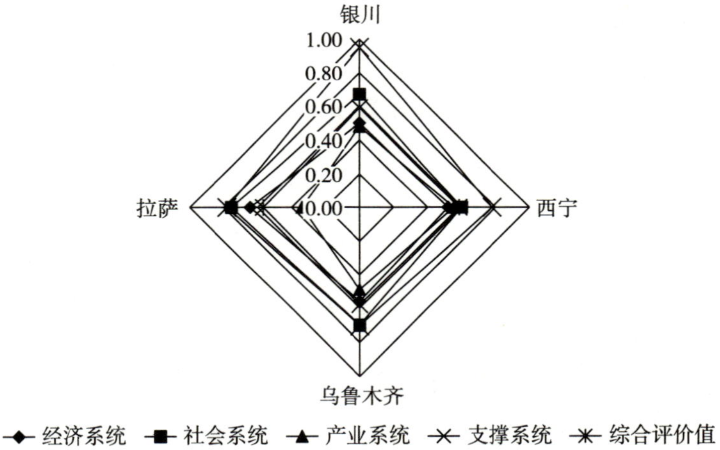

图4－8 2016年起步阶段城市休闲农业产业开发基础各子系统及综合评价值

二、休闲农业产业化开发基础的时间演变分析

休闲农业产业化开发系统是一个复合系统，产业化开发基础受社会经济环境、产业资源条件、产业组织方式、相关产业发展、基础设施建设、政策环境等方面影响，各城市伴随着人口增加、经济增长、消费升级、科技进步、资源开发，休闲农业产业化开发基础各子系统内部诸要素间形成了相互依存、相互促进的发展关系，对休闲农业产业化开发基础各子系统发展状态与演化趋势的评述，能够客观全面地反映各区域及城市产业化开发特征与优势，从而为不同层级的城市休闲农业产业化运行机理的研究与开发模式的选择奠定基础。

1. 40 个城市休闲农业产业化开发基础时间演变总体特征

在 2002 年至 2016 年的 15 年间，我国休闲农业产业发展 40 个代表性城市产业化开发基础综合评价值由 0. 50 上升为 0. 95，平均每年上升 12. 67 个百分点，系统等级由起步阶段提升为中级水平，实现了较快发展。休闲农业产业化开发基础经济子系统评价值由 0. 30 上升为 0. 71，平均每年上升 15. 8 个百分点，经济实力有明显提高，但对休闲农业产业的支撑力尚显不足；社会子系统评价值由 0. 28 上升为 1. 01，平均每年上升 24. 1 个百分点，社会消费能力不断提高，城镇与农村居民生活质量明显改善，消费结构得到优化调整；产业子系统评价值由 0. 65 上升为 1. 02，平均每年上升 10. 5 个百分点，其发展势头良好，现代农业与旅游经济的快速发展对休闲农业产业化开发形成有效支撑；支撑子系统评价值由 0. 80 上升为 1. 13，平均每年上升 9. 42 个百分点，其发展速度较快，产业发展的基础设施、服务设施、生态环境、政策环境逐步完善，休闲农业产业化的保障能力得到有效提升（见图 4 -9）。

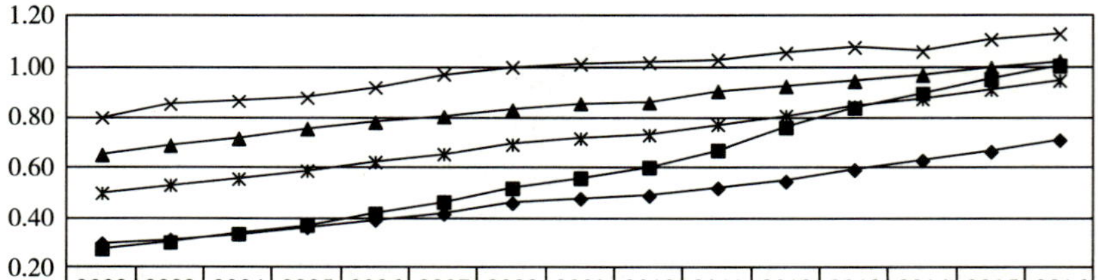

	2002	2003	2004	2005	2006	2007	2008	2009	2010	2011	2012	2013	2014	2015	2016（年份）
◆ 经济系统	0.30	0.31	0.34	0.36	0.39	0.42	0.46	0.48	0.49	0.52	0.55	0.59	0.63	0.66	0.71
■ 社会系统	0.28	0.30	0.34	0.37	0.42	0.47	0.52	0.56	0.60	0.67	0.76	0.84	0.90	0.95	1.01
▲ 产业系统	0.65	0.69	0.72	0.75	0.78	0.80	0.83	0.86	0.86	0.91	0.93	0.95	0.97	1.00	1.02
× 支撑系统	0.80	0.85	0.87	0.88	0.92	0.97	1.00	1.01	1.02	1.03	1.06	1.08	1.06	1.11	1.13
✳ 综合评价值	0.50	0.53	0.56	0.59	0.62	0.65	0.69	0.72	0.73	0.77	0.81	0.85	0.87	0.91	0.95

图 4 -9　2002 ~2016 年 40 个城市休闲农业产业化开发基础系统各子系统及综合评价值

（1）东部城市休闲农业产业化开发基础时间演变特征。从东部 17 个城市休闲农业产业化开发基础的平均水平来看，2002 ~2016 年，东部城市开发基础综合评价值由 0. 64 上升为 1. 13，产业化开发基础处于领先水平，其中，经济子系统评价值由 0. 33 上升为 0. 76，增长相对缓慢，经济发展对休闲农业产业的支撑力度尚显不足；社会子系统评价值由 0. 42 上升为 1. 21，东部城市社会消费能力与社会生活质量均处于较高水平；产业子系统评价值由 0. 86 上升为 1. 31，年均增长10.2个百分点，东部城市休闲农业相关产业发展迅速，随着休闲农业资源开发能力的不断增强，休闲农业产业组织化程度不断完善，区域产业集群优势显著；支撑子系统评价值由0.96上升为1.23，东部城市休闲农业产业发展的生态环境、政策环境、基础设施条件不断完善（见图4-10）。

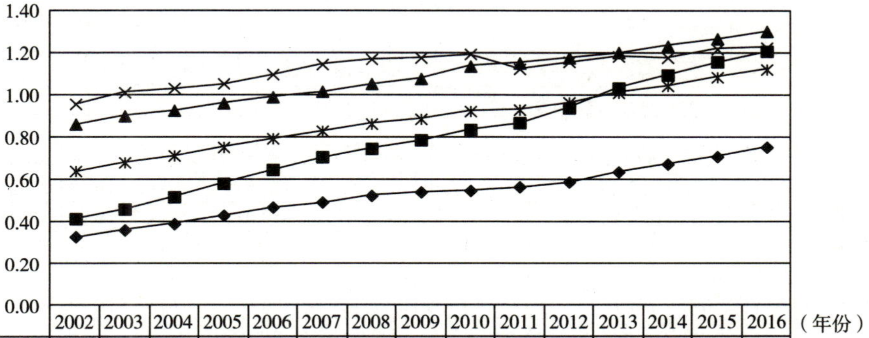

	2002	2003	2004	2005	2006	2007	2008	2009	2010	2011	2012	2013	2014	2015	2016
—◆— 经济系统	0.33	0.36	0.39	0.43	0.47	0.49	0.53	0.54	0.55	0.57	0.59	0.64	0.68	0.71	0.76
—■— 社会系统	0.42	0.46	0.52	0.58	0.65	0.71	0.75	0.79	0.84	0.87	0.94	1.04	1.10	1.16	1.21
—▲— 产业系统	0.86	0.90	0.93	0.96	0.99	1.02	1.06	1.08	1.14	1.16	1.18	1.21	1.24	1.27	1.31
—×— 支撑系统	0.96	1.02	1.04	1.06	1.10	1.15	1.17	1.18	1.20	1.13	1.16	1.19	1.18	1.22	1.23
—✳— 综合评价值	0.64	0.68	0.72	0.76	0.80	0.83	0.87	0.89	0.93	0.93	0.97	1.01	1.05	1.09	1.13

图4-10　2002~2016年东部17个城市休闲农业产业开发基础各子系统及综合评价值

（2）中部城市休闲农业产业化开发基础时间演变特征。从中部6个城市休闲农业产业化开发基础的平均水平来看，2002~2016年，开发基础综合评价值由0.45上升为0.86，年均增长12.7个百分点，开发等级由起步阶段提升为中级水平，经济系统、社会系统、产业系统、支撑系统评价值年均增长百分点分别为15.6个、31.3个、10.12个、9.46个，其中，社会系统评价值增长速度较快，表明中部城市社会生活水平已得到明显改善。经济系统、产业系统等级由起步阶段提升为初级水平，社会系统等级也已提升为中级水平，而支撑系统等级为领先水平（见图4-11）。

（3）西部城市休闲农业产业化开发基础时间演变特征。从西部13个城市休闲农业产业化开发基础的平均水平来看，2002~2016，开发基础综合评价值由0.37上升为0.77，年均增长13.9个百分点，开发等级由起步阶段发展为初级水平。2016年，经济系统、社会系统、产业系统、支撑系统评分值分别达到0.66、0.79、0.75、1.01，与2002年相比，年均增长百分点分别为16.3个、36.7个、

10.9 个、10.8 个。随着西部地区经济社会的进步，产业结构实现深化调整，农业现代化水平不断提升，科技贡献率显著增强，基础设施建设日渐完善，休闲农业产业政策环境良好（见图 4－12）。

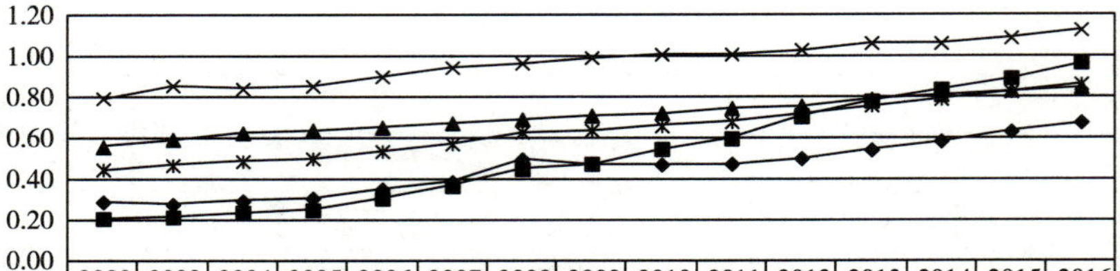

	2002	2003	2004	2005	2006	2007	2008	2009	2010	2011	2012	2013	2014	2015	2016（年份）
◆ 经济系统	0.29	0.28	0.29	0.31	0.35	0.39	0.50	0.47	0.47	0.47	0.50	0.54	0.58	0.63	0.68
■ 社会系统	0.21	0.21	0.24	0.25	0.31	0.37	0.45	0.47	0.55	0.60	0.71	0.78	0.84	0.89	0.97
▲ 产业系统	0.56	0.59	0.63	0.64	0.65	0.67	0.69	0.71	0.72	0.75	0.76	0.79	0.81	0.83	0.85
× 支撑系统	0.80	0.86	0.84	0.86	0.90	0.95	0.97	1.00	1.01	1.01	1.03	1.07	1.07	1.09	1.13
✳ 综合评价值	0.45	0.47	0.49	0.50	0.54	0.57	0.63	0.64	0.66	0.68	0.71	0.76	0.79	0.83	0.86

图 4－11　2002～2016 年中部 6 个城市休闲农业产业开发基础各子系统及综合评价值

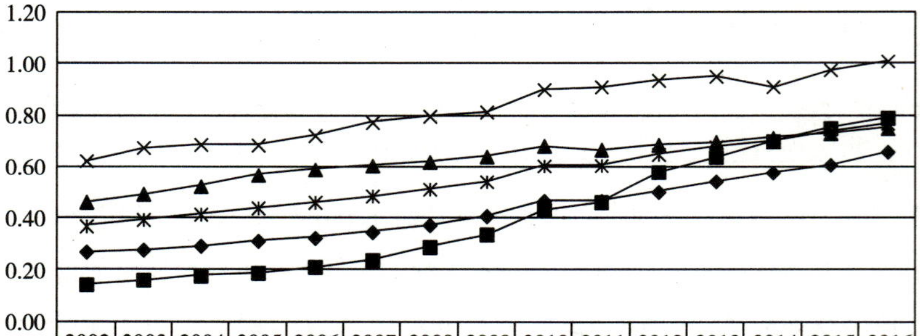

	2002	2003	2004	2005	2006	2007	2008	2009	2010	2011	2012	2013	2014	2015	2016（年份）
◆ 经济系统	0.27	0.28	0.29	0.31	0.32	0.35	0.37	0.41	0.47	0.47	0.50	0.54	0.58	0.61	0.66
■ 社会系统	0.14	0.16	0.18	0.19	0.21	0.24	0.29	0.34	0.43	0.46	0.58	0.64	0.70	0.75	0.79
▲ 产业系统	0.46	0.49	0.52	0.57	0.59	0.60	0.62	0.64	0.68	0.67	0.69	0.70	0.71	0.73	0.75
× 支撑系统	0.62	0.68	0.69	0.69	0.72	0.77	0.80	0.81	0.90	0.91	0.94	0.95	0.91	0.98	1.01
✳ 综合评价值	0.37	0.39	0.41	0.44	0.46	0.48	0.51	0.54	0.60	0.61	0.65	0.68	0.70	0.74	0.77

图 4－12　2002～2016 年西部 13 个城市休闲农业产业开发基础各子系统及综合评价值

（4）东北部城市休闲农业产业化开发基础时间演变特征。从东北部 4 个城市休闲农业产业化开发基础的平均水平来看，2002～2016 年，开发基础综合评价值由 0.40 上升为 0.90，年均增长 15 个百分点，开发等级由起步阶段提升为中级水平。随着东北部4个城市社会经济的发展，产业结构调整幅度加大，社会消费结构进一步优化，经济子系统评分值由0.27上升为0.72，社会子系统评分值由0.21上升为0.89。近年来，东北部4个城市不断加强休闲农业资源开发力度，加快优势资源转换步伐，休闲农业产业发展取得了显著成效，农业与旅游业等相关产业竞争力持续提高，产业子系统评分值由0.50上升为0.97，系统等级提升为中级水平。同时，东北部4个城市人们生活质量显著改善，城市人口素质明显提高，基础设施建设进一步增强，政策法规不断完善，支撑系统评分值由0.69上升为1.09，系统等级由初级水平提升为领先水平（见图4－13）。

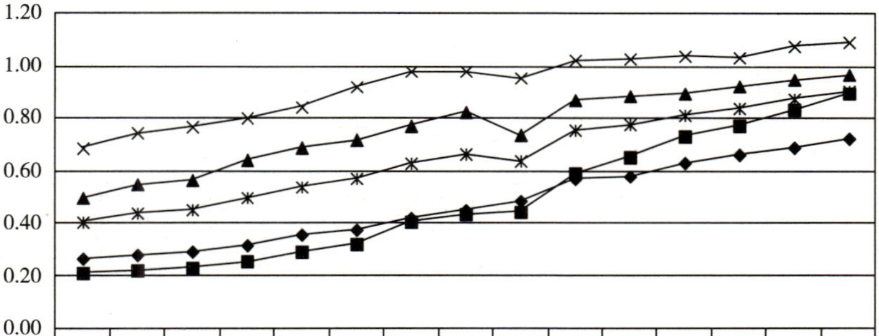

	2002	2003	2004	2005	2006	2007	2008	2009	2010	2011	2012	2013	2014	2015	2016（年份）
—◆— 经济系统	0.27	0.28	0.29	0.32	0.36	0.37	0.42	0.45	0.49	0.57	0.58	0.63	0.66	0.69	0.72
—■— 社会系统	0.21	0.22	0.23	0.26	0.29	0.32	0.41	0.43	0.44	0.59	0.65	0.73	0.77	0.83	0.89
—▲— 产业系统	0.50	0.55	0.57	0.64	0.69	0.72	0.77	0.82	0.74	0.87	0.88	0.89	0.92	0.95	0.97
—×— 支撑系统	0.69	0.74	0.77	0.80	0.84	0.92	0.98	0.98	0.95	1.03	1.03	1.04	1.04	1.08	1.09
—✳— 综合评价值	0.40	0.44	0.45	0.50	0.54	0.57	0.63	0.67	0.64	0.75	0.78	0.81	0.84	0.87	0.90

图4－13　2002～2016年东北部4个城市休闲农业产业开发基础各子系统及综合评价值

2. 休闲农业产业化开发基础各子系统发展状态变化趋势

（1）经济系统发展状态变化趋势。从我国休闲农业产业发展40个代表性城市平均水平来看，15年间，人均国内生产总值不断增长，消费对经济增长的贡献率不断提升，人均第一产业固定资产投资能力逐年攀升，人均第三产业产值能力不断增强，产业结构调整步伐加快。由图4－14可以看出，经济社会进步评价值得分较低，由40个城市各项指标的平均水平来看，2002～2016年，人均固定资产投资由8283.21元上升为62222元，人均第一产业固定资产投资由183.9元上升为1108.7元，人均生产总值由20646元攀升至92655.8元，人均第三产业产值由 8910.48 元提升为 50511.5 元，人均农业总产值由 1696.54 元提升为 3755.8 元，经济投入产出水平显著提高，2002～2016 年，随着地区产业结构的不断调整，第二、第三产业比重不断提升，三次产业结构由 8.2∶45.5∶46.6 调整为 4.1∶39.8∶56.1，第三产业增长速度明显高于第二产业增长速度，农业经济贡献率呈现下降趋势，农业经济发展相对缓慢，但农业产业在地区经济发展中仍发挥重要作用，产业竞争力持续提高。

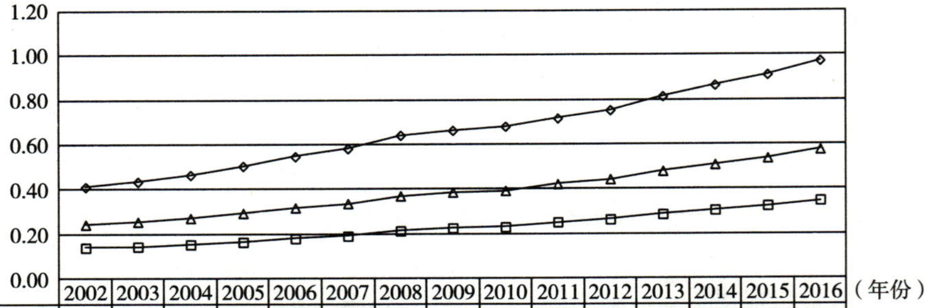

	2002	2003	2004	2005	2006	2007	2008	2009	2010	2011	2012	2013	2014	2015	2016
—◇— 经济社会进步	0.41	0.44	0.47	0.50	0.55	0.58	0.64	0.66	0.68	0.72	0.75	0.81	0.86	0.91	0.97
—□— 农业经济增长	0.14	0.14	0.15	0.17	0.18	0.19	0.21	0.23	0.23	0.25	0.26	0.29	0.31	0.33	0.35
—△— 产业结构优化	0.24	0.26	0.27	0.29	0.32	0.34	0.37	0.39	0.39	0.42	0.44	0.48	0.51	0.54	0.58

图 4－14　2002～2016 年 40 个城市经济子系统各状态层评价值

（2）社会系统发展状态变化趋势。40 个城市大多为省会或副省级城市，社会发展基础良好，城镇人口比例大，城市人口素质高，随着城市经济的持续增长，城镇与农村居民生活质量逐步改善，社会子系统各状态层评价值上升趋势明显。如图 4－15 所示，2002～2016 年，40 个城市社会消费能力评价值由 0.26 上升为 0.95，社会消费结构评价值由 0.35 提升为 1.35，社会人口消费能力显著增强，城镇居民人均可支配收入由 9407.9 元上升至 38908.4 元，人均消费总额由 7488.36 元增长至 26751.6 元，农村居民人均纯收入由 4209.7 元上升至 17776.8 元，人均生活消费支出由 3269.4 元增长至 13004.3 元，社会人口生活质量实现了较大幅度增长，城镇恩格尔系数从 40.2 下降至 31.1，农村恩格尔系数由 44.5 降至 33.7。

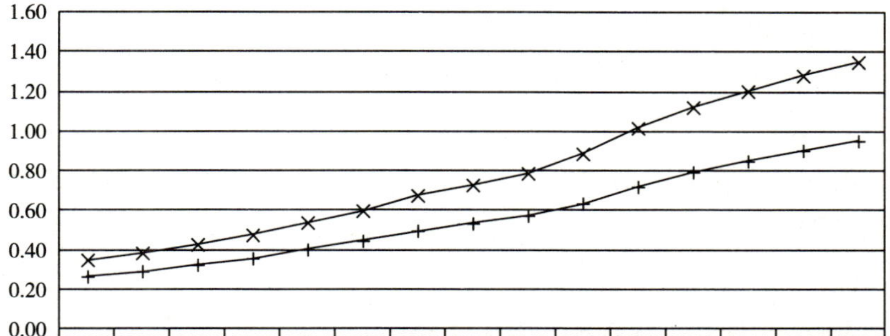

	2002	2003	2004	2005	2006	2007	2008	2009	2010	2011	2012	2013	2014	2015	2016（年份）
—+—社会消费能力	0.26	0.29	0.32	0.36	0.40	0.45	0.50	0.53	0.57	0.64	0.72	0.79	0.85	0.90	0.95
—×—社会消费结构	0.35	0.38	0.43	0.48	0.54	0.60	0.68	0.73	0.79	0.89	1.02	1.12	1.20	1.28	1.35

图 4－15　2002～2016 年 40 个城市社会子系统各状态层评价值

（3）产业系统发展状态变化趋势。40 个城市休闲农业产业的资源规模大、资源价值高，相关联产业发展实力较强。2002～2016 年，旅游经济增长评价值由 0. 82 上升为 1. 29，年均增长 10. 5 个百分点，40 个城市平均国内旅游收入由 163. 59 亿元增长至 1308. 7 亿元，平均旅游外汇收入由 4 亿元增长至 13 亿元，平均旅游客源接待量由 1831 万人上升为 10002 万人，旅游产业对地区经济发展的拉动作用显著提高。从 40 个城市平均水平来看，现代农业发展与产业集群能力发展缓慢，高效设施农业占比与农业机械化率的提升对农业产业结构调整的推动作用不明显，休闲农业资源优势转化能力不足（见图 4－16）。

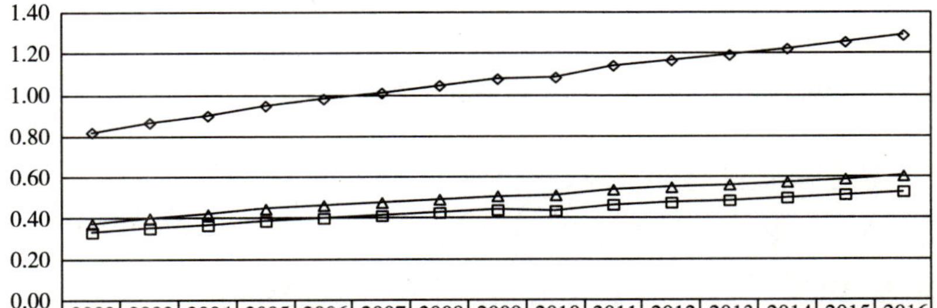

	2002	2003	2004	2005	2006	2007	2008	2009	2010	2011	2012	2013	2014	2015	2016（年份）
—◇—旅游经济增长	0.82	0.87	0.90	0.95	0.98	1.01	1.05	1.08	1.09	1.14	1.17	1.19	1.22	1.26	1.29
—□—产业集群水平	0.33	0.35	0.37	0.39	0.40	0.41	0.43	0.44	0.44	0.47	0.48	0.49	0.50	0.51	0.53
—△—现代农业发展	0.38	0.40	0.42	0.45	0.46	0.48	0.49	0.51	0.51	0.54	0.55	0.56	0.58	0.59	0.61

图 4－16　2002～2016 年 40 个城市产业子系统各状态层评价值

（4）支撑系统发展状态变化趋势。由 40 个城市支撑系统各状态层发展趋势来看，产业服务环境得到大幅改善，环境治理能力有效提升，产业政策环境不断优化，基础设施建设能力逐步增强。2002 ~ 2016 年，产业服务环境评价值由 1.17 上升为 1.65，40 个城市平均私人汽车拥有量由 32.55 万辆增长至 166.9 万辆，客运周转量由 171.82 亿人千米增长至 499.3 亿人千米；环境保护水平评价值由 0.69 上升为 0.98，年均增长 9.5 个百分点，城镇污水处理率、生活垃圾无害化处理率、空气质量优良率、建成区绿化覆盖率等项指标均得到明显改善；产业政策环境评价值由 0.37 提升为 0.53，农业财政支出占比逐年提高，各城市出台的休闲农业相关政策明显增加（见图 4 – 17）。

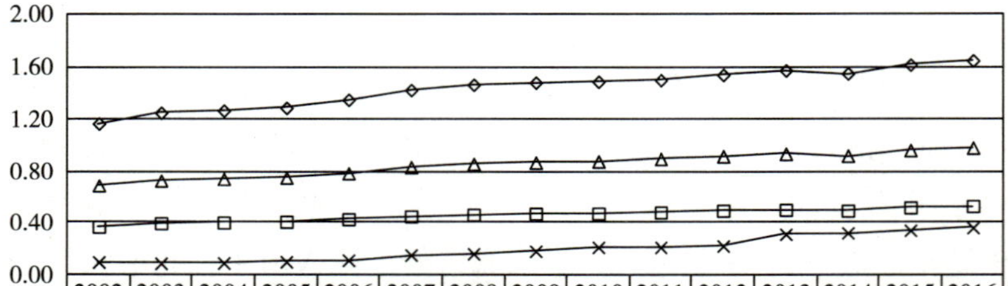

	2002	2003	2004	2005	2006	2007	2008	2009	2010	2011	2012	2013	2014	2015	2016（年份）
产业服务环境	1.17	1.25	1.27	1.29	1.35	1.43	1.47	1.48	1.49	1.50	1.54	1.57	1.55	1.62	1.65
产业政策环境	0.37	0.39	0.40	0.41	0.43	0.45	0.46	0.47	0.47	0.48	0.49	0.50	0.49	0.52	0.53
环境保护水平	0.69	0.73	0.74	0.75	0.79	0.84	0.86	0.87	0.88	0.90	0.92	0.94	0.92	0.96	0.98
基础设施建设	0.09	0.09	0.09	0.10	0.11	0.15	0.16	0.18	0.21	0.21	0.22	0.31	0.32	0.34	0.36

图 4 – 17　2002 ~ 2016 年 40 个城市支撑子系统各状态层评价值

三、休闲农业产业化开发基础的空间分异分析

1. 我国四大区域休闲农业产业化开发基础的总体特征

根据我国区域分布特点，东部地区包括北京、天津、河北、上海、江苏、浙江、福建、山东、广东、海南等省市；中部地区包括山西、安徽、江西、河南、湖北、湖南六省；西部地区包括内蒙古、广西、重庆、四川、贵州、云南、西藏、陕西、甘肃、青海、宁夏、新疆等省市区；东北地区包括辽宁、吉林、黑龙江三省。

（1）社会经济发展特征。近年来，各区域第一产业产值总体上呈现增长趋势，但在国内生产总值中的占比呈现出持续下降特点，2016 年，东、中、西、东北部地区第一产业增加值分别增长至 21929.72 亿元、16780.94 亿元、18612.84 亿元、6342.04 亿元，占 GDP 比重分别达到 6.59%、9.98%、11.65%、12.4%（见图 4－18）。随着我国区域产业结构优化升级，农业经济地位持续下降，农业产业结构的调整不断深化，农业功能逐步趋于多元化，各区域农业发展逐步从农副产品单一生产型向生产、生态、生活相结合的多功能型现代农业转变。在城市化规模扩大以及城市环境压力和人口压力增大的背景下，农业的生态和生活功能逐渐显现，能够缓解城市压力的休闲观光型农业成为农业发展的新趋势。休闲农业作为农业现代化的发展形态，在提高农业资源的使用效率、最大限度发挥农业资源经济优势、提高传统农业生产效率、促进区域产业价值链由低端向高端升级等方面发挥着越来越重要的作用。

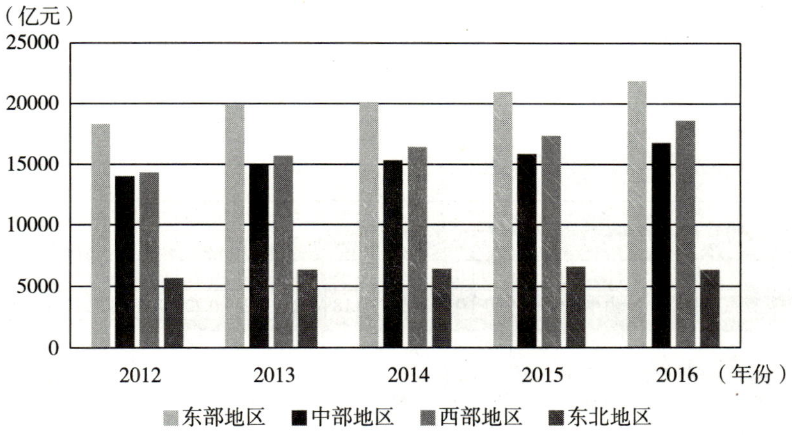

图 4－18　各区域 2012～2016 年第一产业增加值变化趋势

近年来，各区域城镇和农村居民人均可支配收入呈现逐年上升趋势，东部及东北部地区农村居民人均可支配收入均高于全国平均水平，而中、西部地区明显落后于全国平均水平，如图 4－19、图 4－20 所示。随着城镇化的快速推进，农业发展空间不断压缩，农村人、财、物资源向城市流动，导致我国城乡居民收入差距拉大，尤其中西部地区差距明显。东部、东北部地区居民生活水平均高于中、西部地区，较强的经济实力成为休闲农业持续发展的主要拉动力，促使城镇居民对农业多功能性需求增加，休闲农业市场潜力巨大。

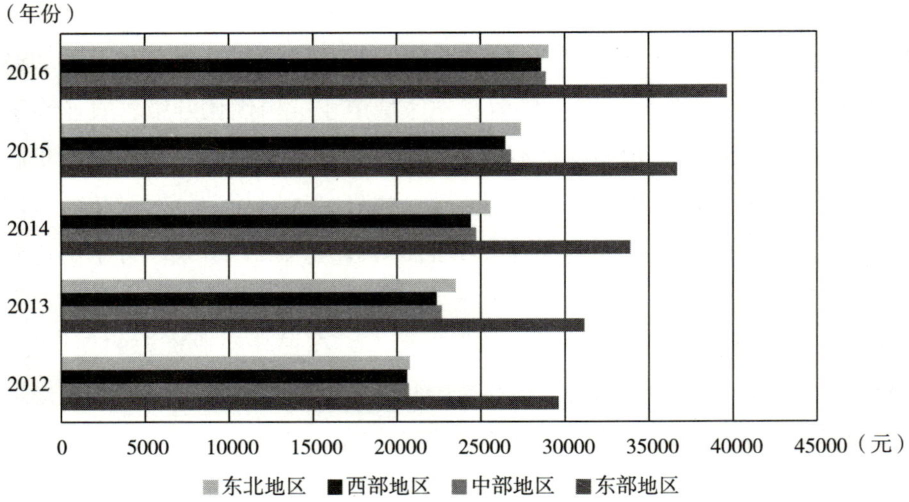

图4-19　2012~2016年各区域城镇居民人均可支配收入

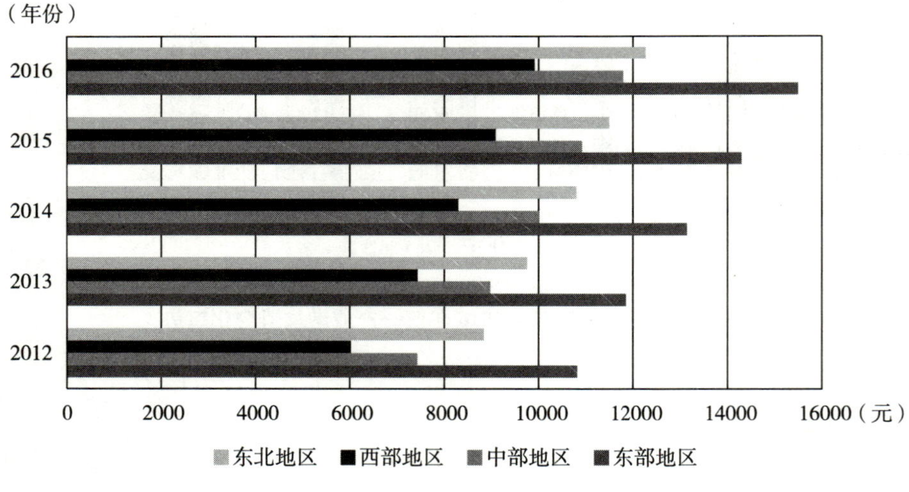

图4-20　2012~2016年各区域农村居民人均可支配收入

（2）关联产业发展特征。目前，我国四大区域农业结构调整初见成效，农业产业化经营规模不断扩大，农业基础设施逐步完善，农业机械化水平不断提高，农业水利设施条件得到改善，耕地有效灌溉率呈现上升趋势。根据2016年中国农村和农业生产基本情况统计，全国乡村人口总计58793万人，占总人口比重42.5%，乡村就业人员36175万人。东、中、西、东北地区乡村人口占全国比重分别为30.59%、29.4%、31.6%、7.09%；全国农用地数量645126.6千公顷，东、中、西、东北地区农用地数量占全国比重分别为10.94%、12.74%、65.77%、10.55%（见表4－27）。中、西部地区农业机械总动力及化肥使用量均高于东部、东北地区，中、西部地区农作物总播种面积及粮食作物播种面积较大，中部、东北地区农作物节水灌溉面积占比相对较低。

表4－27　2016年各区域农村和农业生产基本情况

地区	农用地数量（千公顷）	农业机械总动力（万千瓦）	化肥使用量（万吨）	机耕面积（千公顷）	节水灌溉面积（千公顷）	农作物总播种面积（千公顷）	粮食作物播种面积（千公顷）
东部地区	70605.3	29155.9	1661	25195.1	11442.5	38547.8	24841.1
中部地区	82181.3	35817	1875.5	35817	4950.3	49284.2	27784.2
西部地区	424291.3	36630.8	1813.3	36630.8	12906.2	56650.4	27347.7
东北地区	68048.5	23374.4	634.5	23374.4	3548.1	22166.9	21220.5
全国总计	645126.6	121017.7	5984.1	121017.7	32847	166649.5	113034.5

资料来源：《中国农村统计年鉴》（2017）。

2016年，国内旅游市场继续保持12%以上的高速增长，全国接待入境旅游者人数13844.38万人次，东、中、西、东北区域占比分别为62.03%、11.84%、21.18%、4.96%；国际旅游外汇收入1200亿美元，各区域占比分别为68.89%、9.39%、17.58%、4.14%；国内旅游人数44.4亿人次，同比增长11%，客源市场近70%来自东部地区，但东部地区潜在出游力呈现逐年下降趋势，中西部地区占比则不断升高；国内旅游收入3.94万亿元，同比增长15.19%，中、西部地区旅游收入的增长率分别达20.5%和22.9%，超过东部地区的15.6%，旅游产业化速度不断提高。

从各区域旅游资源丰度来看，我国中、西部地区旅游资源类型多样，自然与人文旅游资源十分丰富。目前，我国有休闲农业示范点995处，其中东部地区386处、中部176处、西部325处、东北地区108处。东部地区AAAAA级风景区97家、国家级历史文化名城52家，占全国比重均高于其他三大区域；中部地区全国重点文物保护单位1397家，占比最高；西部地区国家级风景名胜区79家、国家级森林公园267家、国家级自然保护区210家、国家级地质公园113家，数量均高于其他三大区域，如图4－21所示。

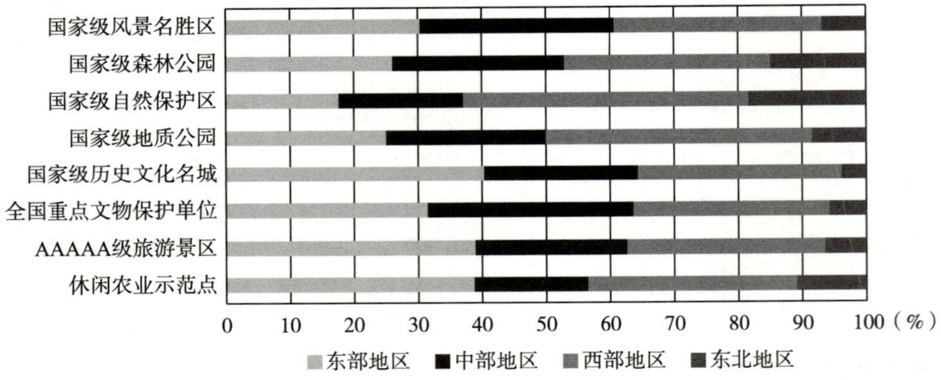

图4－21　我国各区域旅游资源丰度情况

2. 各区域城市休闲农业产业化开发基础评估

各区域城市由于社会经济基础、资源禀赋等方面的差异，其休闲农业产业化开发基础系统的发展演变呈现出明显的地域分化性。为明晰我国休闲农业产业化开发基础的发展状态与空间演变差异，这里对选取的40个城市按照区域分布进行对比分析。从各区域具有代表性的城市休闲农业发展平均水平来看，2002～2016年，各区域城市休闲农业综合评价值全部呈现上升态势，15年间，东部城市系统等级由初级水平提升为领先水平，东北部、中部城市由起步阶段提升为中级水平，西部城市由起步阶段进入初级发展水平。东、中、西、东北部城市综合评价值年均增长百分点分别达11.7个、12.9个、13.9个、14.9个，各区域休闲农业资源开发进入快速发展阶段（见图4－22）。

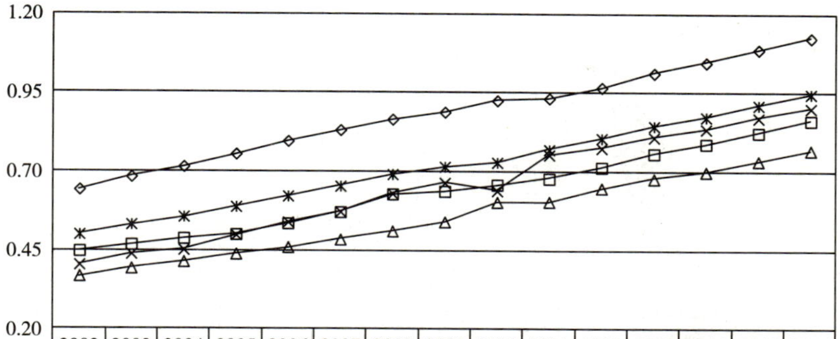

	2002	2003	2004	2005	2006	2007	2008	2009	2010	2011	2012	2013	2014	2015	2016（年份）
—◇—东部城市	0.64	0.68	0.72	0.76	0.80	0.83	0.87	0.89	0.93	0.93	0.97	1.01	1.05	1.09	1.13
—□—中部城市	0.45	0.47	0.49	0.50	0.54	0.57	0.63	0.64	0.66	0.68	0.71	0.76	0.79	0.83	0.86
—△—西部城市	0.37	0.39	0.41	0.44	0.46	0.48	0.51	0.54	0.60	0.61	0.65	0.68	0.70	0.74	0.77
—×—东北部城市	0.40	0.44	0.45	0.50	0.54	0.57	0.63	0.67	0.64	0.75	0.78	0.81	0.84	0.87	0.90
—✱—40个城市	0.50	0.53	0.56	0.59	0.62	0.65	0.69	0.72	0.73	0.77	0.81	0.85	0.87	0.91	0.95

图 4－22　2002～2016 年各区域城市休闲农业产业化开发基础综合评价值

（1）东部 17 个城市休闲农业产业化开发基础分异。经过 15 年发展，东部 17 个城市休闲农业开发等级均已走出初级水平，休闲农业产业化开发基础处于领先水平的 9 个城市均位于东部地区，其中，北京、上海开发基础综合评价值分别由 2002 年的 1.00、0.88 上升为 1.60、1.50，上海开发等级由中级水平提升为领先水平，15 年间，广州、天津等城市开发等级由中级水平提升为领先水平，4 个城市综合评价值明显高于其他城市，显现出产业规模化、集聚化发展态势；南京、青岛、深圳等城市开发等级由初级水平进入领先水平，无锡、宁波、福州、济南、珠海、海口等城市开发等级发展为中级水平；石家庄开发基础综合评价值由 0.39 提升为 0.79，开发等级尚处于初级发展阶段（见图 4－23）。

（2）中部 6 个城市休闲农业产业化开发基础分异。中部 6 个城市休闲农业开发等级分别进入初、中级水平，其中，武汉、长沙、合肥、南昌开发基础综合评价值分别由 0.61、0.51、0.36、0.45 上升为 0.99、0.97、0.85、0.84，成长为中部地区的示范城市，对区域休闲农业发展形成引领、带动作用；郑州、太原等城市产业开发基础综合评价值均有一定的幅度增长，产业开发等级进入初级阶段（见图 4－24）。

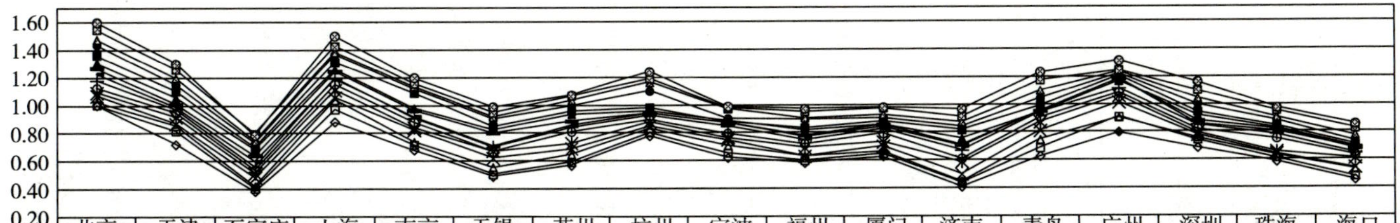

	北京	天津	石家庄	上海	南京	无锡	苏州	杭州	宁波	福州	厦门	济南	青岛	广州	深圳	珠海	海口
2002年	1.00	0.72	0.39	0.88	0.68	0.49	0.57	0.78	0.62	0.58	0.63	0.41	0.63	0.80	0.69	0.59	0.46
2003年	1.01	0.82	0.41	0.97	0.72	0.51	0.59	0.80	0.66	0.60	0.65	0.44	0.69	0.91	0.74	0.61	0.48
2004年	1.03	0.86	0.43	1.04	0.74	0.56	0.65	0.83	0.71	0.63	0.67	0.45	0.75	0.90	0.76	0.63	0.53
2005年	1.07	0.87	0.49	1.06	0.82	0.62	0.69	0.85	0.75	0.63	0.70	0.50	0.81	1.01	0.78	0.64	0.54
2006年	1.09	0.92	0.52	1.11	0.84	0.68	0.73	0.88	0.77	0.69	0.73	0.59	0.87	1.06	0.80	0.66	0.61
2007年	1.13	0.95	0.54	1.15	0.88	0.67	0.81	0.89	0.80	0.72	0.79	0.61	0.90	1.08	0.82	0.75	0.63
2008年	1.18	0.97	0.56	1.19	0.91	0.70	0.85	0.93	0.85	0.75	0.83	0.67	0.94	1.11	0.85	0.78	0.65
2009年	1.23	0.99	0.60	1.19	0.92	0.71	0.86	0.94	0.87	0.77	0.85	0.70	0.95	1.18	0.86	0.80	0.69
2010年	1.27	1.01	0.64	1.25	0.97	0.80	0.89	0.95	0.87	0.78	0.86	0.71	0.95	1.18	0.88	0.82	0.68
2011年	1.31	1.06	0.69	1.26	0.98	0.83	0.94	0.96	0.88	0.82	0.85	0.76	0.94	1.17	0.92	0.82	0.70
2012年	1.36	1.11	0.70	1.31	1.09	0.85	0.96	0.98	0.88	0.84	0.88	0.82	0.99	1.20	0.94	0.84	0.71
2013年	1.44	1.15	0.74	1.37	1.12	0.90	1.00	1.10	0.90	0.89	0.91	0.85	1.04	1.22	1.00	0.88	0.73
2014年	1.48	1.20	0.75	1.38	1.14	0.92	1.04	1.16	0.97	0.91	0.93	0.87	1.10	1.24	1.04	0.90	0.78
2015年	1.55	1.26	0.80	1.43	1.16	0.95	1.07	1.19	0.98	0.95	0.97	0.92	1.17	1.24	1.10	0.95	0.82
2016年	1.60	1.30	0.79	1.50	1.20	0.99	1.07	1.24	0.99	0.97	0.98	0.97	1.23	1.31	1.16	0.97	0.85

图 4－23　2002～2016 年东部 17 个城市休闲农业产业化开发基础综合评价值

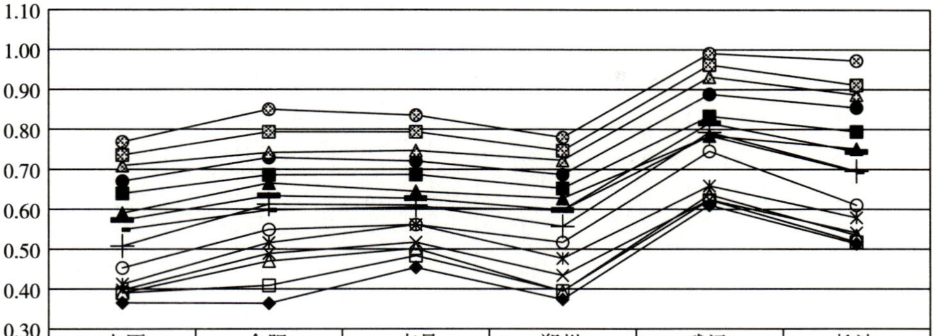

	太原	合肥	南昌	郑州	武汉	长沙
—◆—2002	0.37	0.36	0.45	0.37	0.61	0.51
—□—2003	0.39	0.41	0.48	0.40	0.62	0.52
—△—2004	0.39	0.47	0.50	0.39	0.64	0.53
—×—2005	0.40	0.49	0.52	0.43	0.62	0.54
—✳—2006	0.41	0.52	0.56	0.48	0.66	0.58
—○—2007	0.45	0.55	0.56	0.52	0.75	0.61
—+—2008	0.51	0.61	0.61	0.56	0.79	0.70
—-—2009	0.55	0.60	0.61	0.60	0.78	0.69
—▬—2010	0.57	0.63	0.63	0.60	0.82	0.74
—▲—2011	0.59	0.67	0.64	0.63	0.78	0.75
—■—2012	0.64	0.69	0.69	0.65	0.83	0.79
—●—2013	0.67	0.73	0.72	0.69	0.89	0.85
—△—2014	0.71	0.74	0.75	0.72	0.93	0.89
—⊠—2015	0.74	0.79	0.79	0.75	0.96	0.91
—⊗—2016	0.77	0.85	0.84	0.78	0.99	0.97

图 4-24 2002~2016 年中部 6 城市休闲农业产业化开发基础综合评价值

（3）西部 13 个城市休闲农业产业化开发基础分异。总体来看，西部地区城市社会经济发展相对滞后，资源开发能力欠缺，随着产业政策环境的改善、关联产业的发展与产业服务环境的完善，休闲农业产业化开发基础得到一定提升。重庆产业开发基础综合评价值由 0.65 上升为 1.16，开发等级提升为领先水平，成长为西部地区休闲农业产业发展的示范城市；成都、西安、昆明等城市产业开发基础综合评价值分别由 0.68、0.42、0.49 增长至 0.99、0.97、0.89，产业开发进入中级阶段；呼和浩特、南宁、兰州、桂林、贵阳等城市产业开发基础综合评价值提升到初级水平，银川、西宁、乌鲁木齐、拉萨等城市开发基础综合评价值均有不同程度的增长，但开发等级始终处于起步阶段，产业化开发基础亟待进一步增强（见图 4-25）。

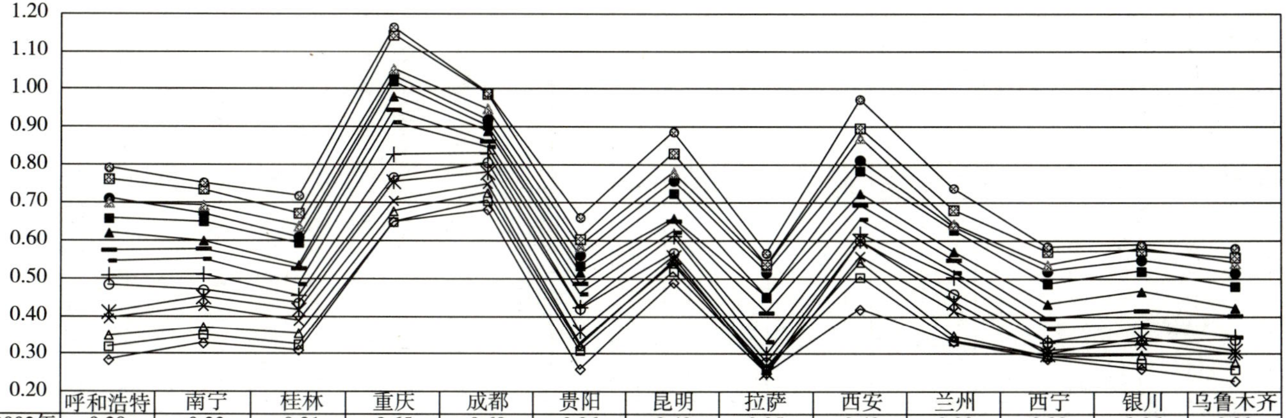

	呼和浩特	南宁	桂林	重庆	成都	贵阳	昆明	拉萨	西安	兰州	西宁	银川	乌鲁木齐
2002年	0.28	0.33	0.31	0.65	0.68	0.26	0.49	0.25	0.42	0.33	0.29	0.26	0.23
2003年	0.32	0.35	0.33	0.65	0.71	0.31	0.52	0.26	0.50	0.34	0.29	0.28	0.26
2004年	0.35	0.37	0.36	0.68	0.73	0.32	0.55	0.27	0.54	0.35	0.30	0.30	0.28
2005年	0.39	0.43	0.39	0.71	0.75	0.33	0.54	0.25	0.56	0.42	0.31	0.33	0.30
2006年	0.41	0.45	0.42	0.76	0.78	0.36	0.56	0.25	0.60	0.44	0.30	0.34	0.31
2007年	0.48	0.47	0.44	0.77	0.81	0.42	0.57	0.28	0.60	0.46	0.33	0.34	0.34
2008年	0.51	0.51	0.46	0.83	0.83	0.42	0.61	0.30	0.62	0.50	0.33	0.37	0.35
2009年	0.55	0.55	0.49	0.91	0.85	0.46	0.62	0.33	0.66	0.52	0.37	0.38	0.35
2010年	0.58	0.58	0.53	0.95	0.86	0.49	0.65	0.41	0.69	0.55	0.40	0.42	0.40
2011年	0.62	0.60	0.54	0.98	0.89	0.52	0.66	0.45	0.72	0.57	0.43	0.47	0.42
2012年	0.66	0.65	0.59	1.02	0.90	0.53	0.72	0.45	0.78	0.63	0.49	0.52	0.48
2013年	0.71	0.67	0.61	1.04	0.92	0.56	0.76	0.52	0.81	0.64	0.52	0.55	0.52
2014年	0.70	0.69	0.64	1.05	0.95	0.59	0.78	0.53	0.87	0.64	0.54	0.58	0.54
2015年	0.76	0.74	0.67	1.14	0.99	0.60	0.83	0.54	0.90	0.68	0.57	0.57	0.56
2016年	0.79	0.75	0.72	1.16	0.99	0.66	0.89	0.57	0.97	0.74	0.59	0.59	0.58

图 4－25　2002～2016 年西部 13 个城市休闲农业产业化开发基础综合评价值

（4）东北部4个城市休闲农业产业化开发基础分异。2002～2016年，东北地区4个城市产业开发基础综合评价值稳步增长，沈阳、大连、长春、哈尔滨分别由0.32、0.56、0.34、0.39增长至0.91、0.99、0.83、0.89，年均增长百分点分别为18.95个、11.79个、16.27个、15.21个，4个城市开发等级均提升为中级水平（见图4－26）。

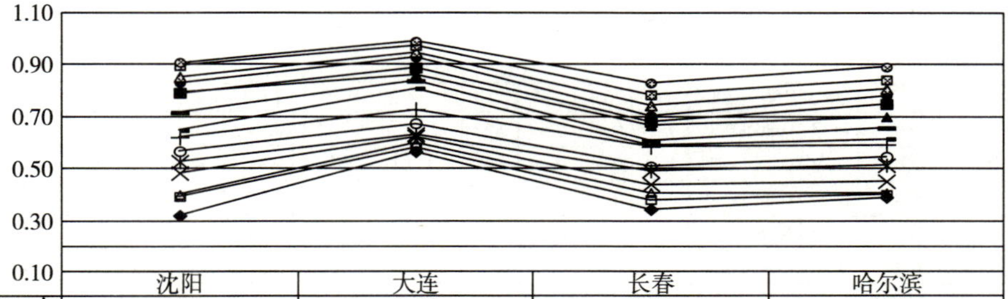

	沈阳	大连	长春	哈尔滨
2002年	0.32	0.56	0.34	0.39
2003年	0.39	0.58	0.38	0.40
2004年	0.40	0.60	0.41	0.41
2005年	0.48	0.62	0.44	0.45
2006年	0.53	0.63	0.49	0.51
2007年	0.57	0.67	0.51	0.55
2008年	0.62	0.73	0.58	0.59
2009年	0.65	0.81	0.59	0.61
2010年	0.71	0.84	0.61	0.66
2011年	0.79	0.86	0.66	0.70
2012年	0.79	0.89	0.68	0.75
2013年	0.83	0.93	0.70	0.78
2014年	0.85	0.95	0.74	0.81
2015年	0.89	0.97	0.78	0.84
2016年	0.91	0.99	0.83	0.89

图4－26　2002～2016年东北部4个城市休闲农业产业化开发基础综合评价值

3. 经济子系统发展状态空间差异

从休闲农业产业化开发基础经济子系统发展状态演变趋势来看，2002～2016年，东、中、西、东北部城市经济系统评价值分别由0.33、0.29、0.27、0.27上升为0.76、0.68、0.66、0.72，系统评分值增长幅度较小，各区域城市由于产业结构调整，第二、第三产业比重不断提升，农业经济贡献率呈现下降趋势，与此同时，经济发展规模不断增大，经济投入产出水平显著提高，对休闲农业产业发展形成一定的支撑，但农业产业结构调整力度较小，对休闲农业产业开发的经济保障力尚显不足（见图4－27）。

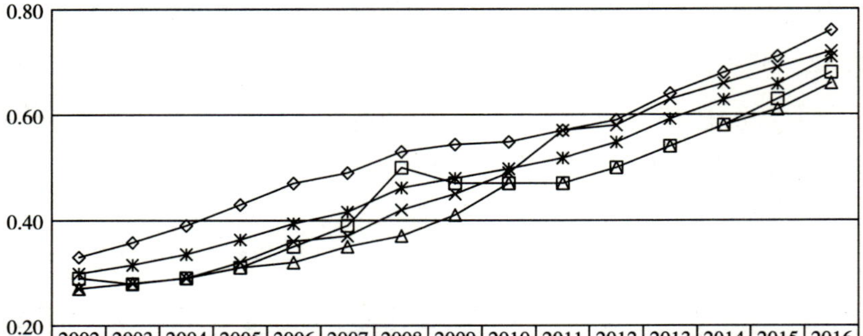

（年份）	2002	2003	2004	2005	2006	2007	2008	2009	2010	2011	2012	2013	2014	2015	2016
东部城市	0.33	0.36	0.39	0.43	0.47	0.49	0.53	0.54	0.55	0.57	0.59	0.64	0.68	0.71	0.76
中部城市	0.29	0.28	0.29	0.31	0.35	0.39	0.50	0.47	0.47	0.47	0.50	0.54	0.58	0.63	0.68
西部城市	0.27	0.28	0.29	0.31	0.32	0.35	0.37	0.41	0.47	0.47	0.50	0.54	0.58	0.61	0.66
东北部城市	0.27	0.28	0.29	0.32	0.36	0.37	0.42	0.45	0.49	0.57	0.58	0.63	0.66	0.69	0.72
40个城市	0.30	0.32	0.34	0.36	0.39	0.42	0.46	0.48	0.50	0.52	0.55	0.59	0.63	0.66	0.71

图 4－27　2002～2016 年各区域城市休闲农业产业化开发基础经济系统评价值

（1）东部城市休闲农业产业化开发基础经济子系统分异。从东部地区各城市经济系统评分值来看，农业经济发展、第三产业区位商、农业投入产出水平较高的城市评分值较高，表明农业经济发展与产业结构调整对休闲农业产业发展的支撑能力。南京、北京、青岛、广州、海口、杭州、珠海、天津等城市人均生产总值与第三产业区位商较高，农业经济发展程度、投入产出水平具有明显优势，经济系统评分值相对较高；石家庄经济系统评分值不高，处于起步阶段，影响经济系统评分值的各项指标增长缓慢（见图 4－28）。

（2）中部城市休闲农业产业化开发基础经济子系统分异。2002～2016 年，中部 6 个城市太原、合肥、南昌、郑州、武汉、长沙经济系统评价值分别由 0.24、0.21、0.25、0.23、0.40、0.38 上升为 0.65、0.63、0.67、0.64、0.75、0.73，2016 年，武汉、长沙两城市人均生产总值分别达 111469 元、125457 元，人均第三产业产值分别达 58469 元、58069 元，第三产业区位商分别为 0.92、0.83，经济发展水平相对较高（见图 4－29）。

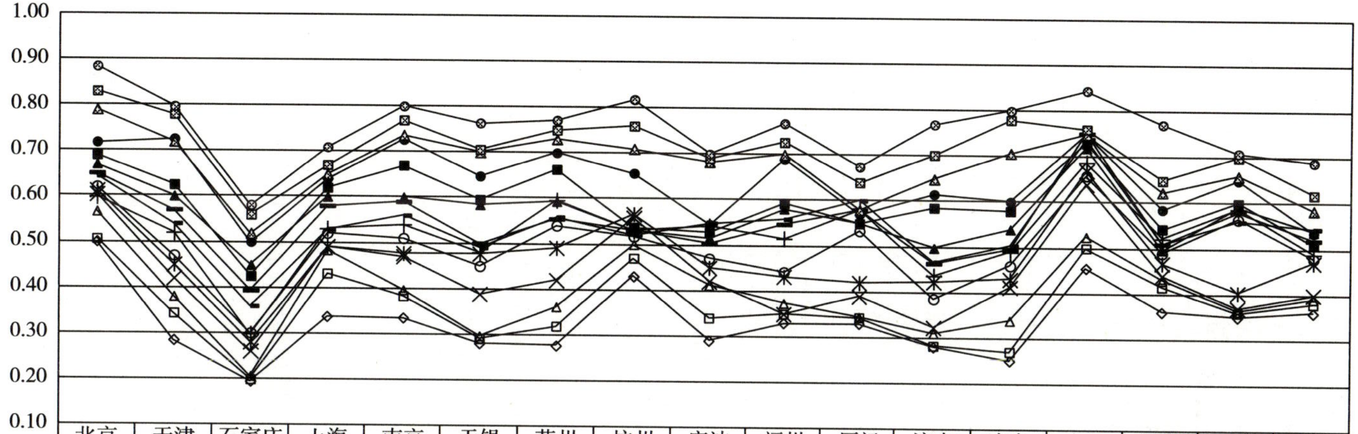

	北京	天津	石家庄	上海	南京	无锡	苏州	杭州	宁波	福州	厦门	济南	青岛	广州	深圳	珠海	海口
2002年	0.50	0.28	0.19	0.34	0.34	0.28	0.28	0.43	0.29	0.33	0.33	0.28	0.25	0.46	0.36	0.35	0.36
2003年	0.51	0.34	0.20	0.43	0.38	0.29	0.32	0.47	0.34	0.35	0.34	0.28	0.27	0.50	0.42	0.36	0.38
2004年	0.57	0.38	0.21	0.48	0.40	0.30	0.36	0.50	0.41	0.37	0.34	0.31	0.34	0.52	0.43	0.36	0.39
2005年	0.60	0.42	0.26	0.49	0.47	0.39	0.42	0.56	0.42	0.35	0.39	0.32	0.41	0.64	0.44	0.37	0.40
2006年	0.61	0.45	0.28	0.49	0.48	0.48	0.49	0.57	0.45	0.43	0.42	0.42	0.43	0.67	0.47	0.40	0.47
2007年	0.62	0.47	0.30	0.52	0.51	0.45	0.54	0.52	0.47	0.44	0.53	0.39	0.46	0.66	0.49	0.57	0.48
2008年	0.60	0.52	0.30	0.53	0.54	0.48	0.60	0.53	0.54	0.52	0.58	0.44	0.49	0.69	0.52	0.59	0.49
2009年	0.64	0.54	0.36	0.53	0.56	0.49	0.56	0.52	0.55	0.56	0.60	0.47	0.50	0.74	0.51	0.56	0.54
2010年	0.65	0.57	0.39	0.58	0.59	0.50	0.55	0.53	0.50	0.55	0.58	0.46	0.49	0.75	0.51	0.58	0.52
2011年	0.67	0.60	0.45	0.60	0.60	0.58	0.59	0.53	0.52	0.58	0.55	0.50	0.54	0.72	0.50	0.59	0.54
2012年	0.69	0.63	0.43	0.62	0.67	0.60	0.66	0.54	0.53	0.59	0.55	0.59	0.58	0.73	0.54	0.60	0.51
2013年	0.72	0.73	0.50	0.64	0.73	0.65	0.70	0.66	0.55	0.69	0.57	0.62	0.60	0.75	0.59	0.65	0.54
2014年	0.79	0.72	0.52	0.65	0.74	0.70	0.73	0.71	0.68	0.70	0.58	0.65	0.71	0.75	0.62	0.66	0.59
2015年	0.83	0.78	0.56	0.67	0.77	0.71	0.75	0.76	0.69	0.73	0.64	0.70	0.78	0.76	0.65	0.70	0.62
2016年	0.88	0.80	0.58	0.71	0.80	0.76	0.77	0.82	0.70	0.77	0.67	0.77	0.80	0.85	0.77	0.71	0.69

图4-28　2002~2016年东部17个城市休闲农业产业化开发基础经济系统评价值

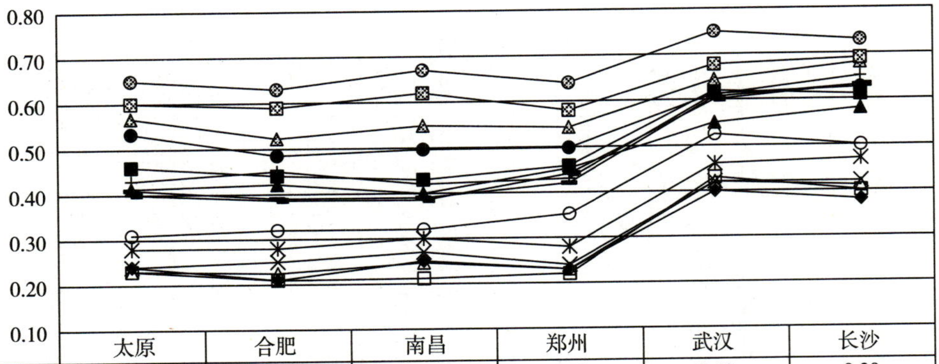

	太原	合肥	南昌	郑州	武汉	长沙
2002	0.24	0.21	0.25	0.23	0.40	0.38
2003	0.23	0.21	0.21	0.22	0.43	0.40
2004	0.23	0.22	0.25	0.23	0.42	0.41
2005	0.24	0.25	0.27	0.24	0.42	0.42
2006	0.28	0.28	0.30	0.28	0.46	0.47
2007	0.31	0.32	0.32	0.35	0.52	0.50
2008	0.43	0.45	0.42	0.43	0.61	0.65
2009	0.40	0.39	0.38	0.44	0.60	0.63
2010	0.41	0.39	0.39	0.42	0.61	0.63
2011	0.41	0.42	0.40	0.45	0.55	0.58
2012	0.46	0.44	0.43	0.46	0.62	0.61
2013	0.53	0.48	0.50	0.50	0.61	0.63
2014	0.57	0.52	0.55	0.54	0.64	0.68
2015	0.60	0.59	0.62	0.58	0.68	0.69
2016	0.65	0.63	0.67	0.64	0.75	0.73

图4－29　2002～2016年中部6个城市休闲农业开发基础经济系统评价值

（3）西部城市休闲农业产业化开发基础经济子系统分异。西部城市经济系统评价值呈现出不同程度的平稳上涨态势，重庆、呼和浩特、西安评分值相对较高，2016年，三城市经济系统评分值分别达到0.80、0.78、0.78，人均生产总值分别达103726元、57902元、71357元；人均第三产业产值分别达70433元、28009元、43335元；人均农业总产值分别为3674元、4275元、2627元，其社会经济整体发展水平相对较高。西宁、银川等城市评分值有所增长，但由于经济规模、结构与活力均不突出，经济评分值较低（见图4－30）。

（4）东北部城市休闲农业产业化开发基础经济子系统分异。2002～2016年，沈阳、大连、长春、哈尔滨四城市经济系统评分值分别由0.29、0.32、0.20、0.25上升为0.66、0.82、0.67、0.74，2016年，四城市人均生产总值分别达98510元、117850元、78667元、63445元，三次产业结构分别调整为4.9∶39.1∶56、6.7∶40.9∶52.4、5.4∶49.4∶45.2、11.3∶31.1∶57.6，第三产业发展水平较高，对经济拉动作用明显（见图4－31）。

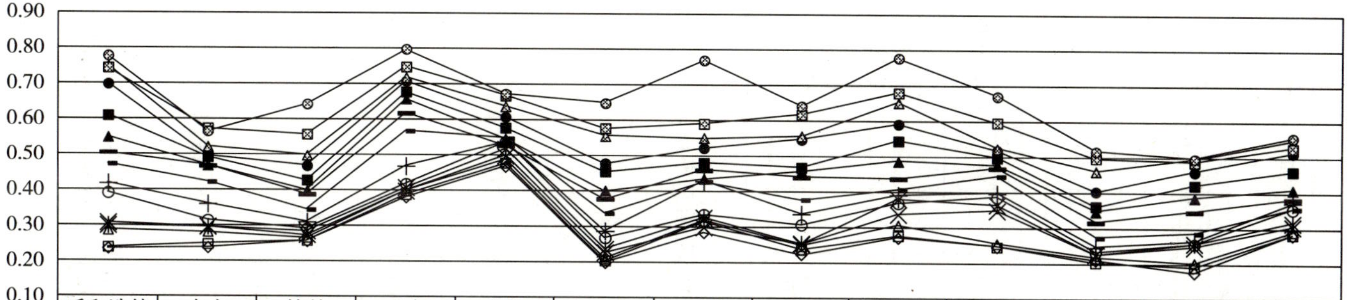

	呼和浩特	南宁	桂林	重庆	成都	贵阳	昆明	拉萨	西安	兰州	西宁	银川	乌鲁木齐
2002年	0.24	0.24	0.26	0.38	0.47	0.20	0.29	0.23	0.27	0.25	0.21	0.18	0.29
2003年	0.24	0.25	0.26	0.39	0.48	0.21	0.32	0.24	0.28	0.25	0.21	0.20	0.29
2004年	0.29	0.28	0.27	0.40	0.49	0.21	0.32	0.25	0.31	0.26	0.22	0.21	0.30
2005年	0.31	0.30	0.28	0.40	0.50	0.23	0.30	0.25	0.34	0.35	0.23	0.25	0.31
2006年	0.30	0.30	0.29	0.41	0.52	0.24	0.33	0.26	0.38	0.37	0.23	0.26	0.32
2007年	0.39	0.32	0.29	0.42	0.54	0.27	0.34	0.31	0.37	0.39	0.24	0.26	0.36
2008年	0.42	0.36	0.31	0.47	0.54	0.29	0.43	0.34	0.39	0.40	0.25	0.27	0.38
2009年	0.47	0.42	0.35	0.57	0.55	0.34	0.43	0.38	0.41	0.45	0.28	0.29	0.36
2010年	0.51	0.47	0.39	0.62	0.53	0.38	0.46	0.44	0.44	0.47	0.32	0.35	0.39
2011年	0.55	0.47	0.40	0.66	0.55	0.40	0.44	0.46	0.49	0.48	0.35	0.39	0.41
2012年	0.61	0.49	0.43	0.68	0.58	0.46	0.48	0.47	0.55	0.50	0.37	0.42	0.46
2013年	0.70	0.50	0.47	0.71	0.61	0.48	0.53	0.55	0.59	0.52	0.41	0.46	0.52
2014年	0.75	0.52	0.50	0.72	0.64	0.56	0.55	0.56	0.65	0.53	0.46	0.50	0.55
2015年	0.75	0.58	0.56	0.75	0.67	0.58	0.59	0.62	0.68	0.60	0.50	0.49	0.53
2016年	0.78	0.57	0.64	0.80	0.68	0.65	0.77	0.64	0.78	0.67	0.52	0.50	0.56

图 4－30　2002～2016 年西部 13 个城市休闲农业开发基础经济系统评价值

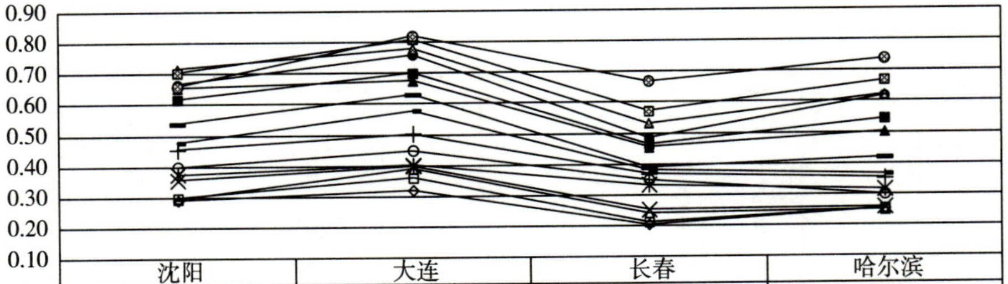

	沈阳	大连	长春	哈尔滨
2002年	0.29	0.32	0.20	0.25
2003年	0.30	0.36	0.21	0.25
2004年	0.29	0.39	0.24	0.25
2005年	0.36	0.40	0.25	0.26
2006年	0.38	0.40	0.33	0.32
2007年	0.40	0.45	0.35	0.30
2008年	0.46	0.50	0.37	0.35
2009年	0.48	0.58	0.38	0.37
2010年	0.54	0.63	0.39	0.42
2011年	0.65	0.68	0.45	0.50
2012年	0.62	0.70	0.46	0.54
2013年	0.67	0.76	0.49	0.62
2014年	0.72	0.78	0.53	0.62
2015年	0.70	0.81	0.57	0.67
2016年	0.66	0.82	0.67	0.74

图4－31　2002～2016年东北部4个城市休闲农业开发基础经济系统评价值

4. 社会子系统发展状态空间差异

2002～2016年，各区域社会子系统评价值均呈现上升态势，由评价值变化曲线可以看出东部城市社会系统发展水平明显高于其他地区，社会系统评价值由0.42上升为1.21，系统等级达到领先水平。2016年，东部17个城市平均城镇居民人均可支配收入达45871.8元，城镇居民人均消费支出达30880.5元，城镇与农村家庭恩格尔系数分别为30.5、33.4，社会消费结构与消费层次明显升级。中部、东北部、西部城市社会系统等级达到中级水平，评价值分别由0.21、0.21、0.14上升为0.97、0.89、0.79。2016年，中部6个城市平均城镇居民人均可支配收入达35891.3元、人均消费支出达23780.5元，城镇与农村家庭恩格尔系数分别由2002年的41.2、47.2调整为2016年的31、33.6，东北部4个城市平均城镇居民人均可支配收入达35365.6元、人均消费支出达25802.6元，城镇与农村家庭恩格尔系数由2002年的40.2、44.5下降至2016年的30.7、34，社会人口生活质量与消费能力显著提高；西部城市相比其他地区社会消费能力、社会消费结构评价值相对较低，消费层级有待于提升（见图4－32）。

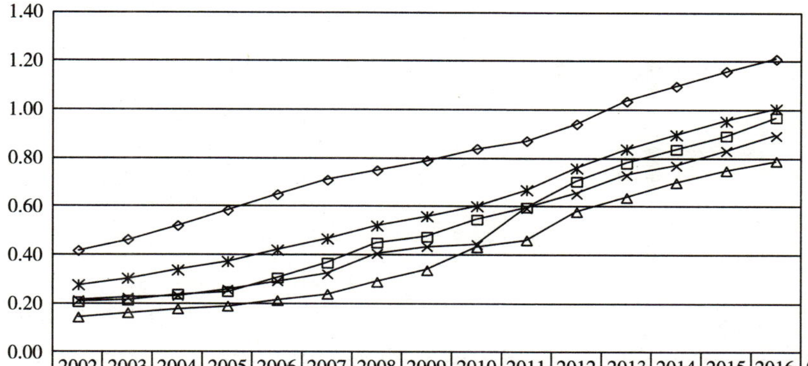

	2002	2003	2004	2005	2006	2007	2008	2009	2010	2011	2012	2013	2014	2015	2016
东部城市	0.42	0.46	0.52	0.58	0.65	0.71	0.75	0.79	0.84	0.87	0.94	1.04	1.10	1.16	1.21
中部城市	0.21	0.21	0.24	0.25	0.31	0.37	0.45	0.47	0.55	0.60	0.71	0.78	0.84	0.89	0.97
西部城市	0.14	0.16	0.18	0.19	0.21	0.24	0.29	0.34	0.43	0.46	0.58	0.64	0.70	0.75	0.79
东北部城市	0.21	0.22	0.23	0.26	0.29	0.32	0.41	0.43	0.44	0.59	0.65	0.73	0.77	0.83	0.89
40个城市	0.28	0.30	0.34	0.37	0.42	0.47	0.52	0.56	0.60	0.67	0.76	0.84	0.90	0.95	1.01

图 4－32　2002～2016 年各区域城市休闲农业开发基础社会系统评价值

（1）东部城市休闲农业产业化开发基础社会子系统分异。2002～2016 年，东部 17 个城市社会系统评价值均呈现上升态势，上海、北京、广州、深圳、杭州城市社会系统评价值均大于 1.40，处于区域领先水平，城镇化率较高，社会人口质量高，社会消费能力较强，城镇与农村家庭恩格尔系数相对较低，社会人口可支配收入与生活消费支出水平大幅提高，2016 年，5 个城市城镇居民人均可支配收入均超过 48000 元，人均消费性支出均超过 36000 元；珠海、南京、苏州、厦门、天津、无锡、青岛、宁波、济南、福州等城市社会系统评价值演变轨迹相似，2016 年，城市系统评价值均超过 1.00，系统等级达到领先水平，社会消费能力与社会生活质量评分较高，社会消费结构有显著改善，居民生活质量不断提升；石家庄系统评价值有增长，但社会进步程度一直落后于区域其他城市，其系统等级尚处于初级水平（见图 4－33）。

（2）中部城市休闲农业产业化开发基础社会子系统分异。2002～2016 年，中部 6 个城市社会系统评分值呈现稳步上升态势，武汉、长沙两城市系统评分值由 0.46、0.15 上升至 1.06、1.08，系统等级提升为领先水平，社会消费结构明显升级；近年来，太原、合肥、南昌、郑州四城市社会系统评分值增长幅度较大，社会生活质量提升显著，系统等级均提升为中级水平（见图 4－34）。

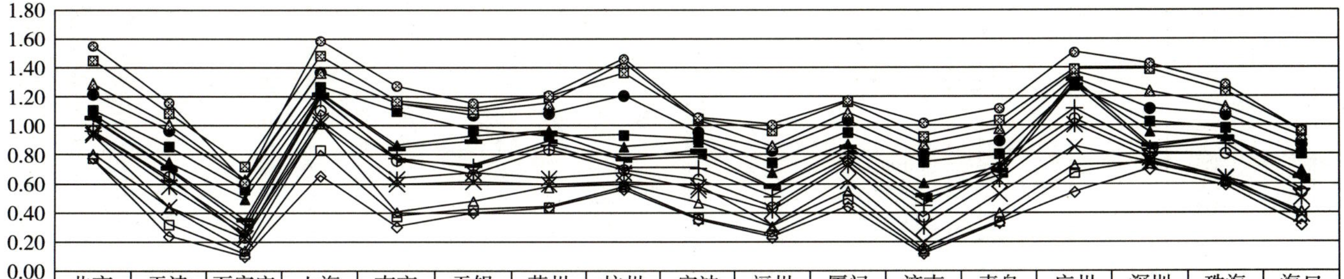

	北京	天津	石家庄	上海	南京	无锡	苏州	杭州	宁波	福州	厦门	济南	青岛	广州	深圳	珠海	海口
2002年	0.78	0.24	0.10	0.66	0.30	0.40	0.44	0.56	0.35	0.23	0.44	0.12	0.33	0.54	0.70	0.59	0.31
2003年	0.78	0.32	0.12	0.83	0.38	0.42	0.44	0.58	0.36	0.25	0.49	0.14	0.34	0.68	0.76	0.61	0.37
2004年	0.81	0.44	0.14	1.02	0.40	0.48	0.57	0.60	0.47	0.31	0.55	0.15	0.40	0.73	0.74	0.62	0.41
2005年	0.94	0.44	0.23	1.01	0.60	0.62	0.60	0.61	0.58	0.31	0.62	0.20	0.53	0.86	0.75	0.64	0.39
2006年	0.96	0.58	0.25	1.04	0.64	0.68	0.64	0.68	0.56	0.42	0.73	0.30	0.63	1.01	0.78	0.65	0.50
2007年	0.97	0.65	0.23	1.11	0.76	0.67	0.84	0.70	0.63	0.44	0.76	0.37	0.71	1.05	0.81	0.81	0.54
2008年	0.97	0.63	0.28	1.19	0.78	0.72	0.87	0.71	0.71	0.51	0.78	0.45	0.74	1.12	0.84	0.88	0.56
2009年	1.05	0.70	0.32	1.20	0.77	0.74	0.90	0.77	0.79	0.57	0.82	0.49	0.66	1.28	0.85	0.92	0.62
2010年	1.06	0.71	0.35	1.22	0.85	0.90	0.96	0.78	0.83	0.58	0.86	0.52	0.70	1.32	0.87	0.92	0.65
2011年	1.08	0.75	0.49	1.23	0.87	0.93	0.97	0.86	0.89	0.68	0.88	0.61	0.71	1.29	0.96	0.93	0.69
2012年	1.11	0.86	0.56	1.27	1.10	0.97	0.93	0.94	0.91	0.75	0.96	0.75	0.81	1.28	1.03	0.98	0.81
2013年	1.22	0.97	0.61	1.37	1.16	1.08	1.09	1.21	0.96	0.83	1.04	0.80	0.90	1.33	1.12	1.08	0.87
2014年	1.29	1.01	0.63	1.37	1.16	1.10	1.15	1.43	1.04	0.86	1.09	0.88	0.98	1.37	1.24	1.13	0.93
2015年	1.45	1.09	0.72	1.49	1.17	1.12	1.20	1.37	1.05	0.97	1.17	0.93	1.04	1.39	1.39	1.24	0.96
2016年	1.55	1.16	0.61	1.59	1.28	1.16	1.21	1.46	1.06	1.01	1.18	1.02	1.12	1.51	1.43	1.28	0.97

图 4－33　2002～2016 年东部 17 个城市休闲农业产业化开发基础社会系统评价值

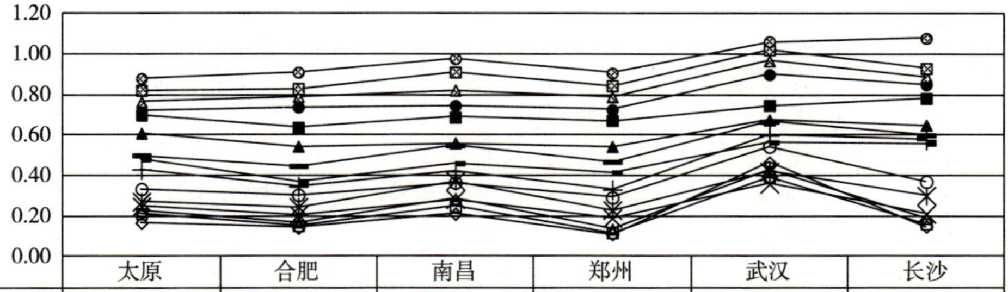

	太原	合肥	南昌	郑州	武汉	长沙
2002年	0.17	0.14	0.21	0.11	0.46	0.15
2003年	0.21	0.15	0.25	0.12	0.40	0.16
2004年	0.22	0.17	0.29	0.13	0.43	0.19
2005年	0.25	0.20	0.28	0.19	0.36	0.21
2006年	0.27	0.24	0.37	0.23	0.42	0.30
2007年	0.33	0.30	0.36	0.29	0.54	0.37
2008年	0.43	0.34	0.42	0.33	0.60	0.58
2009年	0.48	0.37	0.46	0.42	0.56	0.56
2010年	0.50	0.45	0.55	0.47	0.67	0.60
2011年	0.61	0.54	0.56	0.54	0.68	0.65
2012年	0.70	0.64	0.69	0.67	0.75	0.78
2013年	0.72	0.74	0.75	0.73	0.90	0.85
2014年	0.77	0.79	0.82	0.79	0.97	0.89
2015年	0.82	0.83	0.91	0.84	1.02	0.93
2016年	0.88	0.91	0.98	0.91	1.06	1.08

图 4 – 34　2002 ~ 2016 年中部 6 个城市休闲农业产业化开发基础社会系统评价值

（3）西部城市休闲农业产业化开发基础社会子系统分异。西部 13 个城市中，成都系统评分值增长幅度较大，2002 ~ 2016 年，系统评分值由 0.37 上升为 1.01。2016 年，城镇居民人均可支配收入与人均消费性支出分别达 35902 元、23514 元；西安、呼和浩特、兰州、重庆等城市 2016 年系统评分值超过 0.85，系统等级进入中级水平；拉萨、银川、桂林、西宁系统评分值增长相对缓慢，系统评级尚处于起步阶段，社会发展水平进步不明显（见图 4 – 35）。

（4）东北部城市休闲农业产业化开发基础社会子系统分异。东北 4 个城市社会系统评价值稳步增长，大连、沈阳社会进步程度较高，2002 ~ 2016 年，系统评价值由 0.50、0.13 上升为 1.01、0.96，城镇化水平显著提高，城镇与农村居民生活质量大幅增长，居民消费能力不断提升；哈尔滨、长春系统评价值由 0.11、0.11 上升为 0.87、0.74，居民人均可支配收入与消费支出能力增长迅速（见图 4 – 36）。

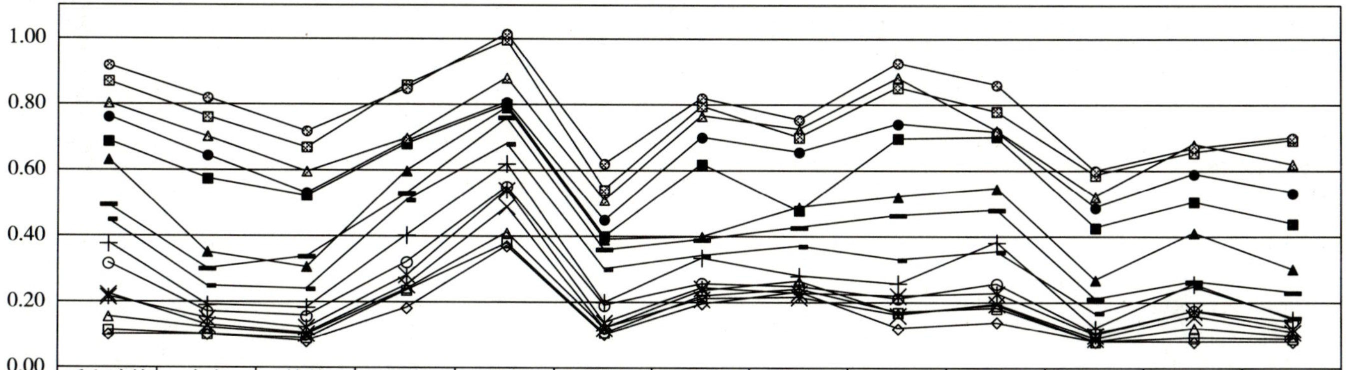

	呼和浩特	南宁	桂林	重庆	成都	贵阳	昆明	拉萨	西安	兰州	西宁	银川	乌鲁木齐
2002年	0.10	0.10	0.08	0.18	0.37	0.10	0.20	0.23	0.12	0.14	0.08	0.08	0.08
2003年	0.11	0.10	0.09	0.24	0.38	0.11	0.22	0.24	0.17	0.18	0.08	0.09	0.09
2004年	0.16	0.12	0.10	0.24	0.41	0.12	0.24	0.26	0.17	0.19	0.08	0.12	0.10
2005年	0.22	0.13	0.10	0.25	0.49	0.12	0.21	0.22	0.16	0.20	0.09	0.16	0.11
2006年	0.22	0.15	0.12	0.28	0.54	0.14	0.24	0.23	0.22	0.23	0.10	0.17	0.12
2007年	0.32	0.17	0.16	0.32	0.55	0.19	0.26	0.25	0.21	0.26	0.11	0.18	0.14
2008年	0.38	0.19	0.18	0.40	0.62	0.20	0.34	0.28	0.26	0.38	0.12	0.26	0.15
2009年	0.45	0.25	0.24	0.51	0.68	0.30	0.34	0.37	0.33	0.35	0.17	0.25	0.15
2010年	0.49	0.30	0.34	0.53	0.76	0.36	0.39	0.43	0.46	0.48	0.21	0.26	0.23
2011年	0.63	0.35	0.31	0.60	0.79	0.39	0.40	0.49	0.52	0.54	0.27	0.41	0.30
2012年	0.69	0.57	0.52	0.68	0.80	0.40	0.62	0.48	0.70	0.70	0.43	0.51	0.44
2013年	0.76	0.64	0.53	0.69	0.81	0.45	0.70	0.66	0.74	0.72	0.49	0.59	0.53
2014年	0.80	0.70	0.60	0.70	0.88	0.51	0.77	0.72	0.88	0.72	0.52	0.68	0.62
2015年	0.87	0.76	0.67	0.86	1.00	0.54	0.80	0.70	0.85	0.78	0.59	0.65	0.69
2016年	0.92	0.82	0.72	0.85	1.01	0.62	0.82	0.75	0.93	0.86	0.60	0.67	0.70

图 4－35　2002～2016 年西部 13 个城市休闲农业产业化开发基础社会系统评价值

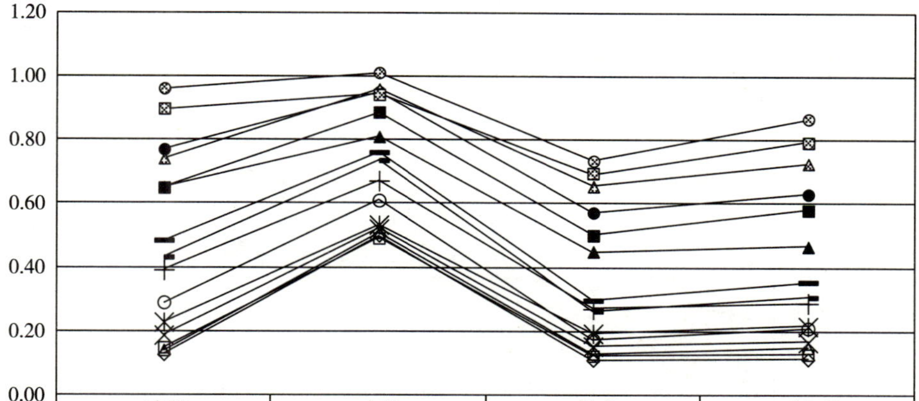

	沈阳	大连	长春	哈尔滨
2002年	0.13	0.50	0.11	0.11
2003年	0.15	0.49	0.12	0.13
2004年	0.14	0.51	0.13	0.15
2005年	0.19	0.52	0.15	0.17
2006年	0.23	0.53	0.19	0.22
2007年	0.29	0.61	0.17	0.21
2008年	0.39	0.67	0.27	0.29
2009年	0.43	0.74	0.26	0.31
2010年	0.48	0.76	0.30	0.36
2011年	0.65	0.81	0.45	0.47
2012年	0.65	0.89	0.50	0.58
2013年	0.77	0.95	0.57	0.63
2014年	0.74	0.96	0.65	0.73
2015年	0.90	0.94	0.69	0.79
2016年	0.96	1.01	0.74	0.87

图 4－36　2002～2016 年东北部 4 个城市休闲农业产业化开发基础社会系统评价值

5. 产业子系统发展状态空间差异

由各区域城市产业系统评价值曲线来看，东部城市系统评价值明显高于其他区域，2002～2016 年，东部城市系统评价值由 0.65 上升为 1.02，旅游经济增长、现代农业发展、产业集群水平状态层评价值分别为 1.29、0.53、0.61。2016 年，由东部 17 个城市平均水平来看，国内旅游收入达 1662.8 亿元，旅游外汇收入达 24 亿元，旅游客源接待量达 10838.4 万人，休闲农业相关联产业发展势头强劲，产业集聚发展趋势明显，产业化开发潜力巨大；东北部城市系统评价值由 0.50 上升为 0.97，系统评级由起步阶段进入中级水平；中、西部城市产业系统评价值增长相对缓慢，中部城市由 0.86 上升至 1.31，西部城市由 0.46 上升至

0.75，中、西部城市旅游经济发展水平相对滞后，现代农业发展能力不足，休闲农业资源开发程度较低（见图4－37）。

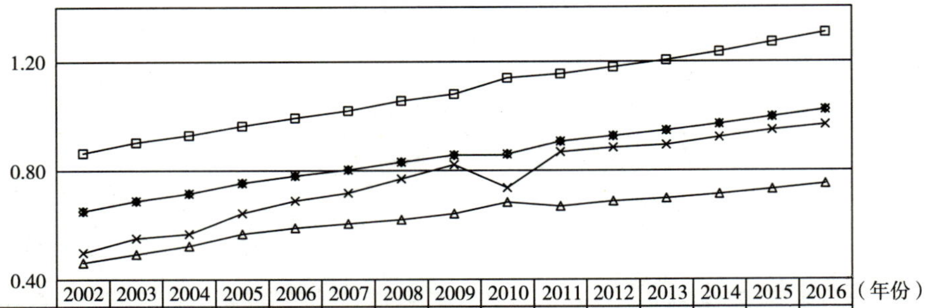

	2002	2003	2004	2005	2006	2007	2008	2009	2010	2011	2012	2013	2014	2015	2016
—◇—东部城市	0.65	0.69	0.72	0.75	0.78	0.80	0.83	0.86	0.86	0.91	0.93	0.95	0.97	1.00	1.02
—□—中部城市	0.86	0.90	0.93	0.96	0.99	1.02	1.06	1.08	1.14	1.16	1.18	1.21	1.24	1.27	1.31
—△—西部城市	0.46	0.49	0.52	0.57	0.59	0.60	0.62	0.64	0.68	0.67	0.69	0.70	0.71	0.73	0.75
—×—东北部城市	0.50	0.55	0.57	0.64	0.69	0.72	0.77	0.82	0.74	0.87	0.88	0.89	0.92	0.95	0.97
—✱—40个城市	0.65	0.69	0.72	0.75	0.78	0.80	0.83	0.86	0.86	0.91	0.93	0.95	0.97	1.00	1.02

图4－37　2002～2016年各区域城市休闲农业产业化开发基础产业系统评价值

（1）东部城市休闲农业产业化开发基础产业子系统分异。东部17个城市中，北京、上海、天津、广州4个城市产业系统发展水平始终处于领先水平，2016年系统评分值高于1.50，15年间，4个城市旅游经济高速发展，国内旅游收入年均增长率分别为33.6%、23.1%、49.4%、49.1%，旅游外汇收入年均增长率分别为10.9%、19.1%、69.3%、24.1%，休闲农业资源价值评级均处于优级水平；青岛、杭州、南京、深圳、苏州、宁波、福州、济南产业系统等级进入领先水平，关联产业支撑能力持续增强，休闲农业资源开发水平不断提高；珠海、厦门、石家庄系统等级已进入中级水平，旅游经济与现代农业发展能力显著增强，对休闲农业资源开发形成有效支撑；海口在东部城市产业系统评分中处于末端，关联产业开发水平与休闲农业资源开发能力有待于提升（见图4－38）。

（2）中部城市休闲农业产业化开发基础产业子系统分异。2002～2016年，中部6个城市产业系统评价值稳步上升，武汉系统评价值由0.75上升为1.11，系统等级提升为领先水平，长沙系统评价值由0.63上升至1.05，系统等级进入领先水平，旅游产业与现代农业发展对休闲农业产业发展的支撑力显著增强；郑州、南昌、太原、合肥系统评价值演变趋势相似，系统等级尚处于初级水平（见图4－39）。

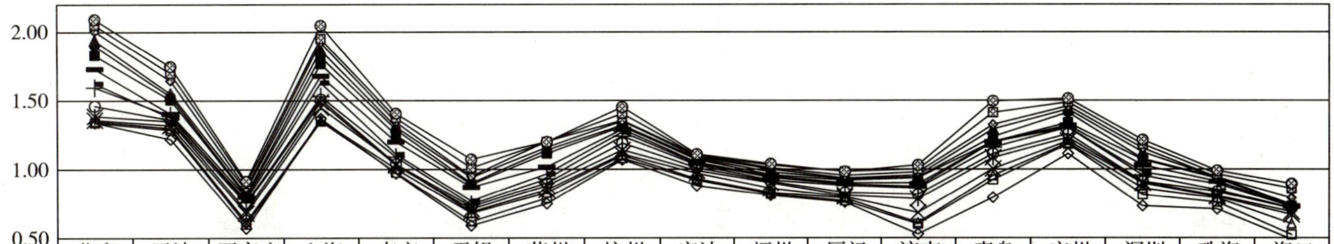

	北京	天津	石家庄	上海	南京	无锡	苏州	杭州	宁波	福州	厦门	济南	青岛	广州	深圳	珠海	海口
2002年	1.34	1.22	0.57	1.37	0.97	0.59	0.75	1.07	0.88	0.81	0.76	0.53	0.79	1.11	0.73	0.71	0.49
2003年	1.34	1.29	0.60	1.35	0.98	0.62	0.79	1.08	0.92	0.82	0.77	0.60	0.92	1.18	0.82	0.76	0.52
2004年	1.35	1.30	0.62	1.36	1.00	0.68	0.83	1.10	0.93	0.83	0.79	0.61	0.95	1.19	0.86	0.79	0.60
2005年	1.36	1.32	0.68	1.45	1.04	0.69	0.85	1.11	0.97	0.86	0.80	0.68	1.00	1.21	0.90	0.80	0.67
2006年	1.39	1.35	0.70	1.49	1.03	0.71	0.88	1.14	0.99	0.90	0.81	0.79	1.08	1.23	0.91	0.81	0.69
2007年	1.46	1.36	0.75	1.51	1.04	0.73	0.90	1.19	1.01	0.91	0.83	0.82	1.11	1.26	0.91	0.84	0.71
2008年	1.60	1.39	0.76	1.53	1.09	0.74	0.93	1.24	1.03	0.92	0.88	0.86	1.16	1.30	0.96	0.85	0.72
2009年	1.62	1.38	0.78	1.63	1.11	0.77	0.97	1.27	1.04	0.94	0.89	0.87	1.20	1.31	0.98	0.89	0.73
2010年	1.73	1.40	0.80	1.68	1.20	0.87	1.02	1.29	1.05	0.95	0.90	0.89	1.20	1.32	1.03	0.91	0.73
2011年	1.83	1.51	0.81	1.77	1.25	0.89	1.12	1.31	1.07	0.96	0.92	0.94	1.20	1.34	1.07	0.93	0.73
2012年	1.90	1.53	0.82	1.82	1.29	0.90	1.14	1.32	1.08	0.98	0.93	0.94	1.24	1.41	1.08	0.94	0.74
2013年	1.94	1.55	0.85	1.87	1.31	0.94	1.16	1.35	1.09	1.00	0.94	0.96	1.29	1.44	1.12	0.94	0.74
2014年	2.01	1.64	0.87	1.92	1.34	0.95	1.20	1.36	1.10	1.01	0.96	0.98	1.32	1.46	1.15	0.94	0.79
2015年	2.05	1.70	0.90	1.95	1.37	1.01	1.20	1.40	1.10	1.03	0.98	1.00	1.41	1.49	1.18	0.96	0.86
2016年	2.09	1.75	0.91	2.05	1.41	1.07	1.20	1.45	1.11	1.04	0.98	1.03	1.50	1.51	1.21	0.99	0.89

图 4－38　2002～2016 年东部 17 个城市休闲农业产业化开发基础产业系统评价值

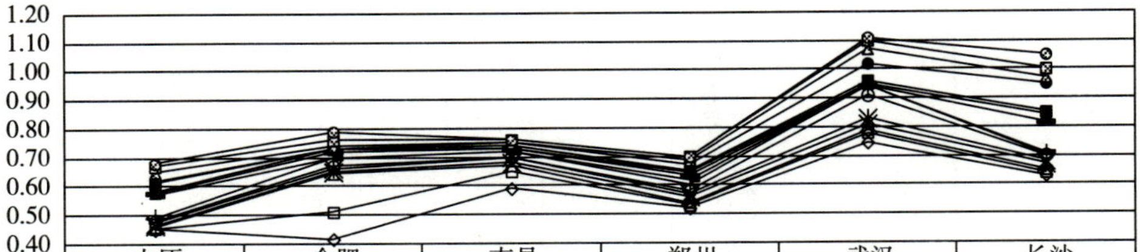

	太原	合肥	南昌	郑州	武汉	长沙
2002年	0.45	0.42	0.59	0.52	0.75	0.63
2003年	0.45	0.51	0.65	0.53	0.78	0.64
2004年	0.46	0.64	0.67	0.54	0.79	0.65
2005年	0.46	0.65	0.68	0.56	0.81	0.67
2006年	0.47	0.66	0.70	0.57	0.83	0.68
2007年	0.48	0.67	0.70	0.58	0.91	0.70
2008年	0.49	0.70	0.72	0.60	0.94	0.70
2009年	0.57	0.70	0.72	0.62	0.94	0.71
2010年	0.58	0.72	0.73	0.63	0.94	0.82
2011年	0.58	0.73	0.73	0.64	0.95	0.84
2012年	0.61	0.73	0.74	0.65	0.96	0.85
2013年	0.62	0.73	0.75	0.67	1.02	0.95
2014年	0.65	0.74	0.75	0.69	1.07	0.97
2015年	0.67	0.76	0.76	0.70	1.10	1.00
2016年	0.68	0.79	0.76	0.70	1.11	1.05

图 4－39　2002～2016 年中部 6 个城市休闲农业产业化开发基础产业系统评价值

（3）西部城市休闲农业产业化开发基础产业子系统分异。15 年间，西部城市产业系统评价值均有所增长，但多数城市增长幅度不大。2002～2016 年，重庆市系统评价值由 0. 98 上升为 1. 47，系统等级提升为领先水平，发展水平明显高于区域其他城市，关联产业支撑能力与资源开发能力显著；成都、西安两城市系统评价值分别由 0. 89、0. 64 上升至 1. 15、1. 09，系统等级均提升为领先水平，旅游经济实现较快增长，休闲农业资源开发能力持续提升；西宁、贵阳、乌鲁木齐、银川、拉萨等城市系统评价值尽管有所上升，但资源开发能力不足，关联产业支撑能力不突出，其系统等级始终处于起步阶段（见图4－40）。

（4）东北部城市休闲农业产业化开发基础产业子系统分异。东北 4 个城市中，大连、沈阳产业系统评价值相对较高，增长幅度较快，2002～2016 年，系统评价值分别由 0. 64、0. 32 上升为 1. 03、0. 97，关联产业支撑力显著提高，两城市国内旅游收入年均增长率分别达 67. 9%、18. 2%，旅游客源接待量年均增长率分别达 36. 8%、12. 3%，高效设施农业占比年均增长百分点分别为 7. 7 个、10. 1 个，农业综合机械化率年均增长百分点分别为 7. 1 个、8. 2 个；哈尔滨系统评价值由 0. 61 上升至 0. 98，长春系统评价值由 0. 43 上升至 0. 89，系统等级进入中级水平，资源开发与产业发展得到推进（见图 4－41）。

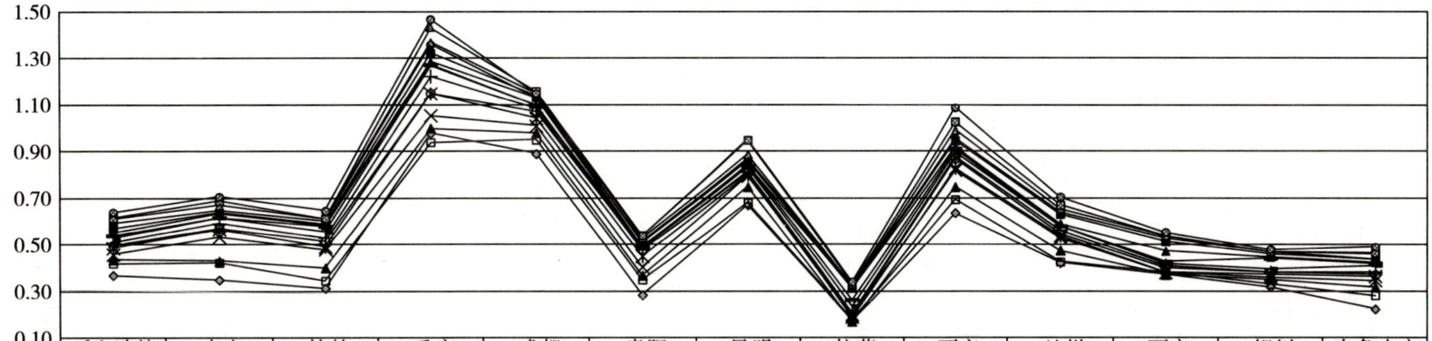

	呼和浩特	南宁	桂林	重庆	成都	贵阳	昆明	拉萨	西安	兰州	西宁	银川	乌鲁木齐
2002年	0.37	0.35	0.31	0.98	0.89	0.28	0.67	0.17	0.64	0.42	0.37	0.32	0.22
2003年	0.42	0.42	0.35	0.94	0.95	0.35	0.68	0.18	0.69	0.43	0.38	0.33	0.28
2004年	0.44	0.43	0.40	1.00	0.98	0.37	0.75	0.17	0.75	0.47	0.37	0.35	0.32
2005年	0.46	0.53	0.48	1.05	1.01	0.40	0.80	0.20	0.82	0.53	0.38	0.36	0.35
2006年	0.49	0.57	0.49	1.15	1.04	0.45	0.80	0.19	0.83	0.54	0.38	0.37	0.36
2007年	0.50	0.57	0.51	1.15	1.07	0.48	0.81	0.20	0.87	0.55	0.40	0.38	0.37
2008年	0.51	0.59	0.53	1.22	1.09	0.48	0.81	0.21	0.88	0.56	0.41	0.38	0.38
2009年	0.53	0.62	0.56	1.27	1.10	0.49	0.83	0.24	0.90	0.58	0.42	0.40	0.41
2010年	0.54	0.62	0.58	1.27	1.10	0.49	0.84	0.26	0.91	0.58	0.43	0.44	0.42
2011年	0.55	0.63	0.58	1.29	1.13	0.49	0.84	0.31	0.92	0.59	0.47	0.45	0.42
2012年	0.57	0.64	0.59	1.32	1.14	0.51	0.86	0.31	0.95	0.63	0.51	0.46	0.44
2013年	0.59	0.65	0.60	1.36	1.13	0.52	0.87	0.32	0.96	0.64	0.53	0.47	0.44
2014年	0.61	0.67	0.61	1.37	1.15	0.53	0.89	0.32	0.99	0.65	0.54	0.47	0.46
2015年	0.62	0.69	0.61	1.43	1.16	0.54	0.95	0.33	1.03	0.67	0.54	0.47	0.46
2016年	0.64	0.71	0.65	1.47	1.15	0.54	0.95	0.34	1.09	0.71	0.55	0.48	0.49

图 4－40　2002～2016 年西部 13 个城市休闲农业产业化开发基础产业系统评价值

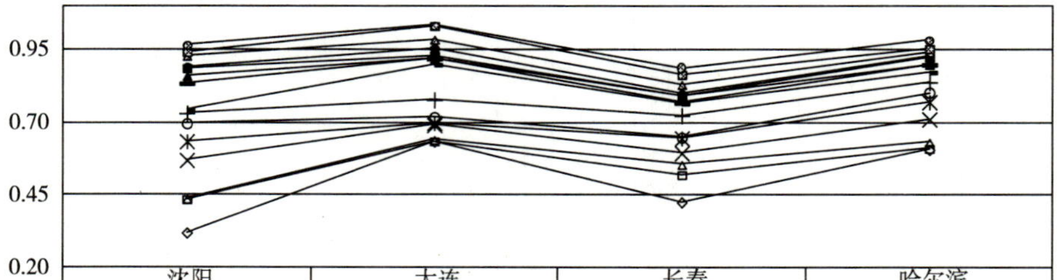

	沈阳	大连	长春	哈尔滨
2002年	0.32	0.64	0.43	0.61
2003年	0.44	0.64	0.52	0.61
2004年	0.44	0.64	0.56	0.63
2005年	0.57	0.69	0.60	0.71
2006年	0.64	0.70	0.65	0.77
2007年	0.70	0.72	0.65	0.80
2008年	0.73	0.78	0.73	0.84
2009年	0.75	0.90	0.77	0.87
2010年	0.84	0.92	0.77	0.90
2011年	0.86	0.92	0.79	0.90
2012年	0.89	0.93	0.79	0.92
2013年	0.89	0.95	0.80	0.93
2014年	0.93	0.99	0.83	0.94
2015年	0.94	1.03	0.87	0.95
2016年	0.97	1.03	0.89	0.98

图4－41　2002～2016年东北部4个城市休闲农业产业化开发基础产业系统评价值

6. 支撑子系统发展状态空间差异

由各区域支撑系统评价值曲线图可以看出，东部城市发展水平相对较高，2002～2016年，东部城市系统评价值由0.96上升至1.23，产业服务环境与环境保护水平评分值相对较高。2016年，由东部17个城市平均水平来看，客运周转量达795.2亿人千米，私人汽车拥有量达204.7万辆，建成区绿化覆盖率达41.76%，城镇污水处理率达93.9%，生活垃圾无害化处理率达99.2%；中部城市与东北部城市系统评价值分别由0.80、0.69上升至1.13、1.09，系统等级进入领先水平，中部城市产业服务环境与产业政策环境评分值较高，东北部城市产业服务环境、环境保护水平评分值较高；西部城市呈现快速增长趋势，系统评价值由0.62上升至1.01，年均增长率达10.8%，休闲农业开发的产业服务环境与产业政策环境逐步改善（见图4－42）。

（1）东部城市休闲农业产业化开发基础支撑子系统分异。2002～2016年，东部17个城市支撑系统评价值均呈现增长态势，系统等级均已处于中高级水平。北京、青岛、上海、深圳、广州、南京、厦门、天津、杭州等城市系统评价值增长迅速。2016年，9个城市系统等级远高于区域其他城市，在基础设施建设、产业服务环境、环境保护水平、环境治理能力、产业政策环境等方面均具有显著优势；福州、宁波、苏州、石家庄、济南等城市系统评价值均高于1，珠海、无锡、海口等城市系统评价值均超过0.90，这些城市的客运周转量、路网密集度、私人

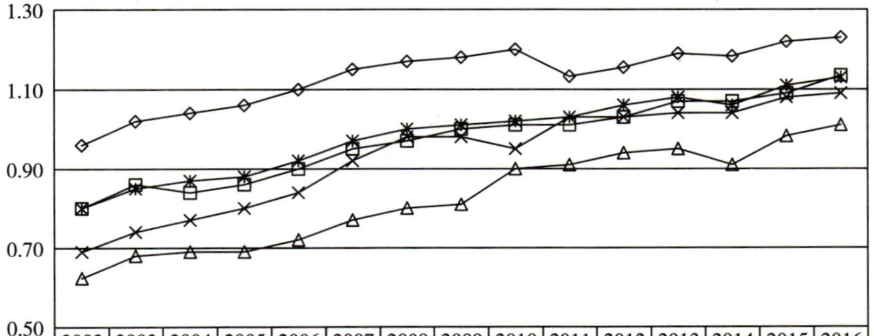

	2002	2003	2004	2005	2006	2007	2008	2009	2010	2011	2012	2013	2014	2015	2016（年份）
东部城市	0.96	1.02	1.04	1.06	1.10	1.15	1.17	1.18	1.20	1.13	1.16	1.19	1.18	1.22	1.23
中部城市	0.80	0.86	0.84	0.86	0.90	0.95	0.97	1.00	1.01	1.01	1.03	1.07	1.07	1.09	1.13
西部城市	0.62	0.68	0.69	0.69	0.72	0.77	0.80	0.81	0.90	0.91	0.94	0.95	0.91	0.98	1.01
东北部城市	0.69	0.74	0.77	0.80	0.84	0.92	0.98	0.98	0.95	1.03	1.03	1.04	1.04	1.08	1.09
40个城市	0.80	0.85	0.87	0.88	0.92	0.97	1.00	1.01	1.02	1.03	1.06	1.08	1.06	1.11	1.13

图 4－42　2002～2016 年各区域城市休闲农业开发基础支撑系统评价值

汽车拥有量、城镇污水处理率、城市生活垃圾处理率、年均政策出台数量等项指标均具有一定优势（见图 4－43）。

（2）中部城市休闲农业产业化开发基础支撑子系统分异。2016 年，中部 6 个城市支撑系统评价值均高于 1.00。郑州、太原、合肥等城市系统评价值均有大幅增长，中部城市产业政策环境与产业服务环境评分值较高，说明中部城市对休闲农业产业发展的重视程度与支撑力度显著提高（见图 4－44）。

（3）西部城市休闲农业产业化开发基础支撑子系统分异。2002～2016 年，西部城市支撑系统评价值均有不同程度增长。重庆、南宁、成都、西安等城市系统评价值增长幅度较大，产业政策环境与产业服务环境支撑力较高；兰州、西宁、拉萨、乌鲁木齐四城市系统评价值也有显著增长，分别由 0.53 上升至 0.79、0.50 上升至 0.70、0.54 上升至 0.78、0.35 上升至 0.70，系统等级进入初级水平，产业支撑水平不断提升（见图 4－45）。

（4）东北部城市休闲农业产业化开发基础支撑子系统分异。2016 年，东北部 4 个城市支撑系统等级达到领先水平，其中，大连系统评价值始终处于领先水平，产业服务环境评分值达 1.57，环境保护水平评分值达 0.68，产业政策环境评分值达 1.07，基础设施建设评分值达 0.32，产业支撑能力显著；沈阳系统评价值增长迅速，由 0.65 上升至 1.15，产业服务环境与基础设施建设能力明显提升；长春、哈尔滨 2006～2016 年环境保护水平、产业服务环境、基础设施建设、产业政策环境等各项指标都有显著增长（见图 4－46）。

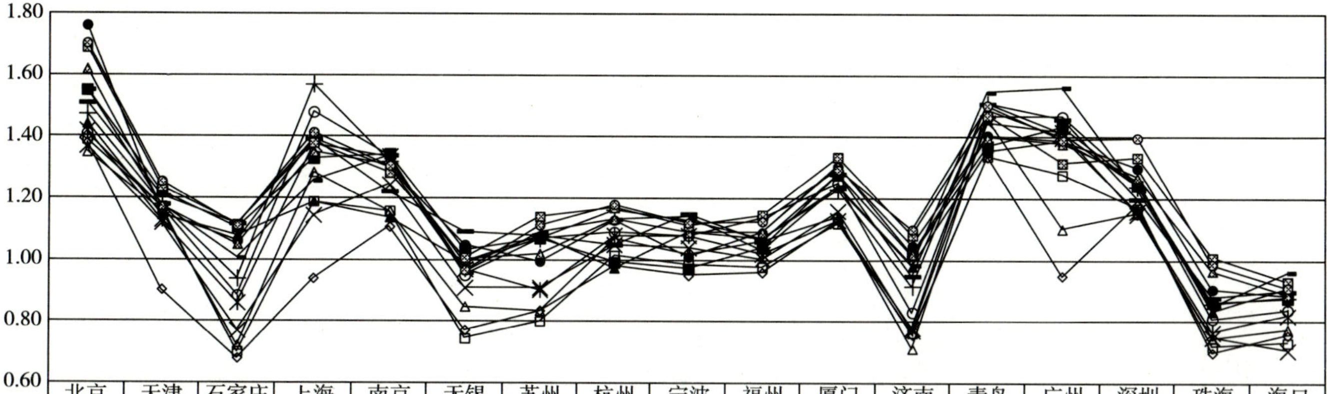

	北京	天津	石家庄	上海	南京	无锡	苏州	杭州	宁波	福州	厦门	济南	青岛	广州	深圳	珠海	海口
2002年	1.38	0.90	0.68	0.94	1.11	0.77	0.84	0.98	0.95	0.96	1.13	0.76	1.34	0.95	1.18	0.70	0.76
2003年	1.39	1.17	0.70	1.19	1.16	0.74	0.80	1.01	0.98	0.98	1.12	0.76	1.34	1.28	1.17	0.72	0.73
2004年	1.35	1.16	0.72	1.29	1.16	0.85	0.84	1.07	1.02	1.06	1.14	0.71	1.46	1.10	1.15	0.75	0.78
2005年	1.37	1.12	0.77	1.14	1.24	0.91	0.91	1.05	1.04	1.00	1.16	0.77	1.45	1.42	1.15	0.75	0.71
2006年	1.42	1.13	0.86	1.38	1.34	0.97	0.90	1.08	1.08	1.02	1.13	0.78	1.49	1.40	1.16	0.77	0.82
2007年	1.41	1.17	0.88	1.48	1.34	0.95	1.07	1.09	1.08	1.14	1.25	0.83	1.47	1.47	1.25	0.81	0.84
2008年	1.47	1.18	0.94	1.57	1.32	0.99	1.07	1.16	1.13	1.07	1.23	0.92	1.51	1.42	1.24	0.86	0.88
2009年	1.55	1.18	1.01	1.26	1.34	0.96	1.09	1.13	1.14	1.03	1.24	0.98	1.55	1.56	1.23	0.85	0.96
2010年	1.51	1.21	1.12	1.39	1.22	1.09	1.08	1.05	1.15	1.06	1.28	0.95	1.51	1.46	1.20	0.88	0.90
2011年	1.44	1.15	1.08	1.19	1.14	1.00	1.08	0.97	1.09	1.07	1.24	0.98	1.35	1.39	1.26	0.83	0.91
2012年	1.55	1.22	1.10	1.33	1.34	1.03	1.07	0.99	0.97	1.04	1.28	1.02	1.37	1.43	1.24	0.86	0.88
2013年	1.76	1.15	1.06	1.39	1.30	1.05	1.00	1.13	1.01	1.09	1.30	1.05	1.41	1.39	1.30	0.91	0.88
2014年	1.62	1.18	1.05	1.35	1.31	1.00	1.02	1.13	1.09	1.09	1.31	1.02	1.40	1.38	1.27	0.97	0.89
2015年	1.69	1.24	1.11	1.38	1.28	1.01	1.14	1.17	1.11	1.15	1.34	1.08	1.47	1.32	1.34	1.01	0.93
2016年	1.71	1.25	1.11	1.41	1.31	0.97	1.11	1.18	1.12	1.13	1.30	1.10	1.50	1.39	1.40	0.99	0.91

图4-43　2002~2016年东部17个城市休闲农业开发基础支撑系统评价值

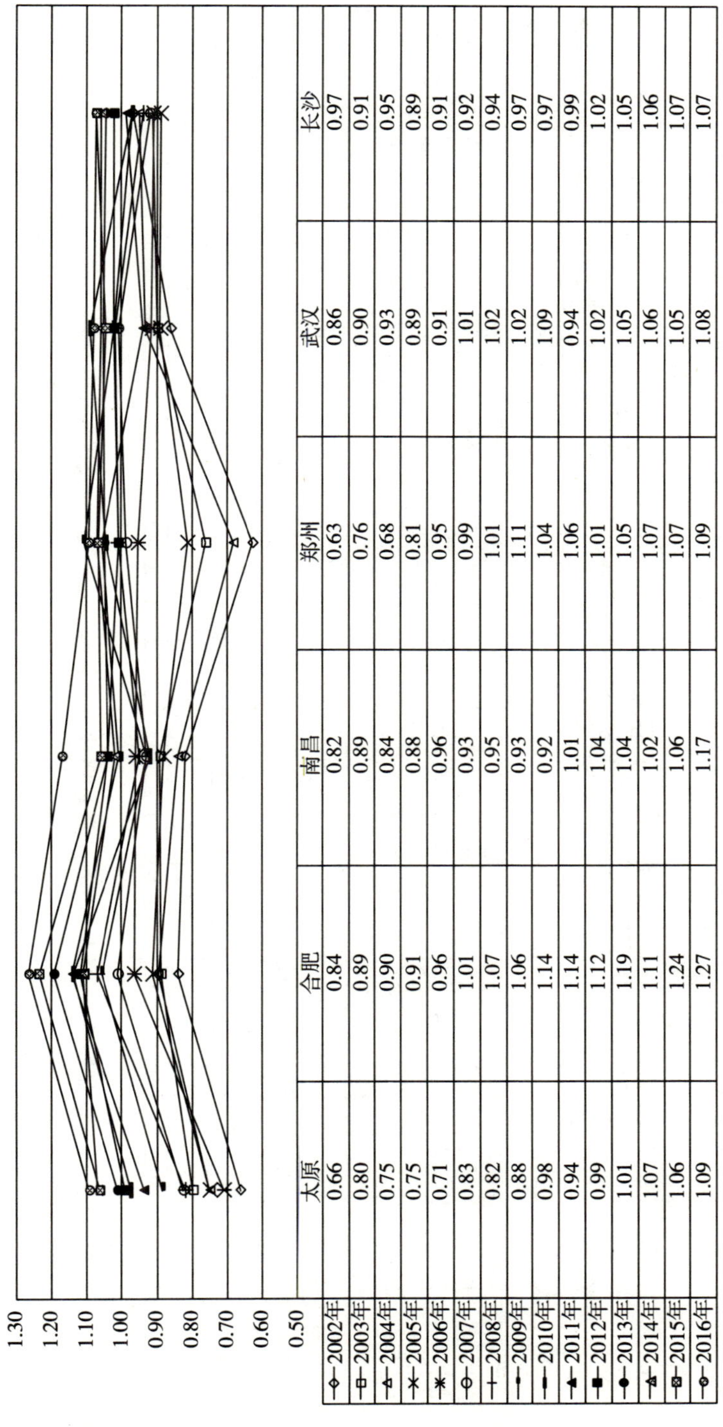

	太原	合肥	南昌	郑州	武汉	长沙
2002年	0.66	0.84	0.82	0.63	0.86	0.97
2003年	0.80	0.89	0.89	0.76	0.90	0.91
2004年	0.75	0.90	0.84	0.68	0.93	0.95
2005年	0.75	0.91	0.88	0.81	0.89	0.89
2006年	0.71	0.96	0.96	0.95	0.91	0.91
2007年	0.83	1.01	0.93	0.99	1.01	0.92
2008年	0.82	1.07	0.95	1.01	1.02	0.94
2009年	0.88	1.06	0.93	1.11	1.02	0.97
2010年	0.98	1.14	0.92	1.04	1.09	0.97
2011年	0.94	1.14	1.01	1.06	0.94	0.99
2012年	0.99	1.12	1.04	1.01	1.02	1.02
2013年	1.01	1.19	1.04	1.05	1.05	1.05
2014年	1.07	1.11	1.02	1.07	1.06	1.06
2015年	1.06	1.24	1.06	1.07	1.05	1.07
2016年	1.09	1.27	1.17	1.09	1.08	1.07

图 4-44　2002~2016 年中部 6 个城市休闲农业开发基础支撑系统评价值

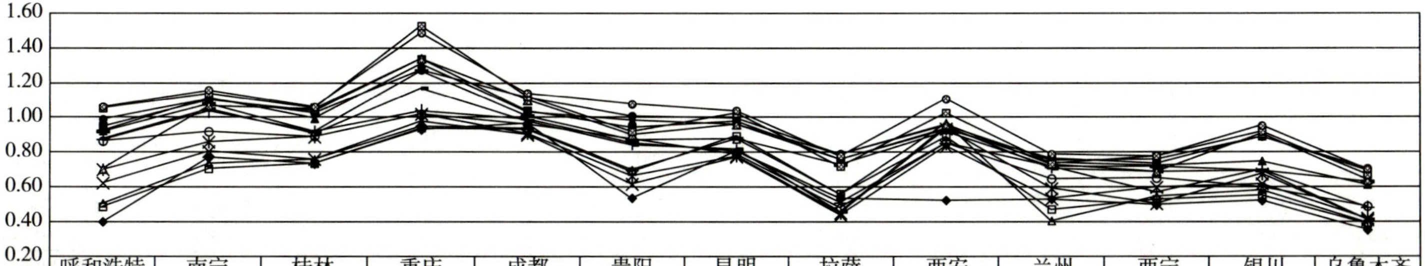

	呼和浩特	南宁	桂林	重庆	成都	贵阳	昆明	拉萨	西安	兰州	西宁	银川	乌鲁木齐
2002年	0.40	0.77	0.73	0.93	0.96	0.54	0.81	0.54	0.53	0.53	0.50	0.52	0.35
2003年	0.49	0.71	0.74	0.94	0.93	0.69	0.89	0.56	0.89	0.47	0.53	0.55	0.39
2004年	0.51	0.74	0.76	0.95	0.94	0.70	0.88	0.56	0.97	0.41	0.55	0.59	0.40
2005年	0.62	0.81	0.76	0.98	0.90	0.62	0.77	0.44	0.83	0.53	0.60	0.62	0.42
2006年	0.70	0.86	0.89	1.02	0.91	0.66	0.78	0.45	0.94	0.59	0.50	0.68	0.41
2007年	0.86	0.92	0.89	1.02	0.96	0.88	0.79	0.48	0.86	0.65	0.65	0.60	0.49
2008年	0.87	1.04	0.92	1.04	0.99	0.85	0.81	0.51	0.85	0.72	0.57	0.70	0.48
2009年	0.88	1.05	0.91	1.17	0.98	0.85	0.82	0.46	0.95	0.71	0.69	0.70	0.41
2010年	0.92	1.08	0.92	1.27	1.01	0.87	0.88	0.73	0.92	0.72	0.72	0.70	0.63
2011年	0.92	1.11	0.99	1.31	1.03	0.98	0.96	0.76	0.94	0.74	0.72	0.75	0.61
2012年	0.95	1.10	1.04	1.34	1.04	0.94	0.98	0.76	0.93	0.77	0.74	0.89	0.69
2013年	0.99	1.11	1.02	1.27	1.11	1.01	0.99	0.79	0.95	0.75	0.76	0.89	0.71
2014年	0.70	1.07	1.05	1.34	1.10	0.90	0.96	0.79	0.96	0.73	0.69	0.91	0.64
2015年	1.05	1.14	1.06	1.53	1.12	0.92	1.02	0.72	1.03	0.73	0.78	0.92	0.67
2016年	1.06	1.16	1.06	1.49	1.14	1.08	1.04	0.78	1.11	0.79	0.78	0.95	0.70

图4-45　2002~2016年西部13个城市休闲农业开发基础支撑系统评价值

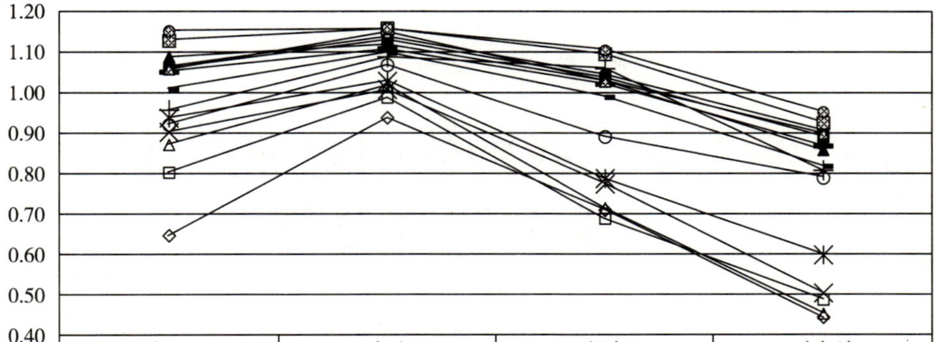

	沈阳	大连	长春	哈尔滨
2002年	0.65	0.94	0.71	0.45
2003年	0.80	0.99	0.69	0.49
2004年	0.87	1.02	0.72	0.45
2005年	0.90	1.01	0.78	0.51
2006年	0.94	1.03	0.79	0.60
2007年	0.92	1.07	0.89	0.79
2008年	0.96	1.09	1.06	0.81
2009年	1.01	1.10	0.99	0.82
2010年	1.05	1.11	1.02	0.87
2011年	1.09	1.12	1.03	0.86
2012年	1.06	1.13	1.04	0.89
2013年	1.07	1.14	1.05	0.91
2014年	1.06	1.15	1.03	0.90
2015年	1.13	1.16	1.10	0.93
2016年	1.15	1.16	1.11	0.95

图 4－46　2002～2016 年东北部 4 个城市休闲农业开发基础支撑系统评价值

第五章　我国休闲农业产业化运行机理分析

本章在辨识出产业化开发基础主成分因子的基础上，建立休闲农业产业化运行机理模型，对产业化形成的关键因素及路径选择进行深入研究、拟合与检验，从而科学论证休闲农业产业化的可行性及形成机制。

第一节　休闲农业产业化运行影响因子分析

基于休闲农业产业化开发基础主成分分析的结果，从产业化开发基础的经济、社会、产业、支撑4个系统中提取了12个基础成分，这些因素间的相互作用关系是休闲农业产业化运行的基础和动力。因此，清晰休闲农业产业化开发基础各因素间的作用关系和运行机理，可以为进一步推进休闲农业产业化发展提供理论依据和宏观指导。

首先，经济社会进步是产业化发展的基础动力。主要表现在：第一，促进产业结构优化调整。随着社会经济发展，第一产业占比呈现下降趋势，第二、第三产业占比持续提升，劳动力由第一产业向第二、第三产业转移，产业发展以劳动密集型为主逐渐向以劳动—资金、资金—技术、知识—技术密集型为主转变。第二，推动社会消费能力的显著提升。社会经济快速发展与社会事业全面进步带动人民生活水平和生活质量不断改善，社会消费能力和购买能力显著提高，推动消费需求的快速增长，社会消费结构实现优化调整，居民生活消费支出中交通通信、文教娱乐、医疗保健等发展型和享受型消费支出大幅增加，居民服务性需求不断上升，消费支出逐渐向服务性消费支出分流。第三，改善农业产业发展的政策环境。经济增长推动传统农业加速向现代农业发展，现代科技迅速向农业生产、加工领域渗透，农业增长方式由粗放型向集约型转变，通过出台相关政策突出财政支农、惠农重点，引导农业由单纯依靠资金投入追求数量和速度增长转向依靠提高资源利用效率、优化产业和产品结构和科技进步来实现农业经济增长。

其次，社会消费需求与消费能力的提升是产业发展的内在动力。社会消费能力的提高必然引起社会消费结构的调整，从而刺激观光、娱乐、度假等休闲消费需求增长，增强休闲农业开发的市场潜力。根据社会经济关联性指标研究结果显示，休闲农业经营数量、接待规模等指标与地区城镇人口数量具有显著正相关性，经营规模、产品收入等指标则与地区生产总值显著正相关，表明地区社会消费需求对休闲农业带动作用显著。

再次，关联产业的规模发展是产业发展的核心动力。以现代农业与旅游业为主的关联产业集聚发展是休闲农业实现规模化、产业化经营的核心。休闲农业发展是以农村生产、生活、生态资源为基础，以拓展农业多功能性为根本的农业经营方式，现代农业通过聚集先进生产要素、创新体制机制，不断加快转变农业发展方式，优化产业布局结构，开发农业多种功能，提高农业综合效益，依托现代农业的开发基础大力发展休闲农业，借助现代农业展销平台的辐射作用、农业园区的示范作用、龙头企业的带动作用，加快休闲农业产业集聚化、规模化发展。同时，旅游经济增长对休闲农业产业集群水平具有较强的推动作用，一方面，旅游业快速发展能够增强旅游接待能力，广泛吸引客源，塑造地区品牌形象，为休闲农业发展营造良好的市场环境，休闲农业发展通过立足本地资源优势、人文特色与消费特点，加大乡土文化、农耕文化挖掘整理力度，开发差异化的休闲产品，形成与地区旅游业错位发展、客源共享、市场一体的发展格局；另一方面，旅游经济增长可以带动金融、建筑、医疗卫生、环境保护等关联产业的集聚发展，推动休闲农业产业链拓展与延伸，进而增强休闲农业产业化经营水平。

最后，产业服务环境的优化是产业发展的辅助动力。制定产业扶持政策，以及营造有利于休闲农业产业化发展的服务环境，能够有效推进休闲农业产业化进程。通过制定休闲农业产业发展规划，出台财政税收优惠政策，建立休闲农业发展基金，重点开展基础设施建设、支撑体系建设、从业人员培训工程，提升休闲农业经营管理水平，改善休闲农业产业发展环境，从而助推特色鲜明、服务完善、管理规范、布局科学的休闲农业产业带、产业群的形成。

第二节 休闲农业产业化运行机理的模型构建

一、休闲农业产业化运行机理拟合模型选择

影响休闲农业产业化发展的变量因素众多，且部分指标度量误差较大，因果关系异常复杂，因此，若采用常用的灰色关联系数法、多元回归模型、系统动力学等进行运行机理模型构建、拟合与检验，会导致偏差大、效率低、结果不明晰等后果。结构方程模型（Structural Equation Model，SEM），是一种基于变量原始数据协方差矩阵分析变量之间关系的统计方法，综合了验证性因素分析、多元回归分析、方差分析、确认因子分析、路径分析等多种统计数据分析工具，能够用来揭示多个自变量与多个因变量之间复杂交错的因果关系[185]，属于验证性实证研究的数据分析法，又称为因果模式分析技术。

结构方程的基本原理可以概括为三个“两”：两个变量，即显变量和潜变量；两种模型，即结构模型和测量模型；两条路径，即显变量与潜变量之间的作用路径及潜变量与潜变量之间的作用路径。用路径图（Path Diagram）可以直观地表现SEM变量间的相互关系。路径图各种变量的名称和相互关系可以表示为：矩形表示显变量，x 为外生显变量，y 为内生显变量；椭圆形表示潜变量，ξ 为外生潜变量，η 为内生潜变量；小圆圈内的变量是测量的误差项，δ、ε 分别表示 x 变量和 y 变量的测量误差，ζ 表示用 ξ 预测 η 时的剩余误差。两变量间的单向箭头表示一个变量对另一个变量的直接影响，两个变量间的双向箭头表示这两个变量间可能互为影响，或两个变量可能是相关的，箭头上的数字表示效应大小。单向箭头指向因子表示内生潜变量未被解释的部分，单向箭头指向指标表示测量误差[186]。

结构方程模型包括结构模型和测量模型（Joreskog & Sorbom，1993）。

1. 结构模型

结构模型（Structural Model）也称潜变量模型或因果模型，主要反映潜变量之间的逻辑关系，其模型形式为：

$$\underset{m\times l}{\eta} = \underset{n\times m}{B} \underset{m\times l}{\eta} + \underset{m\times n}{\tau} \underset{n\times l}{\xi} + \underset{m\times l}{\zeta}$$

其中，η 是内生潜变量，ξ 是外生潜变量，m 是内生潜变量的数目，n 是外生潜变量数目；ζ 是随机误差项，表示 η 未能被解释的部分；B 是内生潜变量系数矩阵，描述内生潜变量 η 之间的相互作用关系；τ 是外生潜变量系数矩阵，描述外生潜变量与内生潜变量之间的影响关系。

潜变量 ξ 的协方差阵为：

$$E(\xi\xi') = \underset{n\times n}{\Phi}$$

残差项 ζ 的协方差阵为：

$$E(\zeta\zeta') = \underset{m\times n}{\Psi}$$

条件为 $E(\eta)=0$，$E(\xi)=0$，$E(\zeta)=0$；ξ 与 ζ 不相关。

2. 测量模型

测量模型（Measurement Model）反映潜变量和显变量之间的关系。通常将潜变量视作因子，用测量模型反映指标与因子间的关系，从而验证假设，也称为验证性因子模型。其测量方程为：

$$\underset{q\times l}{x} = \underset{q\times n}{\Lambda_x} \underset{n\times l}{\xi} + \underset{q\times l}{\delta}; \quad \underset{P\times 1}{y} = \underset{p\times m}{\Lambda_y} \underset{m\times l}{\eta} + \underset{p\times l}{\varepsilon}$$

其中，x 是 ξ 的观测指标，y 是 η 的观测指标；δ、ε 分别表示 x 和 y 的测量误差；Λ_x 是 $q\times n$ 系数阵，由 x 在 ξ 上的因子载荷构成，表明外生显变量 x 与外生潜变量 ξ 间的关系；Λ_y 是 $p\times m$ 系数阵，由 y 在 η 上的因子载荷构成，表明内生显变量 y 与内生潜变量 η 间的关系；p 是内生显变量的数目，q 是外生显变量的数目。

条件为 $E(\eta)=0$，$E(\xi)=0$，$E(\varepsilon)=0$，$E(\delta)=0$；ξ 与 δ 无关，η 与 ε 无关，δ 与 ε 无关。

δ 与 ε 的协方差矩阵分别为：

$$E(\delta\delta') = \underset{q\times q}{\Theta_\delta}; \quad E(\varepsilon\varepsilon') = \underset{p\times p}{\Theta_\varepsilon}$$

结构方程模型的主要步骤是：①模型设定（Model Specification）。包括显变量模型和潜变量模型，可以通过路径图对变量之间的关系进行清晰描述，并转化为建模方程，对模型的测量部分和结构部分进行分析评价。②模型识别（Model Identification）。考察模型中的未知参数能否由观测变量进行估计。模型识别规则一般采用 t 规则，即 $t\leq\frac{1}{2}(p+q)(p+q+1)$，其中，$t$ 是待估计的参数个数，p

是内生显变量的个数，q 是外生显变量的个数。③模型估计（Model Estimation）。根据显变量的方差和协方差进行参数估计。根据模型基本假设，如果总体参数已知且模型正确，则显变量的总体协方差矩阵 $\sum$ 可表示成模型参数 θ 的函数协方差矩阵，即 $\sum = \sum(\theta)$ 。但一般情况下总体协方差和总体参数未知，需要在样本估计的基础上估计未知参数，即在拟合函数 $F(S, \sum(\theta)) = S - \sum(\theta)$ 最小化的基础上建立结构方程模型，其中，S 是 $\sum$ 的样本值。④模型评价或称模型拟合度检验（Testing Model Fit）。检验模型总体拟合程度，考察模型与实际是否充分拟合。⑤模型修正（Model Modification）。若模型与数据的拟合结果不理想，需要对模型进行修正。

在休闲农业产业化运行系统的测评中，并非所有变量都能直接测量，一般通过一些可观测变量作为潜变量的标识，但会导致一定的测量误差，从而使模型参数估计产生偏差。结构方程模型能够有效处理测量误差，并分析潜变量间的结构关系，考察先验假设模型与数据的拟合程度。本书采用AMOS22.0软件进行数据分析和模型检验，分析变量间关系的合理性，并验证模型的收敛性。

二、休闲农业产业化运行机理假设体系提出

上文识别出的休闲农业产业化基础成分在统计范畴内，都会对休闲农业产业化发展趋势产生显著影响，但在形成产业化发展状态的过程中，并非所有基础成分都会起到直接作用。各成分之间存在相互影响、相互关联、互为因果的关系。分析休闲农业产业化运行机理，实际上是探索 12 个基础成分之间的因果作用关系结构，进而揭示各基础成分与产业化趋势之间及各成分之间作用路径的过程。

由此，鉴于产业系统在产业化开发基础系统中的核心作用，以及经济系统、社会系统的导向作用和支撑系统的载体作用，这里以产业化开发基础系统中的四个核心成分作为休闲农业产业化发展基础的最终测度对象，即以现代农业发展、旅游经济增长、产业服务环境、产业集群水平为休闲农业产业化运行系统结构方程模型的因变量。

根据以上分析，提出如下休闲农业产业化运行机理的假设体系：

H1：经济社会进步对产业结构优化、社会消费能力、产业政策环境有正路

径影响。

H1－1：经济社会进步对产业结构优化有正路径影响。

H1－2：经济社会进步对社会消费能力有正路径影响。

H1－3：经济社会进步对产业政策环境有正路径影响。

H2：产业结构优化对环境保护水平、基础设施建设有正路径影响。

H2－1：产业结构优化对环境保护水平有正路径影响。

H2－2：产业结构优化对基础设施建设有正路径影响。

H3：社会消费能力对社会消费结构、环境保护水平有正路径影响。

H3－1：社会消费能力对社会消费结构有正路径影响。

H3－2：社会消费能力对环境保护水平有正路径影响。

H4：基础设施建设对产业服务环境、旅游经济增长有正路径影响。

H4－1：基础设施建设对产业服务环境有正路径影响。

H4－2：基础设施建设对旅游经济增长有正路径影响。

H5：环境保护水平对旅游经济增长有正路径影响。

H6：社会消费结构对旅游经济增长、现代农业发展有正路径影响。

H6－1：社会消费结构对旅游经济增长有正路径影响。

H6－2：社会消费结构对现代农业发展有正路径影响。

H7：产业政策环境对农业经济增长有正路径影响。

H8：农业经济增长对现代农业发展、社会消费结构有正路径影响。

H8－1：农业经济增长对现代农业发展有正路径影响。

H8－2：农业经济增长对社会消费结构有正路径影响。

H9：产业服务环境对产业集群水平有正路径影响。

H10：旅游经济增长对产业集群水平有正路径影响。

H11：现代农业发展对产业集群水平有正路径影响。

三、休闲农业产业化运行机理概念模型构建

通过对休闲农业产业化开发基础系统四个子系统基础成分的识别分析，以及待验证假设体系的提出，根据 12 个基础成分及其对应的构成要素，赋予各基础成分及构成要素变量名称，如表 5－1 所示，并构建休闲农业产业化运行机理结构方程概念模型，如图 5－1 所示。

表 5－1　休闲农业产业化运行机理结构方程模型变量定义

	潜变量	潜变量内容	显变量	显变量内容
自变量	ξ_1	经济社会进步	x_1	人均生产总值
			x_2	人均第三产业产值
	ξ_2	产业结构优化	x_3	第三产业比重
			x_4	第三产业区位商
	ξ_3	环境保护水平	x_5	空气质量优良率
			x_6	人均绿地面积
	ξ_4	社会消费能力	x_7	城镇居民人均可支配收入
			x_8	城镇居民人均消费性支出
	ξ_5	社会消费结构	x_9	农村家庭恩格尔系数
			x_{10}	城镇家庭恩格尔系数
	ξ_6	基础设施建设	x_{11}	基础设施建设投资占比
	ξ_7	产业政策环境	x_{12}	农业财政支出占比
			x_{13}	年出台政策文件数量
	ξ_8	农业经济增长	x_{14}	人均农业总产值
			x_{15}	人均第一产业固定资产投资
因变量	η_1	产业服务环境	y_1	私人汽车拥有量
			y_2	路网密集度
	η_2	旅游经济增长	y_3	国内旅游收入
			y_4	旅游服务能力
	η_3	现代农业发展	y_5	高效设施农业面积占比
			y_6	农业科技贡献率
	η_4	产业集群水平	y_7	休闲农业资源规模度
			Y_8	休闲农业企业数
			Y_9	休闲农业资源价值

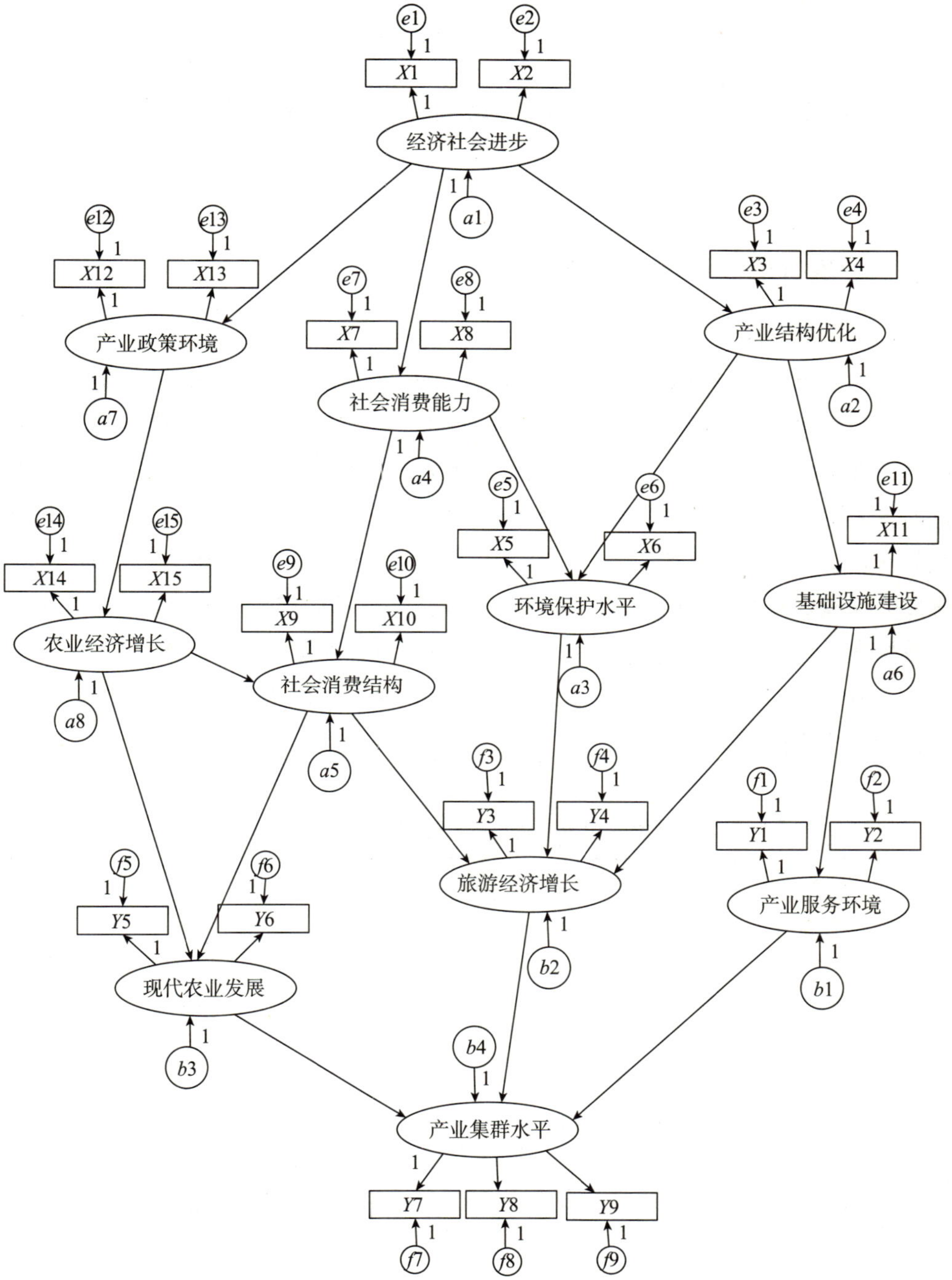

图 5－1　休闲农业产业化运行机理结构方程概念模型

第三节　休闲农业产业化运行机理拟合验证

一、运行机理模型拟合与评价

1. 原始数据信度检验

结构方程模型对数据的信度具有一定要求，信度检验（Reliability Test）是指对测量数据的稳定性与一致性程度进行测量。稳定性是用一种计算工具测量相同受访者不同时间上的重复调查结果可靠系数；一致性主要验证各项原始指标数据能否表达相同内容及其特征。为保证研究的科学性，本书以 Cronbach's Alpha 系数对各个潜变量测量信度进行分析，应用 SPSS18.0 软件对 40 个城市 12 个基础成分构成要素变量的原始数据进行信度检验。各基础成分的 Cronbach's Alpha 系数均在 0.65 以上，且总量表的 Cronbach's Alpha 系数达到 0.879，如表 5－2 所示，表明 12 个基础成分的原始数据可靠性较高，可以用作休闲农业产业化运行机理的拟合检验。

表 5－2　休闲农业产业化运行机理潜变量的信度检验结果

潜变量内容	可测变量个数	Cronbach's Alpha
经济社会进步	2	0.957
产业结构优化	2	0.844
环境保护水平	2	0.654
社会消费能力	2	0.969
社会消费结构	2	0.811
基础设施建设	1	—
产业政策环境	2	0.654
农业经济增长	2	0.692
产业服务环境	2	0.841
旅游经济增长	2	0.911
现代农业发展	2	0.719

续表

潜变量内容	可测变量个数	Cronbach's Alpha
产业集群水平	3	0.965
全部	24	0.879

2. 概念模型效度检验

效度检验（Validity Test）是指测量方法能够准确测量所要求证的特质的拟合度，包括准则效度、内容效度、结构效度三种类型。本书主要采用结构效度来检验设定的休闲农业产业化运行机理概念模型，结构效度主要用于衡量概念模型结构拟合的程度，其一般通过实际数据拟合结果能否反映理论假设来验证，如果拟合结果与构建的概念模型一致则认为概念模型具有结构效度。结构方程概念模型结构效度检验可以通过以下两种方式来实现：一是模型路径系数，如果概念模型潜变量与显变量之间、潜变量相互之间假设关系合理则拟合结果的未标准化路径系数估计具有显著统计意义，且标准化路径系数估计可用来比较变量假设关系的拟合优度；二是概念模型拟合指数，应用概念模型检验的验证性因子分析的拟合指数考证结构效度。

在初始概念模型的基础上，将本书选取的40个城市15年休闲农业产业化开发基础系统12个基础成分的24项指标变量的面板数据导入AMOS22.0软件中进行拟合运算，其概念模型拟合系数如表5-3所示。首先，验证路径系数估计的统计意义，检验变量间路径系数的显著性。应用AMOS22.0软件C.R.（Critical Ratio）值进行显著性检验，C.R.值是系数估计与其标准差的比，当$|C.R.|>1.96$时，表明路径系数在95%的置信水平下具有统计显著性，当C.R.值的伴随概率$P<0.05$时，表明路径系数具有统计显著性。根据检验结果，概念模型中大部分变量间的作用路径系数所对应的C.R.值及P值均达到参考值范围，表明大部分路径系数具有统计显著性。

表5-3　休闲农业产业化运行机理概念模型的路径系数拟合结果

路径	未标准化路径系数估计	S.E.	C.R.	P	标准化路径系数估计
$\xi7\leftarrow\xi1$	-0.649	0.060	-10.762	***	-0.052
$\xi4\leftarrow\xi1$	1.285	0.032	40.089	***	0.935
$\xi2\leftarrow\xi1$	0.222	0.053	4.208	***	0.171

续表

路径	未标准化路径系数估计	S. E.	C. R.	P	标准化路径系数估计
$\xi8\leftarrow\xi7$	0.984	0.084	2.089	0.029	0.065
$\xi3\leftarrow\xi2$	0.016	0.014	1.963	0.049	0.044
$\xi5\leftarrow\xi4$	0.360	0.042	8.499	***	0.549
$\xi3\leftarrow\xi4$	0.212	0.036	5.924	***	0.627
$\xi6\leftarrow\xi2$	0.083	0.019	4.256	***	0.272
$\xi5\leftarrow\xi8$	-0.015	0.059	-0.250	0.802	-0.013
$\eta2\leftarrow\xi3$	0.155	0.045	3.470	***	0.096
$\eta3\leftarrow\xi8$	0.464	0.090	5.179	***	0.054
$\eta2\leftarrow\xi6$	1.799	0.206	8.717	***	0.931
$\eta2\leftarrow\xi5$	-2.037	0.982	-2.924	0.034	-0.044
$\eta1\leftarrow\xi6$	1.731	0.205	8.435	***	1.023
$\eta3\leftarrow\xi5$	0.021	0.047	0.448	0.654	0.004
$\eta4\leftarrow\eta1$	-0.374	0.617	-2.416	0.037	-0.084
$\eta4\leftarrow\eta2$	1.413	0.371	3.811	***	0.772
$\eta4\leftarrow\eta3$	2.823	0.531	2.988	0.030	0.014
$X1\leftarrow\xi1$	1.000				0.960
$X2\leftarrow\xi1$	1.273	0.024	53.896	***	0.977
$X4\leftarrow\xi2$	0.403	0.047	8.604	***	0.743
$X5\leftarrow\xi3$	1.000				0.412
$X6\leftarrow\xi3$	3.154	0.508	6.213	***	0.913
$X7\leftarrow\xi4$	1.000				0.983
$X8\leftarrow\xi4$	0.795	0.011	71.574	***	0.979
$X9\leftarrow\xi5$	1.000				0.684
$X10\leftarrow\xi5$	1.240	0.113	11.013	***	1.018
$X12\leftarrow\xi7$	1.000				8.565
$X13\leftarrow\xi7$	0.108	0.033	3.267	0.001	0.049
$X15\leftarrow\xi8$	0.794	0.088	9.006	***	0.654
$Y5\leftarrow\eta3$	1.000				5.782
$Y4\leftarrow\eta2$	1.114	0.036	30.971	***	0.868
$Y1\leftarrow\eta1$	1.000				0.956
$Y2\leftarrow\eta1$	1.047	0.045	23.169	***	0.783

续表

路径	未标准化路径系数估计	S. E.	C. R.	P	标准化路径系数估计
$X3 \leftarrow \xi 2$	1.000				1.117
$X14 \leftarrow \xi 8$	1.000				0.657
$Y6 \leftarrow \eta 3$	0.924	0.271	2.089	0.009	0.088
$Y3 \leftarrow \eta 2$	1.000				0.963
$Y7 \leftarrow \eta 4$	1.000				0.838
$Y8 \leftarrow \eta 4$	1.225	0.038	32.471	***	1.001
$Y9 \leftarrow \eta 4$	1.207	0.038	32.037	***	0.994
$X11 \leftarrow \xi 6$	1.000				0.394

注：*** 表示 P 小于 0.01，下同。

为科学判断模型的拟合效果，本书选取多个拟合指数进一步验证模型的有效性和可接受性。这里同时采取绝对拟合优度指标、相对拟合优度指标及信息指数来考量，绝对拟合优度指标用来测量理论模型与样本数据间的拟合程度，相对拟合优度指标用来测量理论模型在标准模型之上的改善程度。绝对拟合指数包括 χ^2/df（卡方自由度比）检验、GFI（拟合优度）、RMR（残差均方根）、RMSEA（根均方误差）；相对拟合指数包括 NFI（标准拟合指数）、TLI（非标准性拟合指数）、CFI（比较拟合指数）；信息指数包括 AIC（赤池信息指数）、CAIC（一致赤池信息指数）。本书用以上 9 项拟合指数来评价休闲农业产业化运行机理概念模型拟合优度。运行结果如表 5－4 所示：

表 5－4　模型拟合指数评判准则

拟合指标		评判准则	评价结果
绝对拟合指数	χ^2/df	越小越好，$2 \leq \chi^2/df \leq 5$，模型可被接受；$\chi^2/df < 2$ 模型拟合效果较好	5.041
	CFI	大于 0.8，模型可被接受，越接近 1 模型拟合效果越好	0.682
	RMR	小于 0.05，模型可被接受，越接近 0 模型拟合效果越好	0.008
	RMSEA	越小越好，$0.05 \leq RMSEA \leq 0.08$，模型可被接受；$RMSEA < 0.05$，模型拟合效果较好	0.075
相对拟合指数	NFI	大于 0.9，模型可被接受，越接近 1 模型拟合效果越好	0.929
	TLI	大于 0.9，模型可被接受，越接近 1 模型拟合效果越好	0.995
	CFI	大于 0.9，模型可被接受，越接近 1 模型拟合效果越好	0.748

续表

拟合指标		评判准则	评价结果
信息指数	AIC	越小越好	960.1
	CAIC	越小越好	1940.73

由运行结果可以看出，RMR、RMSEA、NFI、TLI 等指数已达到评价标准，表明构建的概念模型可被接受。χ^2/df、CFI 指数尚未达到评价标准，表明概念模型结果仍不够理想，CFI 小于 0.90，说明模型尚有改善空间。

二、运行机理模型调整与修正

结构方程模型验证中，由于原始数据收集的偏差及模型构建的欠缺，很难一次运行即可实现拟合标准，需要对概念模型进行调整与修正。

根据 AMOS16.0 软件的模型拟合结果，可由变量间路径系数对应的 C. R. 绝对值和 P 值判断是否存在显著性差异，未达到拟合要求的变量间路径为：

（1）$\xi5 \leftarrow \xi8$：C. R. = $|-0.250| < 1.96$，$P = 0.802 > 0.05$。

（2）$\eta3 \leftarrow \xi5$：C. R. = $|0.448| < 1.96$，$P = 0.654 > 0.05$。

即关于农业经济增长对社会消费结构有正路径影响、社会消费结构对现代农业发展有正路径影响的假设关系路径系数不显著。因此，将此没有通过检验的路径进行修正，并将删除此路径后的数据导入软件再次进行拟合运算。由模型修正后的路径系数来看，路径系数对应的 C. R. 绝对值和 P 值均达到参考值范围，说明休闲农业产业化运行机理修正模型的变量间路径系数均具有统计显著性（见表 5－5）。

表 5－5　休闲农业运行机理修正模型的路径系数拟合结果

路径	未标准化路径系数估计	S. E.	C. R.	P	标准化路径系数估计
$\xi4 \leftarrow \xi1$	1.285	0.032	40.086	***	0.935
$\xi7 \leftarrow \xi1$	-0.651	0.060	-10.774	***	-0.055
$\xi2 \leftarrow \xi1$	0.222	0.053	4.209	***	0.176
$\xi3 \leftarrow \xi2$	0.016	0.014	1.151	0.002	0.045
$\xi5 \leftarrow \xi4$	0.357	0.042	8.411	***	0.547
$\xi3 \leftarrow \xi4$	0.212	0.036	5.928	***	0.628

续表

路径	未标准化路径系数估计	S. E.	C. R.	P	标准化路径系数估计
ξ6←ξ2	0. 083	0. 019	4. 257	***	0. 275
ξ8←ξ7	0. 004	0. 040	0. 107	0. 005	0. 071
η2←ξ3	0. 155	0. 045	3. 477	***	0. 097
η3←ξ8	0. 467	0. 090	5. 200	***	0. 056
η2←ξ6	1. 800	0. 206	8. 717	***	0. 934
η2←ξ5	-0. 038	0. 019	-1. 963	0. 050	-0. 043
η1←ξ6	1. 732	0. 205	8. 435	***	1. 027
η4←η1	-0. 180	0. 417	-0. 430	0. 006	-0. 089
η4←η2	1. 416	0. 371	3. 822	***	0. 775
η4←η3	0. 003	0. 032	0. 092	0. 007	0. 014
X1←ξ1	1. 000				0. 965
X2←ξ1	1. 273	0. 024	53. 894	***	0. 973
X4←ξ2	0. 403	0. 047	8. 608	***	0. 746
X5←ξ3	1. 000				0. 415
X6←ξ3	3. 152	0. 507	6. 217	***	0. 914
X7←ξ4	1. 000				0. 986
X8←ξ4	0. 795	0. 011	71. 574	***	0. 978
X9←ξ5	1. 000				0. 677
X10←ξ5	1. 247	0. 114	10. 904	***	1. 021
X12←ξ7	1. 000				7. 804
X13←ξ7	0. 108	0. 033	3. 267	0. 001	0. 053
X15←ξ8	0. 791	0. 088	8. 952	***	0. 652
Y5←η3	1. 000				5. 676
Y4←η2	1. 114	0. 036	30. 975	***	0. 865
Y1←η1	1. 000				0. 956
Y2←η1	1. 047	0. 045	23. 169	***	0. 784
X3←ξ2	1. 000				1. 113
X14←ξ8	1. 000				0. 657
Y6←η3	0. 924	0. 271	2. 089	0. 009	0. 088
Y3←η2	1. 000				0. 963
Y7←η4	1. 000				0. 838

续表

路径	未标准化路径系数估计	S. E.	C. R.	P	标准化路径系数估计
$Y8 \leftarrow \eta 4$	1.225	0.038	32.460	***	1.001
$Y9 \leftarrow \eta 4$	1.207	0.038	32.024	***	0.993
$X11 \leftarrow \xi 6$	1.000				0.395

同时，对修正模型的拟合指数进行再次运算，根据拟合运算结果显示，表明模型拟合良好。休闲农业产业化运行机理初始概念模型经过修正后，拟合结果均已通过结构效度检验，说明修正模型符合初始假设（见表5－6）。

表5－6　休闲农业产业化运行机理修正模型主要拟合指数

指数名称		评价标准	评价结果
绝对拟合指数	χ^2/df	越小越好，$2 \leqslant \chi^2/df \leqslant 5$，模型可被接受；$\chi^2/df < 2$ 模型拟合效果较好	4.714
	CFI	大于0.8，模型可被接受，越接近1模型拟合效果越好	0.865
	RMR	小于0.05，模型可被接受，越接近0模型拟合效果越好	0.008
	RMSEA	越小越好，$0.05 \leqslant RMSEA \leqslant 0.08$，模型可被接受；$RMSEA < 0.05$，模型拟合效果较好	0.046
相对拟合指数	NFI	大于0.9，模型可被接受，越接近1模型拟合效果越好	0.926
	TLI	大于0.9，模型可被接受，越接近1模型拟合效果越好	0.995
	CFI	大于0.9，模型可被接受，越接近1模型拟合效果越好	0.939
信息指数	AIC	越小越好	939.018
	CAIC	越小越好	1815.010

三、运行机理假设体系检验与分析

通过对休闲农业产业化运行机理初始概念模型的拟合运算与调整修正，概念模型变量间路径系数均实现统计显著性。为保证对实证研究提供可靠的理论依据，进一步验证休闲农业产业化运行机理假设体系中各假设的合理性，假设体系检验结果如表5－7所示。

表5-7 休闲农业产业化运行机理假设体系检验结果

假设	假设条件	变量路径	标准路径系数	检验结果
H1-1	经济社会进步对产业结构优化有正路径影响	$\xi2\leftarrow\xi1$	0.174	支持
H1-2	经济社会进步对社会消费能力有正路径影响	$\xi4\leftarrow\xi1$	0.935	支持
H1-3	经济社会进步对产业政策环境有正路径影响	$\xi7\leftarrow\xi1$	-0.054	反向支持
H2-1	产业结构优化对环境保护水平有正路径影响	$\xi3\leftarrow\xi2$	0.431	支持
H2-2	产业结构优化对基础设施建设有正路径影响	$\xi6\leftarrow\xi2$	0.275	支持
H3-1	社会消费能力对社会消费结构有正路径影响	$\xi5\leftarrow\xi4$	0.546	支持
H3-2	社会消费能力对环境保护水平有正路径影响	$\xi3\leftarrow\xi4$	0.628	支持
H4-1	基础设施建设对产业服务环境有正路径影响	$\eta1\leftarrow\xi6$	1.025	支持
H4-2	基础设施建设对旅游经济增长有正路径影响	$\eta2\leftarrow\xi6$	0.934	支持
H5	环保环境水平对旅游经济增长有正路径影响	$\eta2\leftarrow\xi3$	0.097	支持
H6-1	社会消费结构对旅游经济增长有正路径影响	$\eta2\leftarrow\xi5$	-0.044	反向支持
H6-2	社会消费结构对现代农业发展有正路径影响	$\eta3\leftarrow\xi5$	—	不支持
H7	产业政策环境对农业经济增长有正路径影响	$\xi8\leftarrow\xi7$	0.068	支持
H8-1	农业经济增长对现代农业发展有正路径影响	$\eta3\leftarrow\xi8$	0.056	支持
H8-2	农业经济增长对社会消费结构有正路径影响	$\xi5\leftarrow\xi8$	—	不支持
H9	产业服务环境对产业集群水平有正路径影响	$\eta4\leftarrow\eta1$	-0.087	反向支持
H10	旅游经济增长对产业集群水平有正路径影响	$\eta4\leftarrow\eta2$	0.778	支持
H11	现代农业发展对产业集群水平有正路径影响	$\eta4\leftarrow\eta3$	0.132	支持

通过对休闲农业产业化运行机理假设体系的验证，可以得出以下结论：①经济社会进步对产业结构优化有积极的推动作用，能够对社会消费能力的提高产生显著的促进作用，但对农业产业发展的政策环境没有产生正路径影响，说明随着经济社会发展，产业结构不断优化，第一产业产值占GDP比重总体上呈下降趋势，各地区对现代农业发展的重视程度尚显不足，休闲农业产业发展的政策法规有待完善，产业扶持力度有待加强。②产业结构的优化促使各地区第二、第三产业产值占GDP比重显著提升，对城镇污水处理、生活垃圾无公害处理、空气质量改善、建成区绿化、人均绿地面积等环境治理与环境保护措施投入力度加大，客运交通网络、邮电通信设施等基础建设投资水平不断提高。③随着城镇和农村居民人均收入水平的提高和消费性支出的增加，社会人口生活质量明显提高，旅游消费需求逐渐增长。但根据模型拟合结果显示，社会消费结构对旅游经济增长的正路径影响呈现反向弱支持，说明社会消费能力提升和消费结构调整对旅游经济增长的积极推动作用尚不明显，需要采取措施对居民消费予以积极引导，以此

提高社会居民旅游消费水平；同时，农业经济增长对社会消费结构调整并无显著作用，社会消费结构的变化也未对现代农业发展产生显著影响，说明现代农业发展主要是由农业经济增长和农业科技水平提升带动的，社会生活质量的改善与农业产业发展的相关性不大。④旅游经济增长与现代农业发展对休闲农业产业集群水平具有显著的推动作用，地区旅游客源接待能力与接待量、国内旅游收入与旅游外汇收入水平、旅游资源丰度与开发程度的提升，可为休闲农业发展提供良好的客源基础，带动休闲农业项目与著名景区联动开发，形成产业集聚发展态势；现代农业发展则为农业功能的拓展与农业资源的集约化利用提供了支撑，进而推动休闲农业产业规模化、产业化发展；产业服务环境的优化是产业集群化发展的重要助推因素，模型拟合结果表明产业服务环境对休闲农业产业集群水平正路径影响的假设为反向弱支持状态，说明产业服务环境对产业集群化发展的支撑力明显不足，休闲农业产业发展的基础设施、服务设施及软环境有待改善。[189]

第四节　休闲农业产业化的传导路径及关键因素分析

一、休闲农业产业化的传导路径

根据以上对休闲农业产业化运行机理假设体系的验证可以得知，现代农业发展、旅游经济增长与产业服务环境是休闲农业产业集群化发展的直接影响因素。根据实证结果，并非全部基础成分都直接作用于休闲农业产业化系统的运行，各基础成分之间存在着显著的相互作用关系。

休闲农业产业化运行的基本传导路径表现为：①经济社会进步→产业政策环境→农业经济增长→现代农业发展→产业集群水平；②经济社会进步→社会消费能力→社会消费结构→旅游经济增长→产业集群水平；③经济社会进步→产业结构优化→基础设施建设→产业服务环境→产业集群水平。首先，经济社会的进步引起农业产业发展的政策环境改善，进而引致农业经济增长和现代农业的发展，从而建立起以农业高新技术、高效设施、先进理念为支撑的现代农业综合开发体系，进一步推进传统农业资源利用方式的集约化、农业功能的多样化、农业设施的现代化，为农业资源的持续利用及农村生态环境的持续协调提供了有效支撑，推动休闲农业产业集群发展；其次，经济增长与社会进步引致社会消费能力的提升与社会消费结构的调整，社会居民生活质量的提高与旅游消费需求的增长进一步引致旅游经济的快速增长，从而实现休闲农业企业集聚和产业集群发展；最后，社会经济的长足发展引起产业结构调整优化，第二、第三产业占比显著增加，促使休闲农业关联产业的快速发展，有效改善产业服务环境，推进休闲农业产业化进程。

二、休闲农业产业化的关键因素

休闲农业产业化运行受多种因素的影响和制约，社会经济增长、产业结构调整是休闲农业产业发展的经济基础，社会消费能力提升、社会消费结构优化、社会生活质量提高是产业发展的社会基础，现代农业、旅游业、金融业、建筑业、园林设计、交通运输业等关联产业发展是休闲农业企业集聚的产业环境，基础设施建设、服务设施建设、环境保护与环境治理水平的提升是产业集群化发展的支撑条件。进一步剖析休闲农业产业化运行的关键因素，可归结为以下几点：

1. 现代农业的快速发展

特色农业、有机农业、生态农业、循环农业等现代农业的发展是提高农业资源综合利用效率、开拓农村经济发展新空间、实现农业可持续发展的重要推动力。依托农业优势资源，建立农业可持续发展的生产技术模式和产业开发链条，有利于推动农业增效、农民增收，推进农村社会、经济、环境的协调发展。在此基础上以农业特色产业、农村生态环境、民俗风情为资源基础，以休闲农业龙头企业为载体，以休闲农业示范基地建设为重点，形成突出特色、集中布局、规模发展的休闲农业集群化发展格局。现代农业对休闲农业产业化发展的支撑作用表现在以下几方面：一是有效提高科技贡献率、土地产出率、劳动生产率、加工增值率，为休闲农业资源集约利用和产业链条延伸提供生产条件与技术支撑；二是提高市场运作能力，增强产业市场竞争力，现代农业发展促生一批农业龙头企业和农户围绕地区优势资源，以市场需求为导向开展农业生产活动，注重技术进步与创新，在生产加工、标准建设、环境保护方面采用新技术，将资源优势转化为经济优势，形成具有市场竞争力的特色经济带，进而优化休闲农业产业化经营的市场环境；三是现代农业发展中重点突出产前、产中、产后各环节综合配套设施建设，实行集约化、专业化、标准化经营管理，为休闲农业产业示范园区建设提供有力支撑。

2. 关联产业的集聚发展

旅游产业、金融业、建筑业、环保业等关联产业的快速发展有助于形成休闲农业产业链经营模式，提高休闲农业产业的集中程度与规模经济效应。通过与休闲农业关系密切的产业广泛联动，利用农村生产、生活、生态资源，与市场消费需求、人文环境、人才资源等有机衔接和融合，对农业的观光、体验、休闲、度假功能进行深度挖掘与设计，形成彼此良性互动的关联产业价值体系。因此，关联产业发展水平的提升将提高休闲农业产业链经营水平，实现产业链各环节环环相扣的发展态势，产生产业聚合和规模经济效应。

3. 产业服务环境的改善

健全的产业服务体系和完善的服务设施条件是休闲农业规模化发展的重要保障。农村水、电、路、通信等基础设施的完善，安全、卫生、信息等服务体系的健全，市政、公交等服务设施的齐全将促进休闲农业标准化、规范化经营，提高休闲农业经营管理水平，形成规范有序发展的格局。吸引休闲农业龙头企业及关联产业企业入驻，需要进一步加快通乡、通村路网建设，完善邮电通信设施，提高休闲农业项目开发地的可进入性和通达性；改善目的地道路、给排水、污水集中处理能力，垃圾无害化处理能力，提高生态保护与环境绿化水平，提升旅游接待能力与服务设施档次；加大人才引进与培养力度，加强经营管理人员与服务人员的培训，切实提高管理和服务水平。产业服务环境的改善有助于休闲农业资源规模化开发和相关企业的集聚，有效推进休闲农业产业化进程。

4. 产业政策环境的优化

为加快农村产业结构调整，促进休闲农业产业规模化发展，需要进一步优化产业政策环境。各级政府要出台支持休闲农业发展的系列政策文件，在用地、资金、税收、信贷等方面对休闲农业项目给予政策倾斜，健全政策落实的体制机制，推动农办、发改委、交通、国土、农林、水利、旅游等部门协调联动、紧密配合，为休闲农业产业发展提供政策保障和组织保障；在现代农业发展、农田水利设施建设、农业科技发展、农村生态环境保护、农村基础设施建设等方面出台相关政策，完善乡镇土地利用规划、区域旅游发展规划等，加强招商引资能力，大力引进知名度较高、整体竞争力较强的休闲农业龙头企业，辐射带动关联产业发展，形成产业集群发展态势。通过强化政策引导、资金扶持、资源倾斜，能够加速推进结构合理、布局科学、管理规范的休闲农业产业带、产业群的形成。

三、休闲农业产业化运行机理的结构模型

通过以上对休闲农业产业化运行机理的假设体系验证、传导路径模拟以及关

键因素分析，清晰休闲农业产业化开发基础的经济、社会、产业与支撑四个子系统的 12 个基础成分相互间的作用机理，依据休闲农业产业化开发基础的系统结构，绘制出休闲农业产业化运行机理的结构模型（见图 5 - 2）。

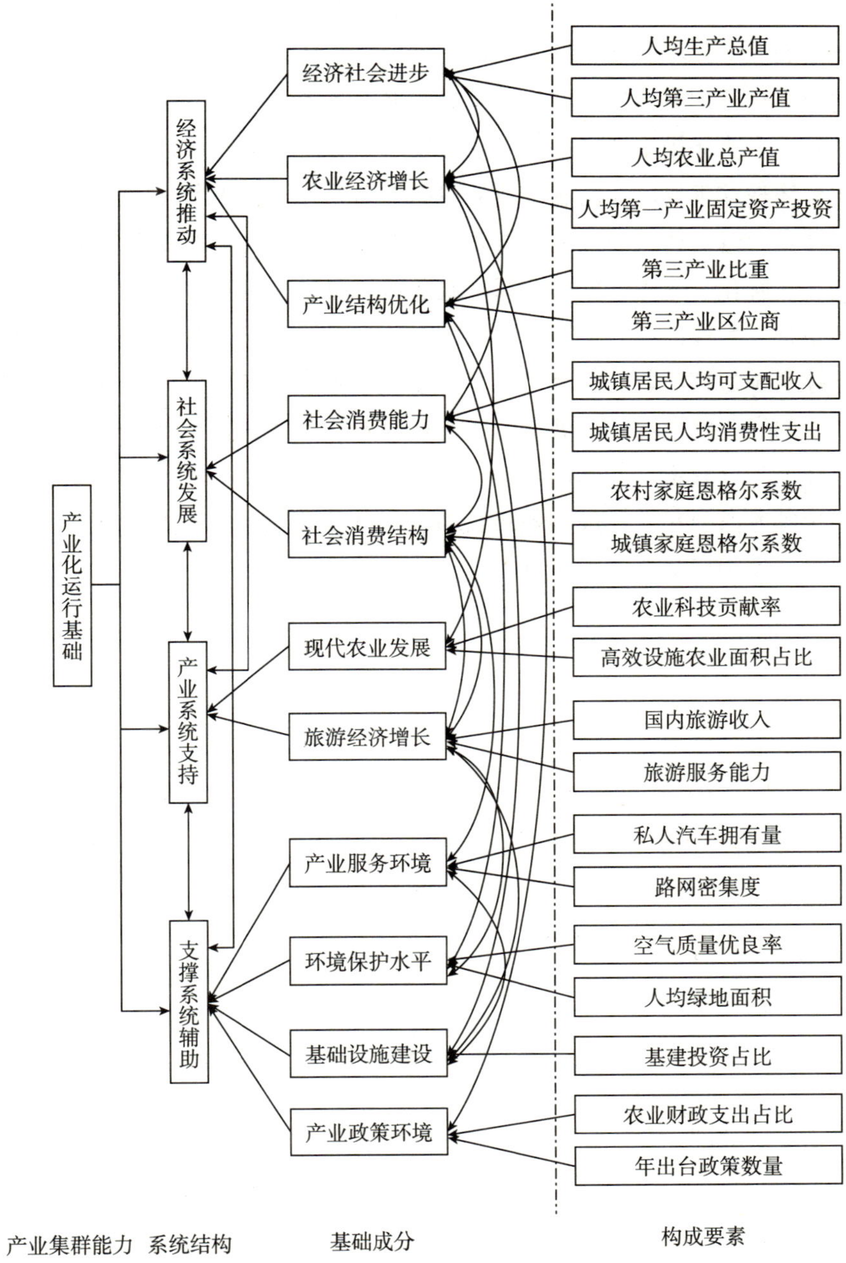

图 5 - 2　休闲农业产业化运行机理结构模型

休闲农业产业化开发基础内部子系统及其包含的各类因子存在复杂的相互作用关系，各种因素相互间关系的作用方向与作用强度，对休闲农业产业化运行具有重要作用。经济社会的整体发展和产业结构的优化进一步推动农业和农村产业结构的加速调整，推进农业增长方式的转变，促进传统农业向特色农业、生态农业、精品农业、设施农业、创意农业方向延伸，从而实现农业资源开发利用的集约性与规模性。同时，经济的快速发展能够有效带动居民消费能力的提升和消费结构的转变，为休闲农业产业化发展提供需求动力和市场基础。产业系统的支撑作用主要体现在现代农业与旅游业的双向带动能力，依托农业特色资源优势与农业高新技术，延伸休闲农业产业链条，培养经营特色化、管理规范化、发展产业化、产品品牌化、服务标准化的休闲农业示范项目。通过与相关旅游景区景点进行资源整合，构建区域产业联盟，形成产品互补、市场一体、效益共生的大旅游区。支撑系统包括产业政策环境、基础设施、服务设施、环境保护方面的支持，通过科学的产业发展规划、健全的产业管理体制、完善的法律法规，进一步规范产业运作流程。制定涉及休闲农业管理规范、基础设施、服务标准、安全卫生、环境保护等方面的相关标准和操作规范，加快交通客运、现代物流、医疗卫生、环境保护、安全保障等工程建设。

第六章　我国休闲农业产业化开发模式构建

休闲农业已从简单的农家乐模式向休闲、体验、养生、健身、商务、度假等功能于一体的产业模式发展，形成功能多样化、产业融合化、服务综合化的发展趋势，在产业规模上，休闲农业已从一家、一户、一园的分散状态向一片、一带、一乡的规模化、集群化方向发展。借鉴各地区休闲农业示范点的经营模式与开发经验，由此提出休闲农业产业化开发的经营模式、布局模式和组织模式。各地区应结合休闲农业资源特色与开发现状、区位条件、环境承载力、客源市场特点等实际状况，构建休闲农业产业化开发模式。

第一节　休闲农业产业化经营模式

休闲农业产业化经营模式是指依托观光型、度假型、生产型、生态型、科技型、文化型、产业型休闲农业资源，建设观光农园、科技农园、农业主题公园、休闲农庄、生态农园、特色乡镇等类型的综合性园区，经营内容涵盖果蔬采摘、休闲垂钓、民俗体验、会议商务、拓展培训、绿色购物、水上活动、科技培训、菜园畜禽认养、野外烧烤、农业体验、手工艺实践、渔猎、民俗表演、节庆表演、篝火晚会、戏剧歌舞等多种形式。

从2004年、2005年全国农业旅游示范点创建，到2010年、2011年、2012年、2013年、2014年和2015年全国休闲农业示范点的创建，各省市区已建成一批开发类型多元、资源特色突出、经营主题多样、空间布局科学的休闲农业示范点。这些休闲农业示范点的开发类型、依托资源类型、经营主题、空间布局特点代表了地区休闲农业发展的先进水平和发展趋势，示范带动周边区域休闲农业发展，对休闲农业规模化、产业化、品牌化发展具有巨大的推动作用。

一、生态观光园模式

生态观光园具有较强的资源整合和产业链拓展能力，利用生态示范区或现代农业示范园区的特色吸引游客观赏，着力开发生态型、观光型休闲农业资源，以生态农业景观、田园风光、农耕文化、农业风情为主题，将农业观光休闲、赏花品果、采摘游乐、科技示范、科普教育与环境保护有机结合，实现休闲农业的生态化、特色化、设施化、高效化发展。生态观光园开发方式主要有：

1. 观光体验型

这一类型是传统农家乐形式的升级和转型，整合传统农业观光农家乐、民居型农家乐、农事参与农家乐等类型，以参与、体验、采购为主题，以农、林、牧、渔、果、茶等休闲农业资源为基础开展采摘、品尝、垂钓、欣赏等活动，建设采摘园、垂钓园、教育农园等，为追求农事参与和体验的游客提供体验型休闲农业产品。

2. 生态休闲型

依托地区自然生态景观、农业生产生活、乡村民俗风情等休闲农业资源，建设集田园风光游览、农村生活体验、特色民俗展示、农业产业示范、生态环境保护为一体的生态休闲农业园区，开展瓜果采摘、垂钓游乐、民俗观光、文化休闲、拓展训练、教育培训、实践基地等休闲项目。如重庆璧山古老城生态农业园，以黑色作物及生态作物种植为主，整合生产基地内外资源，发展生态食品、养生食品、绿色食品的收购配送，并以生态观光、休闲疗养等功能为支撑，拓展农业产业链，推进生态农业与休闲旅游的有机结合，提升辐射区域内农业产业化水平。

3. 市民农园型

市民农园在经营模式上是一种典型的社区支持农业方式，一般以新型职业农民、家庭农场、农民合作经济组织为经营主体，为城市居民提供土地租种与蔬菜预约配送等服务。市民农园依托传统农耕活动与乡土文化资源对市民的吸引力，建立起城市社区与乡村之间互动、和谐发展的关系。市民农园的经营特色主要表现在以下几方面：一是土地租种，市民可与农场或农户签订协议，预先支付土地租金和农资费用，在租用的土地上种植果蔬，体验传统田野生活，市民可在闲暇时间亲自打理农园，也可以支付一定费用托管给农户或农场代为打理；二是蔬菜预约配送服务，市民预先支付一定时期的应季蔬菜配送费用，农户或农场按需求计划生产出有安全质量保障的蔬菜，定期配送给市民，双方约定在生产过程中产生的自然灾害等风险共同承担，市民也可以不定期地参与农作劳动，体验田野生活，了解农作物生长动态；三是亲子社区活动，依托主题丰富的农业庆典活动或农村自然生态资源，开展亲子社区项目，为城市家庭提供农业教育和体验乡村原生环境的机会；四是绿色有机农产品团购，农园可对接城市企事业单位食堂、学校、第三方电商平台等资源，直接为市民提供农园生产的有机食品或绿色食品。

4. 产业园区型

以生态农业为基础、以观光农业为布局重点、以特色农业为产业链发端，实现养殖、种植、观光、采摘、度假、餐饮、住宿、购物等功能共同开发，促进园区经营特色化、产品品牌化、管理规范化、服务标准化建设，向农旅结合、可持续发展的产业化方向发展。如北京朝阳区蟹岛绿色生态农庄，依托有机农业生产发展农业循环经济，构建集种植、养殖、休闲、度假、文化于一体的综合性农业产业化基地，实现了资源高效利用、经济发展与生态保护相协调的发展模式。西安草滩生态产业园以绿色生态农业为特色，规划建设旅游观光区、配套服务区、高效农业区，已初步形成农、林、渔、工、商、服等全面发展的产业体系。

表6-1　典型示范点生态观光园经营模式

城市等级	休闲农业示范点	依托资源类型	经营主题
领先水平城市	北京朝阳区蟹岛绿色生态农庄	生态型、生产型资源	有机农业种养殖、生态保护
	北京蟹岛绿色生态度假村	度假型、生态型资源	有机农业、休闲度假、综合性农业产业化基地
	北京南宫旅游区	度假型资源	地热博览园、温泉水世界、农业观光考察、科普教育
	北京留民营生态农场	生态型资源	有机农业示范、能源转换站、科普公园、垂钓园、农民培训中心
	上海市奉贤区金色田园	观光型资源	观光采摘、水上活动、生态农副产品交易

续表

城市等级	休闲农业示范点	依托资源类型	经营主题
领先水平城市	上海五库农业休闲观光园	生产型、教育型、生态型资源	农业科普展示、葡萄园、花木园艺场、龟鳖养殖基地、名犬观光园、番茄农庄
	上海东方假日田园	观光型资源	特色农业、农作物展示、农业文化展示、动物展示、农业体验、科普教育
	上海奉贤新农园	观光型、科技型资源	观光采摘、农业科普教育、休闲垂钓、有机蔬菜种植、市民认租园
	上海奉贤申隆生态园	生态型资源	森林别墅、保健休闲、森林苗圃、生态养殖
	天津西青区第六埠农业开发中心	观光型、科技型、教育型资源	农业科普展示、休闲观光、垂钓、采摘
	深圳西部海上田园旅游发展有限公司	观光型资源	基塘田园、农家风情寨、生态度假村、桃林苑、生态科普雕塑群、红树林试验基地
	南京傅家边现代农业园	生态型、生产型、观光型、科技型资源	生态果茶、特色农业、科普展馆、植培中心
	南京高淳县迎湖桃源旅游度假中心	观光型资源	休闲垂钓、水上游乐、农事体验、会议培训
	南京市横溪陶吴农业旅游度假区	科技型资源	甘泉湖度假区、蔬菜科技园、现代园艺、民族村、极限运动
	青岛崂山北宅生态旅游区	生态型资源	北宅樱桃节、民俗村、农家旅馆、农家宴
	青岛石老人观光园	观光型资源	农业观光、民俗村度假、渔业示范
	青岛崂山茶苑生态旅游区	生态型、观光型资源	崂山茶博物馆、品茶园、农家宴、农家旅馆、休闲娱乐
	杭州中南百草原集团有限公司	村落型、生态型、观光型资源	生态观光、休闲度假、教育培训
	重庆巴南区云篆山生态观光农业园	观光型、生态型资源	休闲娱乐、商务会议、观光旅游
	重庆江津区石门生态农业观光园	生态型、观光型资源	特色养殖、生态农业、乡村体验、休闲娱乐

续表

城市等级	休闲农业示范点	依托资源类型	经营主题
领先水平城市	重庆北碚金果园生态旅游区	生态型资源	四季花果观赏、采摘
	重庆璧山古老城生态农业园区	生态型、科技型资源	产业孵化、科技示范推广、休闲疗养、农产品配送
	重庆丰都佛建生态观光园	生态型、观光型资源	畜牧繁育示范推广、蔬菜花卉栽培示范、水产养殖、优质水果观光
	苏州太湖胥王山休闲农业园	观光型、生产型、教育型资源	农业教育、花园农业、特种养殖、观光娱乐
	苏州未来农林大世界	生态型资源	农林科技、观光休闲、国际展销、产业招商
中级水平城市	江苏无锡天一度假村	观光型、度假型资源	生态种植园、养殖园、园林式度假中心
	无锡龙寺农业生态园	生态型、观光型、文化型资源	果茶生产、休闲度假、佛教文化
	无锡雪浪山生态景观园	观光型、生态型资源	生态保护、农业生产、休闲度假、科普教育
	宁波大桥生态农庄	生态型资源	农庄文化、有机农业示范、特种水产养殖、特种畜禽养殖、科普教育、生态休闲渔庄
	宁波天宫庄园休闲旅游区	观光型、教育型资源	桑果园、深加工基地、盆景园、科普基地、酒文化公园
	沈阳法库县五龙山景区	生态型、观光型资源	果品采摘、蔬菜品尝、农耕体验
	湖北省现代农业展示中心	生产型、观光型资源	养殖垂钓、园艺观赏、农事体验、果园采摘、休闲健身
	武汉佳海—农耕年华农业风情园	生态型、教育型、科技型资源	科普教育、科技示范、农事体验、果品采摘、农耕文化展示、加工配送
	武汉农业生态园	生态型、生产型资源	蔬菜花卉、渔牧林养殖、林果长廊、种苗生产、科普教育
	厦门五峰土楼生态庄园开发有限公司	生态型、文化型资源	休闲观光、文化体验
	西安经济技术开发区草滩生态产业园	生态型、观光型资源	现代化奶牛场、采摘、垂钓、科普教育、农业示范基地

续表

城市等级	休闲农业示范点	依托资源类型	经营主题
中级水平城市	福州棋磐寨	观光型、生态型资源	田园风光、酿酒坊、榨油坊、竹制坊、农产品加工、文化创作基地
	江西国鸿旅游管理有限公司	观光型、度假型资源	观光采摘、休闲度假、野生动物观赏、体育运动
	长沙千龙湖生态旅游度假村	观光型、度假型资源	垂钓、休闲运动、水产养殖、蔬菜基地、苗木基地、水上运动、商务会议
初级水平城市	石家庄平山巨龟苑旅游区	观光型资源	水上休闲、生态养殖、科普教育、健康美食
	呼和浩特市蒙丰锦绣园	观光型资源	现代农业示范、农业修学、特种养殖、科普教育
	呼和浩特市敕勒川人家旅游度假村	观光型、度假型资源	绿色果蔬生产、生态农业示范、环保教育基地、有机食品产销
	贵阳市乌当情人谷—阿栗杨梅园	度假型资源	绝壁探险、划船漂流、攀岩露营
	太原市小店区华辰农耕园	生产型、观光型、文化型资源	莲藕种植、水产养殖垂钓、生态水果采摘、特色畜禽养殖、设施农业观摩、农耕文化展示、珍稀树种繁育
起步阶段城市	宁夏万义生态园	生态型资源	特种养殖、休闲娱乐、避暑、文化展览、商务会议
	西宁乡趣农耕文化生态园	生态型、文化型、科技型资源	农耕文化展示、体验、农作物采摘、工厂化育苗、农业科普教育培训
	乌鲁木齐石河子西部新丝路旅游开发有限公司桃源农业生态旅游区	生态型、生产型资源	特色农业、戈壁绿洲农业、西部文化风情

二、农业主题公园模式

依托地区特色产业及优势资源规划建设集科研开发、生产流通、休闲娱乐、示范教育于一体的农业主题公园，对园区进行高起点规划、集约化生产、产业化经营、企业化管理。

1. 产业依托型

针对特色种植、特色养殖地域的主导产业，如蔬菜、花卉苗木、林果、烟草茶叶、药材、食用菌种植业或家畜、家禽、水产养殖业等，延伸特色产业链条，带动相关联产业集聚发展。如郑州金鹭鸵鸟乐园，已建成集鸵鸟养殖示范、鸵鸟工艺品展销、鸵鸟宴主题餐饮、恐龙科普教育、青少年拓展训练于一体的主题公园。合肥肥西老母鸡家园在生态养殖和生态菜园基础上建成全国第一家以鸡文化为主题的农园。

2. 示范基地型

开发环城农业旅游区，以大片粮田、蔬菜园、花卉苗木种植基地、特色农业园区、农业种养殖基地、乡村农舍等特色景观作为经营内容，依托特色休闲农业资源与产业化发展基础，打造集休闲娱乐、旅游度假、科普教育、商务会议为一体的综合性休闲农业园区。如北京怀柔区的杨宋鹿世界主题公园，依托茸鹿产业发展，打造了集产业技术研发、鹿文化鉴赏、鹿产品展示、公众科普教育、农民技术培训为一体的休闲农园，将鹿的养殖、加工、销售与观光旅游相结合，不断地延伸产业链条。天津诺恩渔业生态园则以休闲渔业项目为特色，建设集海珍品苗种养殖、赶海拾贝风景区、温泉、生态会议中心、生态海鲜餐厅、科普教育基地、休闲娱乐中心、垂钓中心、拓展训练基地、真人 CS 训练基地、潜水馆、水下摄影基地、水产养殖基地于一体的休闲渔业园区，促进渔业经济与休闲旅游融合共生。上海东林林场依托林业资源开发，建设集森林观光、森林滑草、森林越野、会议旅游、康复疗养等多功能于一体的农业主题园。

表 6－2 典型示范点农业主题公园经营模式

城市等级	休闲农业示范点	依托资源类型	经营主题
领先水平城市	北京怀柔区杨宋鹿世界主题公园	生产型、产业型、科技型资源	鹿茸养殖示范、科普教育、野生动物实践基地、田间学校
	上海东平林场	产业型资源	森林观光、森林滑草、森林骑马、越野赛、森林浴
	天津诺恩渔业生态园	生产型、生态型、教育型资源	海珍品苗种养殖、休闲度假、海洋科普、会议培训、垂钓中心、水下摄影基地

续表

城市等级	休闲农业示范点	依托资源类型	经营主题
领先水平城市	天津市松江乡村俱乐部	观光型、度假型、生产型、生态型资源	设施农业、果树采摘、马术体验、垂钓、科普教育
	天津滨海新区大港管委会太平镇崔庄村	村落型资源	皇家枣园、传统农业体验、民俗体验、种植试验、百果园采摘、枣花观赏节
	天津塘沽区红星海上娱乐服务有限公司	产业型资源	海上日出、体验海上捕捞、品尝海鲜
	广州花卉博览园	生产型、生态型资源	花卉展销、生态示范
	青岛大泽山葡萄观光园	生产型、产业型资源	休闲观光、科研、葡萄生产
	青岛市枯桃花卉实业有限公司	生产型、产业型资源	花卉种植、科研基地、花卉集散、培训咨询
	青岛山色峪樱桃专业合作社	产业型资源	现代农业示范、经济林基地
	浙江（中国）花木城	生产型资源	花卉苗木批发、零售
	重庆市永川区黄瓜山统筹城乡发展示范区	生产型、产业型资源	休闲娱乐、康疗健身、科普教育
	重庆万州古红橘主题公园	生产型资源	儿童公园、垂钓池、野炊烧烤、红橘基地
	重庆大木花谷	生产型、观光型资源	海棠花园、葵花园、百花园、人工湖、香草园、高山花卉
	重庆垫江牡丹生态旅游区	生产型、观光型资源	牡丹艺术园、牡丹文化园、牡丹精品园、原始丛林带
	重庆永州黄瓜山百里果乡	生产型资源	赏花、品果、观景、农事体验
	重庆皇田现代农业观光园	生产型、观光型资源	红掌生产基地、花卉产销、种苗繁育

续表

城市等级	休闲农业示范点	依托资源类型	经营主题
领先水平城市	重庆潼南东升茶山农业观光园	生产型资源	茶叶基地、茶叶研究所、茶叶加工厂
	重庆忠县中国柑橘城	生产型资源	柑橘生产、加工、休闲度假
	重庆永川秀芽茶叶观光基地	生产型资源	生态茶叶种植、茶叶加工培训、观光采茶区、茶文化知识普及
	大连石河现代农业园区	生产型资源	水果、蔬菜、畜禽、海鲜等产销，农副产品基地
中级水平城市	大连向应镇兰花基地	生产型资源	蝴蝶兰生产、有机蔬菜种植、生态餐厅、度假会馆、田园小筑、垂钓园
	大连棒棰岛海参养殖基地	生产型资源	海参基地、苗种繁育、底播增殖、原苗保护
	大连长海县大长山渔家海岛	生产型、生态型资源	海水增养殖、底播业
	大连长海县哈仙岛渔家海岛	生产型资源	扇贝、牡蛎养殖、加工
	无锡太湖花卉园	生产型、观光型资源	花卉科研与生产、科普教育、休闲度假
	沈阳市沈北新区紫烟薰衣草庄园	生产型、观光型资源	薰衣草观光、薰衣草产品开发、影视摄影、森林氧吧、特色餐饮
	沈阳三山梅花鹿养殖基地	生产型资源	梅花鹿饲养繁殖、新品种培育、放养驯化、科研开发
	成都龙泉驿区兴龙镇万亩观光果园	生产型、观光型资源	品茶、尝果、垂钓、登山、乡村野味
	福州春伦茶业生态观光园	生产型、生态型资源	自动化、洁净化茶叶生产
	长春关东文化园	文化型资源	名人花园、博物馆、温泉度假中心、关东文化园、民俗村落
	合肥肥西老母鸡农牧科技有限公司	生产型、生态型、科技型资源	生态菜园、生态养殖基地、斗鸡、垂钓

续表

城市等级	休闲农业示范点	依托资源类型	经营主题
初级水平城市	内蒙古香岛生态农业产业园	生产型资源	设施农业、低碳农业、绿色有机食品
	河南金鹭鸵鸟乐园	生产型资源	鸵鸟观赏、工艺品展销、鸵鸟宴文化主题餐饮、恐龙科普基地
起步阶段城市	拉萨娘热民俗风情园	文化型资源	民俗手工艺展销、民俗风情园、民俗藏餐厅、藏族婚俗
	宁夏银川鸣翠湖国家湿地公园	生态型资源	野生垂钓、休闲度假、特色鱼宴、湿地观鸟、水上斗牛、拓展训练
	西宁大通县桥头镇向阳堡特色果品种植观光休闲基地	生产型、观光型资源	果品采摘、设施农业、休闲娱乐

三、科技农园模式

充分利用地区区位优势、资源优势、生态优势、经济基础，依托工厂化育苗技术、温室种养殖技术、蔬菜无土栽培、反季花果科研、克隆苗种培育等现代农业高新技术的应用、示范与推广，开展集现代农业科技示范、生态观光旅游、田园风情体验、科普教育、展示培训为一体的综合性科技示范园区，形成农科游合一的产业化发展模式。如北京小汤山现代农业科技示范园，已建成集果蔬畜禽生产、观光采摘、农业考察、温泉疗养、特色餐饮于一体的现代化科技示范园区，园区已培育出一批具有较强竞争力的产业化龙头企业，以高新产业为先导、基础产业为支撑，着力建设集聚效应明显的产业基地，形成了以林木种苗区、水产养殖区、精准农业区、农产品加工区、果品采摘区、园林园艺区、休闲度假区和籽种农业园为主的七区一园发展格局。苏州西山国家现代农业示范园，依托现代农业科技规划建设粮油作物生产、良种畜禽养殖、特种水产养殖、名特优新果品生产、设施蔬菜栽培、花卉苗木种植、农产品加工区、农村居民居住生态、森林生态展示、旅游休闲十大功能区，建成了综合科技示范、太湖山水风光游览、生态观光、自然田园展示等功能的农业示范区。

表 6-3　典型示范点科技农园经营模式

城市等级	休闲农业示范点	依托资源类型	经营主题
领先水平城市	北京锦绣大地农业股份有限公司	生态型、观光型、科技型资源	高新技术研发、工厂化生产示范、生态观光
	北京朝来农业园	生产型、教育型、科技型资源	高科技生产、净菜加工、科普教育、休闲娱乐
	北京小汤山现代农业科技示范园	科技型资源	果蔬畜禽生产、种植采摘、科普教育、温泉老杨、设施农业
	上海孙桥现代农业园区	观光型、教育型资源	观光休闲、科普教育、青少年科技基地
	天津市东淀都市型现代农业核心区有限公司	观光型、科技型、教育型资源	休闲观光、科普教育、蔬菜采摘、商务会议、现代农业示范
	天津武清区下朱庄街君利现代农业示范园	生态型、生产型资源	设施农业生产、果蔬种苗繁育、科技农业示范
	天津津南国家农业科技园	科技型资源	蝴蝶兰育培园、生态植物园、垂钓、马术训练、果蔬采摘、农产品流通
	南京溧水傅家边科技园	科技型、生产型资源	特色农业、生态果茶、经济果林、采茶炒茶、踩水车、农家宴
	青岛即墨蔬菜科技示范园	生产型、科技型资源	蔬菜种植、保鲜、加工配送、淡水养殖、花木栽植、种苗科技、游船垂钓
	浙江省农业高科技示范园区	生态型、科技型资源	盆花栽培、智能育苗、植物克隆、水上运动、特色景观
	浙江省农业高科技示范园区	科技型资源	工厂化育苗、盆花栽培、无公害果蔬生产、技术研发中心
	重庆农龙蔬菜科普休闲观光园	科技型资源	瓜果观光长廊、蔬菜种植
	重庆潼南县旺龙湖高效农业大观苑	科技型、生态型资源	科普教育、设施农业示范
	苏州吴江市绿乐生态科技园	生态型、科技型资源	工厂化育苗、种质资源、休闲垂钓、竹艺长廊、古镇游船
	苏州西山国家现代农业示范园区	观光型、科技型资源	粮油作物高产示范、良种畜禽养殖示范、特种水产养殖示范、设施蔬菜栽培示范、花卉苗木示范、森林生态展示

续表

城市等级	休闲农业示范点	依托资源类型	经营主题
中级水平城市	大连金科生态园艺场	生态型、科技型资源	无公害果蔬生产、蔬菜无土栽培、反季果树研究和示范
	大连弘峰企业集团有限公司	科技型、产业型资源	反季大樱桃生产、农业科研、畜牧养殖、商贸流通
	大连长青现代农业园	科技型资源	无公害种植基地、高科技农业展示基地、新品种示范推广
	沈阳市农业博览园	教育型资源	三农展馆、国粹展馆、科学智慧馆
	辽宁樱桃谷现代农业园区	生态型、生产型、科技型资源	生态公益林、玻璃培养温室、苗育温室
	珠海农业科学研究中心	科技型、生产型资源	科研开发、生产示范、科普教育、商业贸易、有机农业栽培
	西安市曲江农业博览园	科技型、教育型资源	有机食品体验、现代农业展示、农耕文化、精品花卉展示、生态康体
	西安市阳光雨露现代农业旅游观光示范园	科技型资源	果蔬温室大棚、现代农产品研发、自种自摘、休闲度假
	昆明锦庄农业科技有限公司	科技型资源	特优农产品示范、无公害蔬菜种植、奇趣瓜果种植
	哈尔滨北方现代都市农业旅游示范园	生产型、科技型资源	蔬菜无土栽培、科技示范基地、绿色农业实践基地
	黑龙江省农科院园艺分院	科技型、教育型资源	成果展示、科普教育、产品营销、实践基地
	江西省现代生态农业示范园	生态型、生产型、教育型、科技型资源	品种展示、科普教育、技术培训、农业体验、休闲观光、农机展示、科技示范

续表

城市等级	休闲农业示范点	依托资源类型	经营主题
初级水平城市	河南省农业高新科技园	科技型资源	设施农业示范，名优果树花卉示范，水产畜禽品种及经济动物引进、示范、推广、培训基地，产学研实习基地
	广西现代农业技术展示中心	科技型资源	现代农业展示、新技术推广、科普教育、无公害果蔬生产
	广西现代农业科技示范园	科技型资源	有机生态农业示范、立体农业示范、绿色科普长廊、芳草园、昆虫世界馆、蝴蝶园、科技成果展馆
	广西现代农业技术展示中心	科技型资源	新品种、新技术、新成果应用推广、科普培训、无公害果蔬、餐饮
	广西桂林茶叶科学研究所茶叶科技园	科技型资源	科普教育、科研教学实习基地、茶叶科研、种植、加工
	贵阳市花溪生态农业示范园	科技型、生态型资源	奇花异果展示廊、生态竹亭休闲、现代农业设施展示、科普知识展示、森林茶吧、生态餐厅
	兰州永登县引大入秦水利灌溉工程农业示范区	科技型资源	工程旅游、灌区农业生态游
起步阶段城市	银川市金凤区昆仑农业高科技开发有限公司	科技型资源	无土栽培、生物农药防治、水培观赏蔬菜、观光采摘、生态餐饮、垂钓中心、科技培训中心
	西宁湟中县安福设施农业休闲观光园	科技型、观光型资源	设施农业展示、休闲观光
	新疆华联建设投资集团有限公司板房沟现代农业科技示范园	科技型资源	科普教育、绿色蔬菜生产加工、观光旅游
	乌鲁木齐天牧现代农业园	生产、科技型资源	花卉生产、中药材种苗、林木繁育

四、休闲农庄模式

这一模式一般在交通便利、休闲农业资源丰富的城市近郊，开发富有地区特色的高品质农业观光和休闲度假庄园，建设集田园观光、果蔬采摘、农事体验、水产垂钓、民俗体验、生态餐饮、健身娱乐、民居住宿于一体的综合性农庄，为游客提供农家生活体验与休闲娱乐项目。如厦门集美区仙灵旗休闲农庄，结合集美区山地景观特色，建设跑马场、滑草场、越野车赛车场、攀岩、射击等项目，为游客提供休闲度假、运动健身、会议培训、生态餐厅、休闲木屋等服务产品，年接待旅客可达50多万人次。

表6－4　典型示范点休闲农庄经营模式

城市等级	休闲农业示范点	依托资源类型	经营主题
领先水平城市	北京御林汤泉农庄	观光、度假、科技、生态	果品采摘、种养殖、生态保育、科普教育
	北京张裕爱斐堡国际酒庄	观光、度假、文化、生产型资源	葡萄种植、酿造、主题旅游、专业品鉴、休闲度假
	北京交道富恒休闲农庄	观光型、度假型、生态型资源	观光采摘、休闲度假、田园住宿、垂钓、民俗体验、商务会议
	北京华坤庄园	观光型、生产型资源	珍奇瓜果、特色蔬菜观光、采摘
	上海沥江农家园	观光型资源	观光采摘、农事体验
	天津滨海新区双沽管委会陆强农家院庄园	生态型、生产型资源	水稻玉米养殖、绿色食品生产
	广东永乐绿色生态农庄	生态型、度假型资源	蔬菜种植园、无公害水产养殖示范、科普教育、社会实践、拓展培训、商务度假
	深圳光明农场	生产型资源	奶牛示范基地、蚕桑文化科普基地、特种养殖展示基地、生态果园
	南京市江浦帅旗农庄	观光型、生产型资源	果树种养殖、观光竹园

续表

城市等级	休闲农业示范点	依托资源类型	经营主题
领先水平城市	南京江心洲镇	观光型资源	民俗园、农家乐
	杭州同家乡村乐园	观光型、生态型资源	农耕体验、绿色商贸、休闲养生、商务会议、婚庆交友
	杭州明朗休闲农庄	观光型、度假型资源	果蔬采摘、田园观光、现代农村休闲游
中级水平城市	大连庄河市台湾风情天一休闲庄园	观光型资源	垂钓、采摘、养生、祈福许愿、婚纱摄影、亲子游
	大连盛莱农庄	观赏型资源	水果采摘、民俗体验、滑草场、钓鱼池、休闲娱乐
	大连金石滩金贝广场	生产型资源	鲜活海产品净化、畜养、冷藏、加工、配送、批发、购物
	宁波天宫庄园	观光型资源	酒文化公园、科普基地、科普长廊、环区景观、桑果园
	武汉谦森岛庄园	生产型资源	林果生产、科研、加工、进出口贸易
	厦门集美区仙灵旗休闲农庄	生态型资源	观光果园、生态餐厅、赛车场、跑马场、滑草场、休闲木屋、商务会议
	长春净月经济技术开发区玉潭镇	生产型、产业型资源	生态观光、乡野山庄
	长沙浩博农庄	观光型、度假型资源	垂钓、休闲娱乐、观光体验、品有机蔬菜
	云南太阳魂酒业有限公司休闲庄园	生产型、产业型资源	葡萄种植、酿造、销售
初级水平城市	太原清徐县白石沟葡峰山庄	生态型、观光型资源	无土栽培技艺、原生态种植
起步阶段城市	银川市西夏区红柳湾山庄	生态型资源	果蔬采摘、特禽认购、运动健身、休闲娱乐、商务会议

五、特色乡镇模式

1. 专业村依托型

充分挖掘区域内专业村资源，专业村是农业市场化、农产品商品化和农业经营产业化发展的产物，专业村在改善农村经济结构、提高土地配置效率、增加农户收入、规范农村经济组织制度方面具有重要作用。重点开发原生态村落、特色文化名村、经济强村、新农村建设名村、特色种养殖村、工业村、市场村，通过对特色村落的发掘、开发、宣传、推广，示范、引领和带动其他村庄共同发展、共同富裕，打造产业互补、信息共享、合作互助的发展平台，形成以特色村为核心的村域经济发展模式。同时，利用特色村的产业、发展模式、技术、信息、人才优势，大力发展组织化、规模化、产业化水平较高的现代农业，吸引外来投资，进一步提升特色村发展，推进区域经济建设。如杭州梅家坞茶文化村，是一个敞开式、全民参与、个体经营为主的茶文化旅游村。成都市红砂村花乡农居以花卉优势产业为依托，大力发展农业观光旅游，培育特色文化创意产业，多渠道带动农民致富，村民人均收入已从2003年的3850元增长到2010年的12260元。

2. 民俗村依托型

民俗文化村、民俗度假村等重点挖掘少数民族地区及特色农区的民俗风情、生活习俗、原生态歌舞、民族餐饮、民间工艺，体现农区原生文化形态，建设集演艺观赏、展览展示、餐饮住宿、购物休闲为一体的观光园区。通过民俗园区建设，辐射带动村域经济发展，如拉萨娘热民俗风情园，园区建有民俗风情园、林卡娱乐园、藏式客房、民俗藏餐厅、民俗手工艺展销园等。

表6－5　典型示范点特色乡镇经营模式

城市等级	休闲农业示范点	依托资源类型	经营主题
领先水平城市	北京房山区霞云岭乡四马台村	村落型资源	民俗旅游、一户一品
	北京韩村河	村落型资源	新农村景象
	上海马陆葡萄艺术村	生产型资源	生态观光、休闲度假、商务会议
	上海市宝山区罗店镇	观光型、村落型资源	观光旅游、特色农业、科普教育、农事体验

续表

城市等级	休闲农业示范点	依托资源类型	经营主题
领先水平城市	上海崇明前卫村	村落型资源	游古村、观日式水车、纺纱间、织布间、佛堂、垂钓、自种园
	上海崇明瀛东村	村落型	滩涂围垦、保存传统生产、生活用具、脚踏水车、牛车
	天津蓟县下营镇常州村	村落型资源	住农家屋、睡农家炕、吃农家饭、采农家果
	重庆万盛经开区重庆黑山八角小城	观光型、村落型资源	避暑养生、户外运动、亲水休闲、森林游乐、山地运动
	青岛红岛西大洋休闲渔村	生产型、观光型资源	滨海观光、民俗文化、渔家餐饮、耕海牧渔、游船垂钓、渔家美食
	苏州常熟市支塘镇蒋巷村	村落型	生态园种养殖、农耕劳作、观光采摘
	杭州梅家坞茶文化村	文化型资源	茶文化休闲、农家村落、家庭旅馆休闲、自然茶园观光
中级水平城市	大连长海县大长山岛镇杨家村	村落型资源	休闲观光、海上运动、生态旅游、疗养度假
	大连三兹和村	村落型资源	采摘、休闲、娱乐、特色餐饮
	大连岔鞍村	村落型资源	果树种植、农家乐特色游
	大连大魏家镇后石村	村落型资源	设施农业、樱桃观光采摘基地
	大连石河镇东沟村	村落型资源	农家特色游、生态观光
	济南绣川艾家村	村落型资源	农业科技示范、良种繁育、科技普及、教育培训、农家菜园
	成都郫县友爱镇农科村	村落型	花卉种植、民俗旅游
	成都市红砂村花乡农居	产业型资源	花卉展览、物流配送、农家乐
	厦门小嶝休闲渔村	村落型资源	海岛旅游、水上运动、户外拓展、休闲度假
	云南省昆明市福保村	村落型资源	绿色生态、民俗文化、低碳旅游示范、可持续发展示范
	昆明市西山区团结乡	村落型	农家乐、生态观光、休闲娱乐
初级水平城市	南宁乡村大世界	观光型、村落型资源	葡萄种植园、百果园、垂钓基地、野战拓展、马术俱乐部
	贵阳市开阳县十里画廊乡村旅游区	村落型资源	住农家屋、吃农家饭、干农家活、享农家乐

续表

城市等级	休闲农业示范点	依托资源类型	经营主题
起步阶段城市	拉萨市堆龙德庆县东嘎镇桑木村	村落型资源	民俗风情、农家乐
	西宁市青海高原酩馏影视文化村	文化型、村落型资源	采访、创作基地
	拉萨市城关区蔡公堂白定村	村落型资源	生态牧场、花果园

第二节　休闲农业产业化布局模式

休闲农业产业化布局是指休闲农业在一地区范围内的空间分布与组合的经济现象。在静态上表现为形成休闲农业产业的各部门、各要素、各价值链在空间上的分布和地域上的组合；在动态上表现为各种资源要素的不断整合与再配置，以及产业相关部门和各企业为选择最佳区位而形成的空间地域流动和转移过程。休闲农业的空间分布和组合结构是否合理影响到休闲农业产业优势的发挥和经济效益的实现。

休闲农业产业具有较高的产业融合度和城市融合度，是以城市经济辐射和市场发展环境为依托的高度集约型农业。休闲农业主要布局在城市郊区，郊区是城市辖区范围内，受城区经济辐射、社会意识形态渗透，与城区经济发展、社会生活和生态系统密切联系的城镇建成区以外的一定范围内的区域。城市近郊是建成区周围以城镇产业结构、生活方式和建筑景观为主的环状区域，是城镇经济辐射的直接承载区；城市远郊以农业为主，受城镇经济影响，产品市场指向城镇，是城镇所需农副产品生产基地。

根据吴必虎等的研究结论，休闲农业在城市周边分布有两个密集带，距一级客源地城市 30 千米及 80 千米左右的地区一般为最密集地带和次密集地带，且在城市郊区型休闲农业中，85%的休闲农业地聚集在距一级客源地城市 100 千米的范围内。因此，休闲农业产业布局应遵循以下几点原则：①资源依托型原则。产业布局应选择特色农业资源聚集地，充分利用地区具有吸引力和竞争力的特色农业景观、原生态生产生活资源、乡土民俗。②可进入性原则。重点开发距离大中城市较近、交通便利、通信设施完善、可进入性强的特色乡村地区，休闲项目开发充分考虑客源市场开发潜力和景区交通通达性。③整体布局原则。将休闲农业产业布局纳入区域旅游整体规划布局中，注重区域农业资源与旅游资源的深层次、立体化整体开发。④市场导向原则。分析和预测市场需求变化，准确把握市场规模、客流规律、游客来源、客源类型、游客消费能力和消费偏好，以及规划布局地市场竞争环境等。

一、城市近郊布局模式

在大中城市周边，针对大中城市居民，开发观光度假农园项目，开展观光采摘、度假休闲、农业教育等观光休闲活动。规模较小、吸引力相对较弱的度假农园，可依托城市近郊便利的交通条件和低成本的旅游消费吸引客源市场居民；资源优势突出、吸引力较强的观光农园选择在城市近郊开发建设能够吸引大量客源，产生良好的经济效益。

在近郊区域，休闲农业发展可以依托主城区的区位、资本、技术优势，优化调整农业产业结构和功能，加快休闲农业与城市第二、第三产业的融合，大力发展现代农业示范园和生态休闲农园，开发建设生态农业、特色农业、观光农业、设施农业、高科技农园及农业科技示范基地，开展以观光娱乐、知识推广、产品销售、休闲体验为经营内容的休闲农业活动，为休闲旅游者提供多样化、深层次、规范化的服务，通过经营示范、产业示范、科技示范，建设集效益性、规模性、生态性、示范性于一体的休闲农业园区。

二、城市中远郊布局模式

随着居民消费能力的提高和休闲农业产业的成熟，休闲、度假、文化、科技型休闲农业项目逐渐向城市中的远郊扩散。在城市中的远郊区域，可以充分发挥良好的乡村农业资源和自然生态环境优势，重点发展休闲农庄，实现传统农家乐的转型升级，以企业为经营主体，进一步挖掘农业休闲、度假、体验功能，将农业生产、农业加工、农业观光与科技融为一体，建设休闲农业综合旅游地，更加注重经营内容的特色化和差异化，活动项目的参与性与体验性，服务方式的层次化与多元化，卫生环境的整洁性与优质性，推动休闲农业产业发展模式的优化升级。

农业主题公园模式具有一定的规模和特色，可选择在城市远郊开发建设，依托产业资源优势和经营特色吸引目标市场客源，开发综合性休闲项目，完善配套设施建设，增加游客的停留时间，实现产业经济效益。

三、特色农区布局模式

特色农区休闲农业示范基地主要依托特色县区与乡镇的农业、农村自然生态与文化资源而建设。一是依托典型县域休闲农业产业资源，建设区域特色鲜明、产业优势突出、经济与生态效益显著、示范带动能力较强的产业基地，在区域产业发展规划、产业内部管理、体制机制创新、基础设施建设、资金技术扶持等方面发挥示范、辐射效应，带动周边区域休闲农业产业集聚发展；二是以特色村镇为载体，继续推行“一村一品”“一镇一业”，挖掘村镇特色资源，拓展农业体验、娱乐、休闲、度假、教育功能，延伸产业链条，发挥村镇休闲农业开发中在设施完善、品牌塑造、环境改善、产业提升方面的示范带动作用；三是在少数民族聚集地区开发民俗文化园，少数民族居民依托当地民宅民俗特点、民族特色餐饮、民族文化特色开发休闲农业产品与服务，为休闲农业旅游者提供具有少数民族特色的农村生活体验和乡土风情体验，促进传统农区的农业发展实现由单一生产功能向多元化、高效能方向转化。

四、景区与旅游线路布局模式

依托区域内的著名旅游景区与旅游线路发展休闲度假农园，以水、山、林、居为特色，重点发展沿交通线路、景区附近的休闲农业园区，开展观光采摘、休闲娱乐、农家乐等休闲活动，并与景区旅游项目错位发展，实现与周边景区的联动开发，充分利用景区的影响力和吸引力，分流景区客源，与景区合作共同对外营销，提升休闲农业园知名度，以此实现互利共赢。实现区域内各个休闲农业园区在资源、客源市场方面相互带动、相互补充，形成休闲农业发展由点成线、成片的格局，为休闲旅游者提供多种产品组合，推动休闲农业带状集群布局，形成休闲农业适度集中与规模布局的发展态势。

第三节　休闲农业产业化组织模式

休闲农业产业化组织模式是休闲农业产业内企业、政府、集体、协会、合作社、农户间的组织或者市场关系，产业组织模式的选择影响到休闲农业经营主体的市场地位、经营行为、资源占用条件和利益关系。因此，要根据区域休闲农业发展的阶段与经营主体特征来选择适合本地区发展的组织模式，综合考虑政府、企业、社区、协会、农户、市民等经营主体在休闲农业发展中的作用，发挥企业在集聚人力、财力、资金、技术等方面的优势，鼓励农户以土地、林权等参股、入股，实现资源的有效整合，减少投资风险，发挥参与主体各自优势，建立品牌化、效益化、规模化、产业化的休闲农业经营体制。

同时，针对不同的休闲农业的资源与休闲农业项目采取不同的组织形式，如休闲农场可采用企业独立经营模式；具有发展潜力和区域比较优势的农村，应当建立休闲农业产业化龙头企业，加强休闲农业的组织程度和竞争力，提高其经营管理水平；民俗村落可采用“中小型企业＋农户”模式，通过适度竞争开发差异化产品。

一、龙头企业带动模式

龙头企业带动模式，是以企业为投资主体进行开发经营，企业以独资、合资或与当地农户联合方式进行投资，以市场需求为导向开展经营活动，建立企业化组织架构，实行企业化管理。以休闲农业项目开发企业为龙头，围绕休闲农业园区建设，实行资源开发、产品设计与营销推广一体化的休闲农业经营模式。

1. “企业＋农户”型

“企业＋农户”或“企业＋基地＋农户”形式较为普遍，如上海的孙桥现代农业园采取“企业＋农户”模式，农业园区由上海的孙桥现代农业联合发展有限公司承担开发经营、招商引资功能，已吸引60多家企业入驻，实现产、供、销一体化，农户的土地以股份的形式入股企业，每年取得土地分红，同时还可以参与园区生产，实现农户增收。

2. “龙头企业 + 合作组织 + 基地 + 农户” 型

发挥企业、合作组织、示范基地与农户的各自优势，龙头企业连接市场与休闲农业示范基地，基地与农户相连，充分发挥专业合作组织沟通协调作用，形成一体化的经营格局。如大连的长青现代农业园，由作为辽宁省农园产业化重点龙头企业的大连长青农园发展有限公司主导开发，是农作物新品种引进、培育、示范、推广基地，通过“龙头企业 + 专业合作组织 + 示范基地 + 农户”形式，形成基地种植规模化与产品流通品牌化，促进休闲农业产业化发展，带动周边 6 万多户农民致富。2010 年，园区实现整体收入 3000 多万元，其中旅游收入 400 万元。

3. “企业 + 市民 + 农户” 型

采取“企业 + 市民 + 农户”模式，将企业、农户与市民有机结合，企业负责提供资金、技术、销售及信息服务，农户提供经营场所和人力资源，市民提供资金或人力，三方通过契约关系联结为利益共享、风险共担的共同体。

二、合作经济组织带动模式

合作经济组织带动模式，遵循民办、民营、民受益的原则，以传统农户家庭经营为基础，通过建立农民专业合作社、家庭农场等形式将分散的小农户与市场连接起来，从而提高农户组织化程度和抵御市场风险的能力，扩大休闲农业产业经营规模，降低产业是生产成本与交易成本。

1. “专业协会或合作社 + 农户 + 市场” 型

由村委或专业大户组织成立专业协会或合作社，通过“专业协会 + 农户”“合作社 + 农户”等生产经营方式将农村原本松散的组织变成紧密的组织关系，通过协会或合作社为农户提供产前、产中、产后各环节的服务和信息，将小农户和大市场联系起来，进一步促进村镇休闲农业经济的规模化、市场化、集约化发展。如上海嘉定维高蔬果专业合作社，实行“合作社 + 农户 + 市场”的产业经营模式，在企业与农户、农户与市场间起到桥梁作用，本着自主经营、自负盈亏、利益共享、风险共担的原则开展经营活动，已发展入社农户 48 户，基地员工 103 人，带动周边 115 户农户致富。

2. “合作社或专业协会 + 企业 + 农户” 型

合作经济组织通过与企业合作，能够充分发挥企业在组织客源与市场挖掘方面的优势，改善由城市居民和个体农户自发组织与分散接待的状况。专业协会主要负责规范行业发展、资源开发研究、组织培训交流、接待服务会员等，并为企业和农户提供市场动态信息，避免休闲农业项目的盲目建设和无序竞争。

三、政府主导模式

政府主导模式是通过政府政策推动、组织、服务、管理扶持园区建设，选择资源特色鲜明、休闲旅游价值高、现代农业科技含量高、示范带动作用显著的项目建设综合性休闲农业园区，加大基础设施和服务设施建设投资力度，并通过政府招商引资吸引众多企业入驻，通过企业整合开发、自主经营，将地区资源优势转化为经济优势和产业优势。

1. “政府＋集体＋企业＋农户”型

发挥政府的主导作用，通过股份合作制方式将产权属于国家、集体、企业和农户的不同资源整合起来，产权主体分别以资产、资金、技术等资源作为股份形式入股，建立休闲农业股份合作有限公司，实现资源的有效集中和规模化生产，从而推动休闲农业产业化发展。

2. “政府＋合作经济组织＋农户”型

通过地方政府扶持，以合作经济组织与农户的经济协作为基础，以农民为经营主体发展休闲农业项目。鼓励规模较大的个体农户采取自主经营、自主开发模式参与休闲农业项目，通过对自己经营的农场进行改造开发经营休闲农业项目，建设休闲农业景区景点，吸纳周边农户通过提供产品与服务加入项目建设，形成以点带面的发展模式。

四、村集体主导模式

村集体主导模式是以集体或“集体＋农户”的形式投资开发休闲农业项目，由村集体主导建立休闲农业产供销一体化的经营体制，将分散的农户和零星的乡村企业组织到产业化体系中，并通过集约化经营，引导所在地区的农户提供符合市场需求的产品，形成产品优势，节省交易成本，提高经营效率和经济效益。

1. 集体经济投资型

集体经济投资模式主要由村委会成立行政管理机构，以村委会行政组织模式或建立专门的管委会、协会实施管理，独立开发经营休闲农业活动，并鼓励农户参与休闲农业经营活动，获得经济收益。集体组织结合地区资源特色与产业发展基础，通过招商引资建立具有不同功能和特色的休闲农业园区，通过规范化、产业化经营管理，推进产业集群发展。

2. “集体+农户”型

由村委会组织农户共同参与投资，开发当地具有特色的休闲农业资源，农户按一定比例获得相应收益。充分利用地区特色资源，发展优势产品，通过发展一乡一业、一村一品，打造区域性主导产业和拳头产品，不断地扩大产业经营规模，围绕主导产业实现产业链条式、集群化发展，由此实现休闲农业一体化经营。

第七章　我国休闲农业产业化保障措施

随着休闲农业发展环境的不断改善，产业形态已相对完备，服务体系渐趋完善，但仍面临着产业布局调整、产业发展方式转变、产业运行质量提高等重任[187]。推进休闲农业产业化，要加快完善行政管理体系、社会服务体系、产业技术体系和信息服务体系建设，从产业政策环境、产业组织形式、运行机制等方面增强休闲农业支撑保障力。

第一节　完善休闲农业产业化政策环境

休闲农业产业的发展离不开政府的大力支持，政府在对休闲农业产业发展战略、发展规律、发展政策、发展模式、管理机制进行充分研究的基础上，通过制定土地、财政与税收、环境保护、投资开发等政策，加强基础设施建设，提供技术支持和信息服务促进休闲农业产业发展。

一、设立专业管理机构

明确休闲农业主管部门，设立专门的休闲农业规划与管理机构，负责休闲农业发展规划编制与区域布局设计，科学规划休闲农业项目。一是遵循经济效益、社会效益与生态效益相结合的原则，将休闲农业发展规划与地区城镇建设规划、新农村建设规划、农业产业布局规划、城市旅游产业发展规划、土地利用总体规划等相关规划相衔接与配套；二是对地区休闲农业资源类型与规模、分布特征、发展现状、社会经济、历史文化、人口特征、区位条件、客源市场进行全面而深入的调查与分析，按照因地制宜和突出特色原则来制定休闲农业发展总体规划，明确休闲农业产业发展方向与发展目标，并切实做好规划的组织实施工作；三是形成一整套申报审批制度，要求各省、市、县、区、乡镇在休闲农业项目申报中要制定详细的近、中、远期规划，明确休闲农业项目建设的各项内容，实现项目开发建设的规范化与程序化。

二、加强基础设施建设

1. 加强基础设施建设规划与投入

将休闲农业区的公共基础设施建设纳入地区基础设施建设规划。一是完善基础设施规划与建设，在休闲农业聚集村、休闲农业园区，着力改善交通、供水、供电设施、垃圾污水处理、餐饮住宿、厕所卫生服务、停车场等公共基础设施的建设，加强旅游地游客综合服务中心、农事景观观光道路、休闲辅助设施、乡村民俗展览馆等基础服务设施的投入与建设，加快推进移动网络通信、邮政速递服务网点等信息化基础设施建设，实现村容、村貌美化与休闲农业产业服务能力的同步提升；二是重点改善休闲农业村庄的道路与交通网络，推进村村通公路建设，实现城乡路网无缝对接，建设联系城乡的公交网络体系，提高休闲农业目的地的可进入性和通达性；三是不断完善农家乐、农家客栈建设标准体系，同步推进与休闲农业产业发展密切相关的道路景观美化、清污环保改造等工作，协调推进休闲农业与乡村旅游共建共享的旅游服务中心体系，为游客提供交通集散、旅游咨询、预订销售等服务；四是改善休闲农业产业园、采摘果园、农业示范区的生产技术设备、水利配套设施建设，加大建设产业园区设施农业、精品农业、循环农业，拓展农业多功能性；五是积极争取休闲农业基础设施财政扶持资金，筹集各项涉农、惠农和社会资金、信贷资金集中投入休闲农业村庄基础设施建设，从而完善农村公共基础设施和旅游配套设施建设。

2. 加快休闲农业景区景点配套设施建设

以交通干道、旅游环线、休闲农业景区道路为建设重点，进一步完善景区景点服务功能，提高通乡、通村公路硬化率，实现从事休闲农业旅游场所通行道路全部硬化，通水、通电率、移动通信信号全覆盖，住宿、餐饮、娱乐、卫生、绿化、美化、亮化等服务设施进一步完善；对从事休闲农业、乡村旅游经营场所卫生条件、垃圾处理、占用基本农田、污染破坏生态环境以及存在安全隐患的问题进行综合整治；促进旅游景区生态旅游公厕、生态停车场、标识导向系统、游客中心等配套设施的现代化，强化休闲农业园区商务服务功能配套建设。

三、财政税收政策支持

1. 完善财政与信贷政策

鼓励各地区积极制定财政支持休闲农业的相关政策，将有关乡村建设资金适当向休闲农业集聚区倾斜，每年安排专项财政扶持资金用于扶持休闲农业项目，拓展休闲农业功能，开展休闲农业创新创意，提升休闲农业服务质量。将休闲农业项目建设纳入各类商业银行与农村信用社信贷支农重点，对于休闲农业建设贷款在审批程序、抵押担保、贷款利率等方面给予一定的政策倾斜。对不同休闲农业经营主体以分类设立专项资金、税收、贷款等手段进行扶持，重点扶持地区具有高附加值和较强带动力与影响力的休闲农业项目发展，采取以奖代补、先建后补、财政贴息、设立产业投资基金等方式重点扶持经营特色明显、可持续发展能力强、市场化程度高的休闲农业项目。将休闲农业经营组织作为农业产业化发展扶持的重点对象，支持休闲观光农业贷款贴息财政资金项目，争取乡镇企业贷款贴息资金用于休闲观光农业建设项目，吸纳社会资金投资休闲观光农业，发挥财政资金的政策导向作用，提高广大农户、农民合作社、村集体经济组织参与休闲农业建设的积极性，吸引农业产业化龙头企业、工商企业、旅游企业投资开发休闲农业项目，突破休闲农业发展规模小、分散化、实力弱的瓶颈。

2. 出台税收优惠政策

在营业税、房产税、土地使用税、城市建设费、排污费等方面推出相应政策，如可以适当减免休闲农业经营户营业税，休闲农业区种养殖用水、用电享受农用水、电价格，农产品加工用水、用电享受大工业用水、用电价格，注重使用税基式减免的间接优惠方式。另外，对休闲农业与乡村旅游商品生产企业为开发新技术、新产品、新工艺发生的研发费用在税收政策上给予优惠。

3. 改善投融资政策环境

鼓励中小金融机构创新担保机制和信贷模式，扩大对休闲农业和乡村旅游经营主体的信贷支持，完善金融机构贷款、投资、信息咨询等金融服务，为休闲农业产业发展提供良好的金融政策环境。同时，鼓励和引导民间资本和社会闲散资金通过依法合规的众筹模式、互联网模式、PPP 模式、参股合资模式等多种形式参与休闲农业项目开发与经营，实行多层次、多元化、多渠道的投融资形式，逐步建立和完善休闲农业投入机制。

四、推行惠农土地政策

各级政府支持有条件的地方通过盘活农村闲置房屋、集体建设用地、农村四荒地、边远海岛等用地资源发展休闲农业。鼓励各地区在土地利用总体规划和年度计划中合理安排休闲农业与乡村旅游建设项目。一方面，在国家相关政策范围内按农业内部结构调整用地，对以出让方式取得集体荒山荒地使用权的减免土地出让金，并签约土地使用权协议书，期满后续约[188]。另一方面，在符合相关政策规划的前提下，鼓励农户遵循农村土地流转相关制度原则，通过转让、转包、租赁、股份合作、抵押等形式自愿、有偿转让其土地使用权，整合农村土地资源，满足休闲农业规模化发展需求；农村集体经济组织可以依法使用建设用地自办或采取入股、联营方式与社会资本共办休闲农业旅游接待服务企业，提供住宿、餐饮、后勤保障服务。

五、健全法律法规体系

各地区要从战略和全局的高度深化对发展休闲农业的认识，将休闲农业与乡村旅游发展纳入国民经济与社会发展规划中，出台具体的政策措施，并完善休闲农业相关法律、法规体系，规范产业发展，为休闲农业产业化发展提供制度保障，引导休闲农业持续、健康发展。

首先，健全管理体系，完善领导体制。建立高效的管理体系，认真履行规划指导、监督管理、协调服务等职责，组织拟订发展战略、政策、规划、计划并指导实施。各相关部门要结合各自的职能，将休闲农业产业发展纳入各自管辖的工作范畴中，并予以重点支持。农业部门负责牵头落实休闲农业产业整体发展的各项工作，发展改革部门将休闲农业作为农村三产融合的示范工程给予支持，财政部门负责落实财税支持政策，国土部门负责落实休闲农业用地政策，住房和城乡建设部门负责指导休闲农业村庄规划建设，旅游部门负责指导乡村旅游各项发展工作，各级金融管理部门负责落实休闲农业相关金融政策。

其次，坚持规划引领，建立休闲农业产业发展的标准规范。进一步贯彻落实中央一号文件对开展农业多功能，大力发展休闲农业的总体要求和主要任务，在休闲农业项目用地、财税支持、融资渠道、公共服务等方面制定相应的规章制度。编制休闲农业发展的整体规划，休闲农业精品线路规划设计等规划方案，结合各地区发展实际，做好休闲农业专项设计规划与土地利用总体规划、现代农业发展规划、城乡建设规划、旅游发展规划等相关规划制度的衔接，做到休闲农业建设项目统一规划、合理布局。

最后，建立和完善休闲农业建设标准，制定休闲农业产业园区的发展规范，休闲农业经营示范主体认定标准，农家乐、渔家乐发展导则等制度规范，加强对休闲农业经营场所、服务接待设施、休闲农业活动项目、生态环境保护、食品卫生标准、娱乐服务设施安全的制度规范，明确管理主体，落实安全责任，完善环保错误，确保休闲农业可持续发展。

第二节　夯实休闲农业产业化市场基础

一、整合休闲农业资源

1. 促进资源合理配置

在休闲农业产业化与市场化发展的过程中，重视休闲农业资源的合理配置。一是资源所有权或使用权与经营权的合并与分离问题。采取两权合一模式的农户可以在短期内获得较为明显的直接经济效益，但由于开发能力的限制，普遍存在开发方式简单、开发规模小而分散、规划建设起点低，建设项目雷同等问题，采取两权分离模式的农户在短期内获得的直接经济效益不明显，但借助其他主体的开发能力，其开发起点较高，资源整合能力强，产业联动效应显著。二是促进资源市场价格的形成。由于制度限制，休闲农业资源如农村土地、历史文化遗产等不能直接通过市场流通方式获得，需进一步完善市场定价机制，切实解决市场信息不对称和供求关系不对应的问题，促进资源合理配置。三是资源利用的比例和利用的方式。在休闲农业项目开发中，需要对土地资源的利用类别、方式和资源配置进行评价，并对土地资源用途比例与利用方式进行安排。

2. 加强资源整合能力

做好对休闲农业资源种类、数量、质量以及资源组合状态的前期调研工作，实现资源的合理配置和有效利用。首先，通过资源整合促进农业生产由传统种植业向现代设施农业、高效农业、有机农业、精准农业转变。在具体设计过程中，利用各种农作物生产过程中的时间差和空间差进行各种综合技术的组装配套，充分利用土地、光照和作物、动物资源，形成多功能、多层次、多途径的现代农业生产模式；提高各类农业用地资源利用效率，发展精细农业；综合利用生物资源发展生态农业；利用资源加工转换与增值发展加工农业。通过资源的综合开发利用实现农业生态环境的相对稳定协调和农业多种功能的拓展。

其次，整合区域内自然、文化、社会、科技资源，推动休闲农业从观光游览阶段走向休闲度假阶段，从功能单一化向融观光、游览、休闲、度假、康体、健身、文化、会议、商务等多种功能为一体的综合体方向发展。同时，区域内各休闲农园园区建设突出各自风格特色，充分挖掘当地资源优势，凸显比较优势，侧重经营模式的独特性，并在营销方式上强调点、线、面联合营销，对不同的旅游线路进行设计包装与分类营销。

二、选择资本运作模式

休闲农业是资本需求量较高的产业，农户、农村集体等经营主体投资能力较弱，单纯依靠自身力量很难完成资本积累过程，需要借助适当的融资模式进行融资。休闲农业融资模式的选择可以借鉴一般旅游业模式，我国旅游业融资模式主要包括：①通过股份制改造发行股票，直接融资；②通过发行债券筹集资金，承诺按一定利率定期支付利息，并到期偿还本金的债权债务；③实行旅游项目融资，吸引国内大企业、大公司、大集团的投资；④建立旅游产业投资基金，将通过各种方式筹措的资金交由专门的管理机构运作[189]。休闲农业经营规模较小，经营管理不规范，发行股票与债券等模式的制度环境尚不成熟，应采用项目融资和基金融资模式筹措资金，项目融资是以项目本身拥有的资金及其收益作为还款来源，基金融资则利用资本市场扩大融资渠道，发挥政府的引导作用，由政府、企业与个人联合投资，形成休闲农业融资平台，吸引和支持更多的民营企业投资介入。

三、提升市场营销能力

休闲农业经营水平主要是由客源城市中、高收入人群的数量、生活水平、收入水平、消费能力等决定，要根据市场需求，针对客源市场特征，立足本地区的优势资源、特色资源与次级资源确定休闲农业主题特色及休闲农业项目的类型和档次，并制定相应的市场营销策略，形成休闲农业经济优势。

1. 丰富休闲农业产品业态

鼓励各地区依托农村自然生态景观、田园风光、民俗文化、乡土特色资源，有规划地开展休闲农庄、乡村民宿、自驾车露营地、户外休闲运动、亲子乐园等特色休闲度假产品，大力发展旅游观光、农耕体验、度假养生、亲子休闲、乡村文化体验等活动，促进休闲农业个性化、精品化、创意化发展。支持农户发展农林牧渔相关的休闲农业园，积极扶持休闲农业合作社建设休闲农业产业园项目，发展以休闲农业为核心的三产融合发展聚集村；加强乡村特色文化和历史遗迹保护项目，发展具有地域特点、历史记忆、民族风情的特色乡村、特色乡镇，建设一村一品、一村一景、一村一韵的美丽乡村和特色景区。引导开发旅游吸引力高、农户参与度高的休闲农业旅游项目，探索开发以各地资源为基础的特色小镇、农业主题公园、亲子嘉年华、农业教育园区、乡村摄影基地、户外运动示范基地等项目，提高休闲农业综合效益。

2. 品牌化营销推广

休闲农业品牌营销推广是促进休闲农业市场化、规模化、产业化与品牌化发展的重要依托，通过创新营销模式、塑造品牌形象来深度挖掘产品特色，提高休闲农业产品与服务的识别度和知名度。

首先，通过品牌化营销，提升产业市场运作能力。在整合优化的基础上，重点打造点线面结合的休闲农业品牌经营体系。在点上，继续开展休闲农业示范点，中国美丽休闲乡村推介活动，在全国打造一批山清水秀、安居乐业、增收创收的美丽休闲乡村、乡镇，重点打造休闲功能齐全的休闲农业精品经营点，包括农家乐、采摘园、休闲观光园、休闲农庄、民俗村等类型；在线上，重点开展休闲农业精品景点线路的推介，因地制宜地开展多种形式的休闲农业品牌项目创建和推介活动，培育经典旅游线路产品，重点推介最美休闲乡村、重要农业文化遗产、休闲农业精品线路、休闲农业精品线路，宣传发展经典，打造融合亮点；在面上，继续开展休闲农业示范县、示范区创建，依托各地行政村具有历史文化特色的村落建筑、民居风貌、厚重的农耕文明、浓郁的民俗文化，着力打造一批带动能力强、示范效应显著的休闲农业聚集村、产业带，促进农民就业增收，拉动城乡居民休闲旅游消费。

其次，创新品牌宣传形式，提高宣传推介效果。一是开展“互联网 + 休闲农业”新模式。与在线网络技术企业合作，开展休闲农业与乡村旅游信息采集工作，在百度地图、高德地图等媒介上标注休闲农业景区景点，利用其广泛的市场影响力推介各地休闲农业民俗村、特色乡镇、休闲农庄、乡村旅游景点。打造休闲农业移动互联网服务平台，整合移动智能终端、云服务平台和大数据技术，以二维码作为平台入口，向旅游者提供全面、精准、便捷的休闲农业信息和服务，利用互联网媒介建立休闲农业经营者与游客间的良性互动，满足旅游者个性化消费需求，为旅游者提供旅游路线推介、产品预订等服务，提高休闲农业产业发展层次。二是举办各类大型节会活动，打造休闲农业嘉年华。休闲农业合作社、休闲农业行业协会等可以携手打造农园节、特色农产品展览、产品交易会等大型活动，通过线上、线下活动，将各类农事节庆、主题活动结合起来，通过微网站、微信公众号、电视台、新闻网等媒体对节会进行宣传推介。三是做好专业市场的定位和宣传。制作图文并茂的旅游指南、景区景点图册，积极借力宣传，借助影视宣传片、摄影拍摄地展示休闲农业项目，利用各种媒体进行全方位、多层次的推广。四是休闲农业形象设计。以休闲农业经营理念为核心，建立休闲农业视觉识别系统，通过企业经营者有效的管理活动和服务活动塑造良好的休闲农业形象，在休闲农业园区指示标识、企业办公用品、广告宣传资料、产品与包装、环境陈设、公关礼品、从业人员服装饰品、运输工具及设备等方面实现形象应用。

四、建设信息网络平台

推进休闲农业目的地的信息化管理建设，利用互联网、物联网和手机等新兴媒体拓展信息终端，加快信息服务体系建设。建设休闲农业网、管理系统业务网、电子商务网等，并与国内及周边地区著名的景区景点、休闲农业示范点、旅行社等网站进行链接，构建休闲农业信息平台。如中国休闲农业网的开通建立了统一、高效、权威的休闲农业信息资源库，通过网站及时更新休闲农业信息，详细介绍休闲农业景区的景点分布情况、最新动态、交通方式等。休闲农业网站的建设，一方面为休闲农业经营户提供展示平台，通过网络进行市场调研、网络营销与互惠链接；另一方面为游客提供信息咨询、网上预订、网上支付等服务，可以降低企业的经营成本和游客搜寻信息成本，协调游客与休闲农业经营者及农户间信息不对称问题，提高信息的可得性和交易的便捷性。同时，地方政府可以通过网站向公众介绍休闲农业政策法规、办事流程，发布政务新闻与政府公报，为休闲农业景区景点推介、线路推荐、公交路线和自驾方案、住宿餐饮服务等方面做可信性资质证明，为当地休闲农业发展提供服务和指导，提高休闲农业目的地的品牌知名度。通过构建休闲农业发展的信息平台，实现行业管理网络化、企业经营网络化和信息服务网络化，搭建政府与企业、企业与市场间沟通和联系的桥梁。

五、发挥科研支撑作用

一方面，中国休闲与创意农业研究院、湖南省现代休闲农业研究院、创行合一旅游规划设计院等企业研究机构的成立与壮大，为休闲农业产业相关课题研究、规划设计、培训交流、配套产业发展提供了智力支撑和决策参考。休闲农业研究机构的组建在动植物新品种、新技术引进推广、设施农业、精品农业创建、精致农产品深加工与品牌化经营、农业废弃物综合治理、休闲农业主题项目形象策划与品牌推广、营销网络体系搭建等方面加强深入研究，助力休闲农业项目质量提升与品牌升级，为休闲农业向区域化、差异化、主题化方向发展，以及休闲农业产业模式与业态创新提供了战略指导，引导休闲农业成长为对接大农业、大旅游、大生态、大文化的新型高效业态。

另一方面，促进各地休闲农业发展，加强与大专院校和科研院所搭建交流平台，通过科研合作、培训交流、专家讲座等方式，将先进的农业技术、产业经营管理理念、规划设计技巧等引入休闲农业发展中；采取资源互补、共建共享的合作模式，加强休闲农业项目建设与专业的专家团队的有效对接，搭建休闲农业合作交流平台。

第三节　提高休闲农业产业组织化程度

一、鼓励农民创业创新

推动各地休闲农业惠农政策和农业农村补助项目向农民创业创新倾斜，培育农民创业创新带头人，以返乡农民工、高等院校毕业生、退役士兵、大学生村官等为主体，建设休闲农业项目。结合新型职业农民、农村实用人才、职业技能等培训计划，开展农民创业技能培训，利用农业园区、休闲农业企业、特色乡镇建设农民创业创新实习基地，鼓励农民在农村兴办家庭农场、领办农民合作社和小微企业，发展设施农业、温室农业、乡村旅游、农产品加工业、民俗民族工艺产业、农产品流通产业、生活生产服务业。鼓励各类协会、中介组织和社会机构开展各类促进农民创业创新的公益和竞赛活动，促使农民创业创新与休闲农业产业发展融为一体。

二、加强龙头企业带动

1. 加快培育休闲农业龙头企业

资源的优化配置是提高休闲农业组织化程度的关键[190]。积极培育具有整合休闲农业产业链资源要素能力的龙头企业，随着休闲农业与乡村旅游示范点、示范县的创建活动开展，全国休闲农业与乡村旅游星级示范企业（园区）、全国十佳休闲农庄、十大精品线路创建工作的实施，一批优势突出、战略设计能力强、凝聚与示范带动效应显著的休闲农业龙头企业成长为主导休闲农业产业化、集群化发展的重要主体。各地区应依托各类休闲农业与乡村旅游示范建设工作的推进，加快培育具有经营特色、运作规范、产业基础雄厚、产业服务能力强、经营效益良好的休闲农业产业化龙头企业，带动区域内休闲农业相关社会化服务组织、农业大户、农民合作社、家庭农场、小微企业大力发展优势互补、类型多样的休闲农业项目。形成以休闲农业龙头企业为主导，发展产业化、规模化、多元化、集约化的休闲农业示范基地和示范园区，提高休闲农业产业组织化程度，显著推进休闲农业产业化经营步伐。

2. 增强龙头企业带动能力

休闲农业产业化发展的重要标志是形成带动能力强、示范效应显著的休闲农业产业化龙头企业集群。围绕各地区休闲农业资源优势和文化特色，吸引龙头企业投资休闲农业产业，合理布局和规划建设休闲农业产业基地和园区。在休闲农业产业化推进过程中加强政策引导与扶持，完善企业运作的体制机制，建立龙头企业与农户间的利益分配机制，实现农户小规模经营与大市场对接，提高农户参与休闲农业产业发展的经营与竞争能力，带动农户创意开发休闲农业活动与旅游产品，整合区域旅游资源，打造休闲农业精品旅游线路，提高区域休闲农业品牌竞争力。

三、健全产业经营组织

1. 建立健全休闲农业行业协会组织

行业协会的完善程度是市场经济条件下衡量行业是否成熟的重要标志。目前，我国已成立中国旅游协会休闲农业与乡村旅游分会，专门负责研究休闲农业和乡村旅游发展过程中存在的问题，进而提升休闲农业管理和服务水平。要按照“民间化、市场化、大服务”等行业协会办会原则积极培养和发展休闲农业行业协会，不断完善行业自我服务和约束管理机制。一方面，赋予行业协会一定的职权和资金支持，让其适度地参与行业管理；另一方面，通过整合行业协会各项资源，制定行业规范，强化行业监管，提供相关培训，为休闲农业发展提供市场准入、市场推广、人员培训、经营协助、宣传推介、管理咨询、市场评估、度假指南等多样化的服务，充分发挥行业协会在政策宣传和建议、行业标准制定与实施、经营行为规范、行业争端解决等方面的作用，提高休闲农业组织化程度和标准化建设能力。同时，发挥行业协会在涉农、涉旅企业和政府间的沟通桥梁作用，规范休闲农业项目管理，保障相关利益群体合法权益，促进行业有序竞争和可持续发展。

2. 培育休闲农业新型经营主体

优化休闲农业发展环境，积极培育专业大户、农民合作社、家庭农场、农业企业等经营主体。加快构建以种养农户为基础，休闲农庄、家庭农场为载体，农业旅游企业为引领的休闲农业经营体系，支持农户利用自身资源发展农家乐、渔家乐，规范发展质量，提升产业服务能力；鼓励农民合作社、家庭农场、农业企业融合发展农村三次产业，建设休闲农庄、产业基地、观光园区等项目，推展农业功能、传承农耕文明、完善休闲度假服务功能，促进农民就业增收。另外，主动对接休闲农业社会化服务主体，延伸休闲农业产业链条，推动休闲农业转型升级。

3. 建立专业化、社会化服务组织

提高休闲农业产业社会化合作与专业化分工，延长休闲农业产业化经营链条，休闲农业相关项目，如园区绿化、多种植物园艺、设施农业技术等项目由专业化的企业或组织承包，依托相关领域专业团队、先进技术、灵活的运作机制，提高产业市场竞争力。

四、优化产业组织模式

休闲农业经营模式多样，主要包括“农户 + 农户”“企业 + 农户”“企业 + 社区 + 农户”“政府 + 企业 + 农村旅游协会 + 旅行社”“政府 + 企业 + 农户”“个体农庄”等多种经营管理模式，一些经营模式由于不同主体间存在利益不一致、信息不对称、地位不对等、契约不完备等问题，难以形成促进产业规模化发展的保障机制和保证农民收入的长效机制。不同经营主体在休闲农业产业发展中发挥着不同的作用。首先，企业作为市场主体是构成产业的要素，以休闲农业企业为主导开发建设休闲农业项目，有利于将市场经济理念引入休闲农业发展中，利用市场机制整合资金、技术等各项资源，推动休闲农业规模化、市场化发展；其次，农村基层组织是村民自治的群众性组织，如村委会等，是农村社会、经济、文化建设的组织核心，具有管理农村集体经济、协调内外部关系等职能，可以发挥农村基层组织在基础设施建设、解决公共产权处置和收益冲突方面的积极作用；最后，休闲农业合作社、行业协会等合作组织的建立有利于有效解决农户分散经营的问题，形成统一协调的利益市场。通过成立利益共享、责任共担的休闲农业合作组织来约束不同经营者的行为，维护公平有序的竞争环境，形成良性互动的协商机制，提高休闲农业市场化和组织化程度。同时，鼓励农户参与休闲农业发展过程是保障当地居民获得产业发展效益的前提，要建立有效的农户参与机制，充分发挥农户的积极性和创造性，一方面，在制定休闲农业相关政策与规定、发展目标与计划、监测与评估措施方面听取当地农户的意见与建议；另一方面，让农户参与到休闲农业经营与收益分配中，鼓励农户直接从事休闲农业经营。

休闲农业产业化组织模式的选择要适合区域产业集群的形成，主要体现不同企业组织的经营行为或企业间的联盟行为。产业组织模式的确定要充分重视企业或中介组织的作用，通过各种龙头组织或中介组织与农户结成松散型或紧密型的利益共同体，对农户经营起到不同程度的引导、组织、服务、扶持作用。

第四节　实施休闲农业产业集群化战略

一、构建与延伸产业链

休闲农业产业链是指在产业分工细化和专业化的基础上，处于不同环节、发挥不同功能的企业以各自利益最大化为目标建成的产业网络链条结构。休闲农业产业链的构建与发展能够挖掘传统农业生产与乡村环境中的附加价值，实现农业文化价值的重现与增值，有效地促进资金、技术、人才、渠道等生产要素的有序流动，推动农业产业结构的优化升级与休闲农业产业化发展进程。

首先，从产业链的基本构成来看，主要包括基础链、辅助链及拓展链，休闲农业基础链指传统的农业生产过程及休闲服务手段，包括农产品的培育与生产、采摘与收获、加工与销售以及农业生产与休闲服务的结合；辅助链包括与休闲农业产业经营相关联的产业与企业，包括金融业、建筑业、餐饮零售业、物流业、传媒业、交通运输业、环保产业等；拓展链则是指附加于休闲农业经营基础上的产业，如食品产业、医药美容产业、生物工程业、会展业、文化创意产业、房地产业等。

其次，从休闲农业产业链发展的延伸方向来看，一是纵向延伸，以休闲农业产业化龙头企业、农民合作社等经营组织为主导，提高种养殖产业基地规模，加快发展农产品流通业、农产品精深加工业、餐饮娱乐民宿业，加强涉农企业与农户间的协作与整合，在农产品生产、加工、流通、销售等各个环节创新经营方式与组织方式，整合休闲农业旅游吃、住、行、游、娱、购各环节资源，加强经营主体之间的交流与合作，以此构建完整的产业经营体系；二是横向延伸，加强种养殖业、农产品加工、休闲农业项目规划设计、餐饮住宿服务业等经营类型相同或相似企业之间的分工合作，集约利用行业资源，处于同一休闲农业精品旅游线路与示范县区内的休闲农业项目，可以整合区域内的各种资源，形成特色互补、功能衔接、规模经营的产业集群，共同开发客源市场，增强区域产业竞争力。依托产业链的纵向与横向延伸，在休闲农业产品定位、项目设计、技术研发、销售管理、服务支撑等各环节提高产业的核心竞争力。

二、促进关联产业集聚

一方面，休闲农业产业链的延伸将促使大量中小企业在区域内集聚，产业链各节点均能促生众多存在竞合关系的企业，可以利用区域内特色休闲农业资源和产品优势，延长产业链，实现相关核心企业集群发展。如台湾的农产品深加工整合了生产、制作、包装各环节的资源和技术，极大地延伸了产业链。

另一方面，以休闲农业产业链延伸和升级为核心，合理配置休闲农业资源，发挥休闲农业产业的关联带动作用，推动与休闲农业关联度较高的产业发展，如农业、旅游业、建筑业、交通运输业、医疗美容业、农产品加工业等，促进存在竞争合作关系的相关产业的企业、专业化供应商以及服务机构在区域内聚集发展，以此形成一个稳定、持续的竞争集合体。

三、推进产业集群发展

休闲农业产业集群是以休闲农业项目开发为中心，整合多个产业链，集聚众多具有依存性、互补性与关联性的企业和服务机构，形成相互促进、共同发展的企业网络。各地区以特色休闲农业资源为核心要素，整合各产业资源，打破部门和地域界限，以休闲农业内部产业链拓展与延伸为核心，吸引处于产业链上的众多企业与支撑机构在休闲农业项目开发地集聚，整合关联企业的经营优势，降低企业经营成本，通过跨行业、跨部门、跨地区的资本、技术与资源联合，组建休闲农业企业集团，聚集一批具有较强竞争力的企业。通过休闲农业关联产业及配套产业的协调发展，形成相对完整的产业链和具有强劲、持续竞争优势的产业集群。

第五节　建立休闲农业产业化人才体系

休闲农业产业化发展需要各类专业化、高素质的服务和经营管理人才，针对休闲农业产业发展的具体需求，分类、分级开展休闲农业专业技能培训，为完善休闲农业产业经营人才体系建设，提高产业发展层级提供基础支撑。

一、培养专业人才

休闲农业产业发展涉及的学科领域较为宽泛，从事休闲农业需要掌握经济管理、农业科技、文化旅游、环境科学、市场营销等多学科领域的知识。一方面，鼓励各地区依托高等院校、各类服务机构开展休闲农业相关知识的教育培训，包括休闲学、生态景观学、资源环境学、景观设计与规划学、农学基础等各类学科，培养农业景观规划设计、产业经营管理、市场营销推广、品牌文化宣传、环境保护、文化遗产开发保护等领域的专业人才，提高休闲农业经营主体的市场经营意识、旅游开发理念与统筹协调能力；另一方面，依托各地区的职业技术院校与农林、财经机构的研究优势，培养休闲农业发展所需的高层次农业技术人才和高级经营管理人才，鼓励采取校企合作的方式，为人才教育与培训提供实习、创新平台。

二、提高经营素质

提高休闲农业经营者与管理人员的整体素质。主要包括：一是针对创新创业的农户、农民合作社、家庭农场主、农业龙头企业等经营主体的带头人和经营管理人员开展定期教育与培训，加强职业道德与法律法规教育，增强从业人员市场经营意识、职业道德水平，鼓励经营主体依法依规文明经商、积极参与；二是由各级政府或行业协会主导，组织各种形式的休闲农业产业发展研讨会、座谈会、交流会等，加强休闲农业产业相关从业人员与政府部门、社会化服务组织之间的互动交流，创新产业经营服务理念，探讨与解决产业经营发展中面临的瓶颈问题；三是组织休闲农业园区负责人和各县市区负责休闲农业产业发展的相关人员到休闲农业发展较好的地区参观考察，通过休闲农业协会组织各类交流活动和专题培训，提高休闲农业从业人员的管理理念和专业素质。

三、开展技能培训

多渠道、多层次、多形式开展休闲农业产业经营服务人员专项培训。一是依托各类职业院校、行业组织、产业协会定期、分批对休闲农业经营管理人员进行培训，重点开展休闲农业政策制度、法律法规、信贷融资、安全卫生等方面知识的培训；二是提高休闲农业产业服务人员的专业水平，举办各类休闲农业讲解员、乡村旅游导游员、休闲农业相关产业接待服务人员等各种内容的培训班，对休闲农业专业服务人员，开展服务技能、作业操作方法、农技知识、服务规范、接待礼仪、流程体系、安全卫生知识等方面的知识和技能培训，对从业人员的服务水准要定期考核与监督；三是开展从业农户的教育培训，休闲农业发展以当地农户为主体，需要对从业农户开展现代农业技术知识、旅游服务知识、环境保护知识、安全卫生知识等方面的教育，对从事种养业的农户，可依托各地农业职业技术教育平台、农村劳动力素质培训工程等形式开展农技培训，定期进行农业生产与技术推广、设施农业、温室培育、循环农业、精品农业相关知识的培训与技术指导，引进农业新品种、新技术，提高农业科技化与现代化水平，提高农户应用现代科技的能力，调动农户拓展农业多功能的积极性与参与休闲农业项目建设的热情。

四、大力引进人才

建立人才引进机制，充实休闲农业经营管理和专业技能人才，利用公开招聘、引进交流等多种形式引进休闲农业规划设计、创意营销、经营管理人才，提高休闲农业项目设计水平。利用多种渠道与手段挖掘有潜力的专业人才，完善人才流动机制，实现休闲农业从业人员在数量、质量、层次、结构上的优化配置与全面提升。

第六节　构建休闲农业产业化标准体系

休闲农业标准化是以休闲农业生产、服务、管理全过程为对象[187]，通过建设标准体系，制定、发布与实施相关标准，规范休闲农业市场秩序与产业发展，实现休闲农业服务专业化，提升经营管理水平、推进产业化进程。

一、标准体系构建原则

休闲农业标准化体系建设应在一定原则指导下逐步推进，主要包括：一是全局性与前瞻性原则。要全面分析休闲农业产业发展现状、趋势以及发展中可能存在的潜在问题，在景观规划与设计、文化要素传承与保存、环境开发与保护方面做好充分调研与长远规划，确保相关标准的适用性与可行性。二是一致性原则。在一定地域范围、一定时期内，对区域内相关对象做出统一规定，确保休闲农业标准制定的一致性和稳定性、权威性和持续性。三是融合性原则。一方面休闲农业行业标准可以参考农业和旅游业较为完备的标准体系，并与相关行业标准相衔接；另一方面要兼顾不同产业经营模式、发展阶段、组织方式和管理手段，相关标准的制定能够在不同产业形态中共同适用。四是综合效益原则。通过实施标准化能够取得综合效益，进而实现经济效益、社会效益与生态效益的统一。

二、标准体系制定层次

休闲农业标准化可以分别从宏观和微观两个层面进行制定，一是宏观把握休闲农业产业发展的特征与趋势，通过推行标准体系保障产业规范化、持续性发展；二是地方休闲农业管理部门和参与经营的企业主体根据地区特点和产业特色制定相关标准，如地方休闲农业建设与评定标准、休闲农业项目与园区服务和管理标准等。目前，在国家、地方、行业和企业层面都已制定和实施了一系列休闲农业相关标准，通过标准化建设规范休闲农业发展。如农业部出台的《全国休闲农业与乡村旅游星级企业（园区）示范创建行动评分管理办法（试行)》，北京市制定的《乡村民俗旅游户等级划分与评定》《乡村民俗旅游村等级划分与评定》和《乡村旅游特色业态标准及评定》等系列标准，四川省制定的《农家旅游服务规范》，安徽省制定的《安徽省农家乐旅游等级划分与评定》，湖南省制定的《农家乐经营基本条件》《农家乐星级划分评定准则》等地方标准。

三、标准体系制定内容

首先，休闲农业服务标准化。制定具有较强指导性的休闲农业服务分类标准与工作指南，对休闲农业服务内容、服务流程、服务资质、服务术语等方面做出详细规定。一是休闲农业基础标准设定，建立权责明确的休闲农业服务组织机构，规范休闲农业服务流程，健全服务质量评价与认证体系；二是规定休闲农业从业人员资质标准，完善服务运营管理中关于卫生、环保、安全防范等方面的相关规定；三是规定休闲农业从业人员服务质量标准，将休闲农业服务的全过程分为若干工作阶段，详细规范各阶段的服务内容，并对服务活动需要达到的效果做出要求。

其次，休闲农业管理标准化。制定规范休闲农业用地、生产、经营、布局、服务设施、公共基础设施建设等方面的相关标准。一是严格制定和执行休闲农业经营准入标准，从服务设施、建设环境、建筑条件、安全系统、卫生环境等方面设定休闲农业项目经营的基本条件和最低准入标准；二是规范休闲农家、休闲农庄、休闲农场、休闲农园等项目设施设置标准和管理标准，如对乡村旅舍的设施条件进行标准设定和等级评估，对设施设备达到相关标准的批准发放从业许可证；三是制定各业态的建设与评价标准、服务规范与操作规程，规范休闲农业各种产业形态的规划设计、设施配置和运行评价等内容，制定具体业态的建设与评价专用标准，如经营服务规范、等级划分与评定、星级划分评定准则等。

最后，休闲农业卫生安全标准化。休闲农业主要以农民原生态生产、生活环境为依托，休闲农业开发地卫生设施与安全条件是休闲旅游者最为关注的要点之一。卫生安全标准包括住宿卫生、餐饮卫生、饮用水卫生、医疗卫生、环境卫生、能源卫生等。

根据休闲农业产业化开发基础的不同，不同等级城市应立足本地区休闲农业开发的基础条件、资源优势、市场环境等因地制宜地制定休闲农业产业化发展战略，明确休闲农业产业在协调城乡经济、农业生产与农村经济整体发展中的功能定位与开发布局。结合各地区产业结构政策、中长期产业发展规划等，评估本地区休闲农业产业发展潜力，明确休闲农业产业的区域定位、功能定位、形态定位及市场定位，通过政策环境优化、市场环境营造、产业集群战略实施、标准体系与人才体系建设等保障措施，实现区域资源间的有效整合、品牌间的差异组合、产业间的高度融合、部门间的紧密结合，进而推动区域休闲农业向特色化、品牌化、规范化、规模化、产业化发展。[191]

第一，领先水平城市休闲农业发展已经摆脱了初期分散、无序的状态，在一定程度上实现了资金的积累和市场化程度的提高，通过规模经营、整合发展实现产业集群是提升休闲农业产业化能力和市场竞争力的必然选择。

第二，中级水平城市休闲农业发展已初具规模，初步实现了产业经营类型的多样化和经营层次的多元化，但产业发展组织化、市场化程度不足，需要进一步增强龙头企业的带动力和中介组织的协调力。

第三，初级水平城市休闲农业经营在规模化、市场化、组织化方面尚显不足，存在产业经营类型单一，经营模式雷同，产业项目吸引力不强，客源市场定位不清晰等问题，产业化发展潜力有待挖掘。应加强资源整合能力的提升和市场潜力的挖掘，推进休闲农业规模化发展。

第四，起步阶段城市休闲农业发展规模小、品牌档次低、设施简陋、招商引资困难，在资金、技术、人才、基础设施等方面面临着制约产业发展的瓶颈问题。应从改善产业政策环境和产业服务环境方面着手，发挥政府在基础平台搭建、区域品牌培育、区域营销服务、产业结构升级等方面的积极作用，有效地提高地区资源配置水平和吸引投资能力，实现休闲农业产业突破性增长。

同时，各地区在休闲农业的发展过程中，应重点开展休闲农业星级评定工作，对区域内休闲农业企业与园区进行综合评比，将影响力大、基础条件好的休闲农业项目作为示范园区进行重点建设。参照旅游景区评定标准，结合休闲农业特色，形成休闲农业星级评定指标，对休闲农业企业进行规范化管理，提高经营主体积极性，建设特色鲜明、服务规范、基础设施完备的休闲农业园区与景点，以点带面，示范带动区域休闲农业产业化发展。

参考文献

［1］黄飞，袁燕生．我国农业政策手段的运用与绩效分析——以乡村旅游政策为例．农村经济与科技，2008（6）：35－37.

［2］张广海，包乌兰托亚．我国休闲农业产业化及其模式研究．经济问题探索，2012（10）：30.

［3］李利昌，蔡莉华．发展休闲农业促进农村全面进步．吉林农业，2010（6）：32.

［4］张广海，包乌兰托亚．国内外休闲农业研究进展．北方经济，2012（6）：101－103.

［5］Inskeep，E. Tourism planning：An integrated and sustainable development approach. New York，1991.

［6］Wall，G. Agrotourism. In J. Jafari. Encyclopaedia of tourism. London and New York，2000.

［7］Roberts，L. & Hall，D. Rural tourism and recreation：Principles to practice. Cambridge，2001.

［8］Barbieri，C. & Mshenga，P. M. The role of the firm and owner characteristics on the performance of agritourism farms. Sociologia Ruralis，2008（48）：166－173.

［9］Wilf J. Murphy. Leisure and recreation management. Tourism Management，1985，6（1）：73－74.

［10］Davies，E. T. & Gilbert，D. C. Planning and marketing of tourism：A case study of the development of farm tourism in Wales. Tourism Management，1992（3）：56－63.

［11］Bill Bramwell. Critiral issues in tourism：A geographical perspective. Tourism Management，1994，15（5）：397－398.

［12］Jackie Clarke. Farm accommodation and the communication mix. Tourism

Management, 1996, 17 (8): 611 -616.

[13] David B. Weaver. The vacation farm sector in Saskatchewan: A profile of operations. Tourism Management, 1997, 18 (6): 357 -365.

[14] Brian Ilbery . The development of alternative farm enterprises: A study of family labour farms in the northern Pennines of England. Journal of Rural Studies, 1998, 12 (3): 285 -295.

[15] Terry Marsden, Roberta Sonnino. Rural development and the regional state: Denying multifunctional agriculture in the UK Original Research Article. Journal of Rural Studies, 2008, 24 (4): 422 -431.

[16] Marques, H. Searching for complementarities between agriculture and tourism - the demarcated wine - producing regions of northern Portugal. Tourism Economics, 2006 (12): 147 -155.

[17] McGehee, N. G. , Kim, G. R. Gender and motivation for agritourism entrepreneurship. Tourism Management, 2007 (28): 280 -289.

[18] Barbieri, C. , Mshenga P. M. The role of the firm and owner characteristics on the performance of agritourism farms. Sociologia Ruralis, 2008 (48): 166 -183.

[19] Bernard Lane. The green light: A guide to sustainable tourism: English Tourist Board. Journal of Rural Studies, 1993, 9 (2): 194 -195.

[20] Deborah Che, Veeck Ann, Veeck Gregory. Sustaining production and strengthening the agritourism Product: Linkages among Miehigan agritourism destinations. Agriculture and HumanValues, 2005 (2): 225 -234.

[21] Clarke, J. Farm accommodation and the communication mix. Tourism Management, 1996 (17): 611 -620.

[22] Burton, R. J. F. Seeing through the "good farmer' s" eyes: Towards developing an understanding of the social symbolic value of "productivist" behavior. Sociologia Ruralis, 2004 (14): 195 -216.

[23] Robinson, G. Geographies of agriculture: Globalisation, restructuring and sustainability. Harlow: Pearson Education Limited, 2004.

[24] Sharon Phillip, Colin Hunter. A typology for defining agritourism. Tourism Management, 2010 (31): 754 -758.

[25] Grefe C. Roots of unsustainable tourism development at the local: The case

of Urgup in Turkey. Tourism Management, 1998, 19 (6) .

[26] Dick Foster. Agricultural diversification and agritourism: Critical success factors. The Institute For Integrated Rural Tourism, 2004.

[27] Ilbery, B. Farm diversification as an adjustment strategy on the urban fringe of the west midlands. Journal of Rural Studies, 1991, 7 (3): 207 –218.

[28] Nickerson, N., Black, R. & McCool, S. Agritourism: Motivations behind farm ranch business diversification. Journal of Travel Research, 2001, 40 (1): 19 –26.

[29] Veeck, G., Che, D. & Veeck, J. America' s changing farmscape: A study of agricultural tourism in Michigan. The Professional Geographer, 2006, 58 (3): 235 –248.

[30] Wilson, J. Thilmay, D. Watson, P. The role of agritourism in Western states: Place specific and policy factors influencing recreational income for producers. Review of Regional Studies, 2006, 36 (3): 381 –399.

[31] Ollenburg, C. & Buckley, R. Stated economic and social motivations of farm tourism operators. Journal of Travel Research, 2007, 45 (4): 444 –450.

[32] McGehee, N. & Kim, K. Motivation for agri – tourism entrepreneurship. Journal of Travel Research, 2004, 43 (2): 161 –170.

[33] Barbieri, C. & Mahoney, E. Why is diversification an attractive farm adjustment strategy: Insights from Texas farmers and ranchers. Journal of Rural Studies, 2009, 25 (1): 58 –66.

[34] 何景明．国外乡村旅游研究述评．旅游学刊，2003 (1): 92 –96.

[35] Barbieri, C. An importance – performance analysis of the motivations behind agritourism and other farm enterprise developments in Canada. Journal of Rural and Community Development, 2010 (5): 1 –20.

[36] Andereck, K. & Vogt, C. The relationship between residents' attitudes toward tourism and tourism development options. Journal of Travel Research, 2000, 39 (4): 27 –36.

[37] Torres, R. & Momsen, J. H. Challenges and potential for linking tourism and agriculture to achieve pro – poor tourism objectives. Progress in Development Studies, 2004, 4 (4): 294 –318.

[38] Evans, N. J., Ilbery, B. W. A conceptual framework for investigating farm – based accommodation and tourism in Britain. Journal of Rural Studies, 1989 (5): 257 – 266.

[39] Fisher, D. The potential for rural heritage tourism in the Clarence valley of northern new south Wales. Australian Geographer, 2006, 37 (3): 411 – 424.

[40] McGehee, N. G. An agritourism systems model. Journal of Sustainable Tourism, 2007 (25): 111 – 124.

[41] Ollenburg, C. & Buckley, R. Stated economic and social motivations for farm tourism operators. Journal of Travel Research, 2007 (45): 450 – 452.

[42] Veeck, G., Che, D. & Veeck, J. America' s changing farmscape: A study of agricultural tourism in Michigan. The Professional Geographer, 2006, 58 (3): 235 – 248.

[43] Clark, D. Southern, R. & Beer, J. Rural governance, community empowerment and the new institutionalism: A case study of the Isle of Wight. Journal of Rural Studies, 2007, 23 (2): 254 – 266.

[44] Sharpley, R. Flagship attractions and sustainable rural tourism development: The case of the Alnwick Garden, England. Journal of Sustainable Tourism, 2007, 15 (2): 125 – 143.

[45] Barbieri, C. A comparison of agritourism and other farm entrepreneurs: Implications for future tourism and sociological research on agritourism. General Technical Report, 2009: 343 – 349.

[46] Valdivia, C. The effect of land fragmentation on habitus, field and agroforestry. The Tenth North American Agroforestry Conference, 2007 (7): 10 – 13.

[47] Wilson, G. From weak to strong multifunctionality: Conceptualising farm-level multifunctional transitional pathways. Journal of Rural Studies, 2008, 24 (3): 367 – 383.

[48] Bernard Lane. The green light: A guide to sustainable tourism: English Tourist Board. Journal of Rural Studies, 1993, 9 (2).

[49] Walford, N. Patterns of development in tourist accommodation enterpriseson farms in England and Wales. Applied Geography, 2001 (21): 331 – 345.

[50] Sharon Phillip, Colin Hunter. A typology for defining agritourism. Tourism

Management, 2010 (31): 754 - 758.

[51] Sonnino, R. For a "Piece of Bread", Interpreting sustainable development through agritourism in Southern Tuscany. Sociologia Ruralis, 2004 (44): 285 - 300.

[52] Kizos, T. & Iosifides, T. The contradictions of agrotourism development in Greece: Evidence from three case studies. South European Society and Politics, 2007 (12): 59 - 77.

[53] Barbieri, C. & Mshenga, P. M. The role of the firm and owner characteristics on the performance of agritourism farms. Sociologia Ruralis, 2008 (48): 166 - 183.

[54] Magnar Forbord, Markus Schermer, Karin Griemair. Stability and variety - products: Organization and institutionalization in farm tourism. Tourism Management, 2011 (4): 1 - 15.

[55] E. T. Davies. Planning and marketing of tourism: A case study of the development of farm tourism in Wales. Tourism Management, 1992, 13 (1): 5 - 13.

[56] Ann Mur Phy, Peter W. Attracting Japanese tourists into the rural hinterland: Implications for rural development and planning. Tourism Management, 1999 (20): 487 - 499.

[57] Richard S. Rural tourism and the challenge of tourism diversification: The case of Cyprus. Tourism Management, 2002 (6): 233 - 244.

[58] Embacher, Franz, Narnhofer, Heide. Strategies to measure a quantum state. Elsevier Science, 2004 (5): 220 - 244.

[59] Cecilia Hegarty, Lucyna Przezborska. Rural and agri - tourism as a tool for reorganizing rural, areas in old and new member states—A comparison study of ireland and poland. International Journal of Tourism Research, 2005, 7 (2): 63 - 77.

[60] Rilla, Ellen. Unique niches: Agritourism in britain and new England. London, 1999.

[61] Tosun C. Limits to community participation in the tourism development process in developing countries. Tourism Management, 2000 (2): 16.

[62] 范子文. 京台观光休闲农业合作前景评析. 台湾农业探索, 1997 (4): 7 - 10.

[63] 张永贵. 投资新领域: 城郊休闲农业. 中国投资, 1998 (6): 48 - 49.

[64] 黄爱萍, 郑少泉, 陈雅英. 台湾发展休闲农业对大陆当前农业结构调

整的启示．福建农业科技，2000（6）：28－29.

［65］肖君泽．发展休闲农业开发和拓展农业功能．农业现代化研究，2009，30（4）：453－456.

［66］鲁怀坤．论观光农业及其发展．学习论坛，2002（7）：31－33.

［67］胡长龙．园林规划设计．北京：中国农业出版社，2002：438.

［68］刘莹莹，原梅生．浅谈我国休闲农业的发展．商业时代，2006（7）：72－74.

［69］赵国如．休闲农业的发展模式与模式选择．中国发展，2009，4（9）：63－70.

［70］祁黄雄．区域观光农业规划探讨与实践．北京：北京大学博士学位论文，1997.

［71］余美珠，袁书琪．观光农业旅游开发模式及开发对策初探．福建师范大学学报，2004（6）：62－67.

［72］郑辽吉．辽东山区观光农业开发研究．社会科学家，2005（10）：202－203.

［73］郭焕成，任国柱．我国休闲农业发展现状与对策研究．北京第二外国语学院学报（旅游版），2007（1）：66－71.

［74］丁忠明，孙敬水．我国观光农业发展问题研究．中国农村经济，2000（12）：86－89.

［75］李澜．关于观光农业理论研究与实践开发中的问题思考．广西师范学院学报（自然科学版），2001，18（2）：45－49.

［76］郭焕成．都市农业发展的背景、模式与趋势．中国供销商情，2004（10）：66.

［77］郭焕成，王云才，许春霞．论中国乡村旅游发展的新趋势．干旱区地理，2005，28（6）：862－868.

［78］段兆麟．台湾农业产销班高效管理的策略．福建农业，2006（9）：18.

［79］陈昭郎．台湾地区休闲农业发展策略//郑健雄，郭焕成，陈田．海峡两岸观光休闲农业与乡村旅游发展——海峡两岸观光休闲农业与乡村旅游发展学术研讨会论文集．北京：中国矿业大学出版社，2005.

［80］孙艺惠，杨存栋，陈田等．我国观光农业发展现状及发展趋势．经济地理，2007，9（27）：835－839.

［81］张文，冯百侠．我国观光农业发展现状与对策．河北理工大学学报，2010，10（6）：77－79.

［82］卞六安．台湾农家要览．台北：台湾农家要览策划委员会编辑委员会，1980：49－50.

［83］林梓联．发展休闲农业的做法．农药世界，1990（88）：12－20.

［84］张舒雅．由农民及游客观点探讨本省休闲农业的资源分类．台中：逢甲大学建筑及都市计划研究所硕士学位论文，1993.

［85］蔡进发．从资源基础观点看国内休闲农业的策略制定．台湾农业，1996，32（6）：16－25.

［86］林梓联．体验经济时代农业企业的发展机会．农业经营管理会讯，2001（28）：3－9.

［87］何平．农业生态旅游资源及其分析．社会科学家，2002，17（1）：5－10.

［88］王云才，郭焕成，徐辉林．乡村旅游规划原理与方法．北京：科学出版社，2007.

［89］段兆麟．休闲农场运用农业与农村资源营造特色．北京农业职业学院学报，2007（6）：1－5.

［90］舒伯阳．中国观光农业旅游的现状分析与前景展望．旅游学刊，1997（5）：41－43.

［91］符全胜．城乡交错带旅游开发研究——以江苏锡山市沿太湖地区为例．地理学与国土研究，1998，8（14）：57－59.

［92］郑向敏，吴建华，王新建．我国观光农业园区发展模式探讨．中国供销商情，2004（10）：25.

［93］黄震方，侯国林，徐沙．城郊旅游的可持续发展与观光农业的开发初探——以南京城郊观光农业的发展为例．南京师范大学学报，1999，22（4）：103－106.

［94］丁忠明，孙敬水．我国观光农业发展问题研究．中国农村经济，2000（12）：59.

［95］鲁怀坤．论观光农业及其发展．学习论坛，2002（7）：31－33.

［96］余美珠，袁书琪．旅游产品深度开发对策初探．福建地理，2006，21（1）：31－33.

［97］林国华，曾玉荣，刘荣章等．台湾休闲农业发展模式与经验探讨．台湾农业探索，2007（4）：18－19.

［98］邵琪伟．发展乡村旅游促进新农村建设．中国农村科技，2007（9）：48－50.

［99］王婉飞，叶宗造．休闲农业经营模式创新探索——以华凯休闲农业为例．商场现代化，2010（1）：49－51.

［100］张发民．郑州市休闲农业发展模式及选择思路．科技创业，2009（7）：3－9.

［101］李春生．郑州市城郊观光农业的发展研究．河南农业科学，2003（1）：49.

［102］郑健雄，郭焕成，陈田．休闲农业与乡村旅游发展．徐州：中国矿业大学出版社，2005：19－26.

［103］郭焕成，刘军萍，王云才．观光农业发展研究．经济地理，2000，3（20）：119－124.

［104］吴必虎，黄琢玮，马小萌．中国城市周边乡村旅游地空间结构．地理科学，2004，24（6）：19.

［105］刘笑明，李同升．西安现代农业综合开发区观光农业开发初探．西安石油大学学报，2004（3）：65－70.

［106］白娜，李海．乡村民俗文化旅游开发研究//郭焕成．乡村旅游与新农村建设．徐州：中国矿业大学出版社，2008.

［107］王仰麟，陈传康．论景观生态学在观光农业规划设计中的应用．地理学报，1998，53（1）：21－27.

［108］吴人韦，杨建辉．农业园区规划思路与方法研究．城市规划汇刊，2004（1）：53－56.

［109］陈巍．北京仁和古城农业观光园规划浅谈．中国园林，2005（5）：17－19.

［110］李舟．体验经济时代休闲农业旅游的发展策略．新疆农垦经济，2004（3）：18－20.

［111］韦林娜，甘永红，陈兴鹏．兰州观光休闲农业发展研究．甘肃农业，2004（11）：80－81.

［112］王云才，许春霞，郭焕成．论中国乡村旅游发展的新趋势．干旱区地

理，2005，12（28）：862－868.

［113］刘莹莹，原梅生．浅谈我国休闲农业的发展．商业时代学术评论，2006（7）：72－74.

［114］张建．都市休闲空间的整合与调控研究．上海：华东师范大学博士学位论文，2006.

［115］马克思，恩格斯．马克思恩格斯全集．北京：人民出版社，1975.

［116］卢长怀．中国古代休闲思想研究．大连：东北财经大学博士学位论文，2011.

［117］托马斯·古德尔，杰弗瑞·戈比．人类思想史中的休闲．成素梅译．昆明：云南人民出版社，2000：3－14.

［118］章海荣，方起东．休闲学概论．昆明：云南大学出版社，2005.

［119］朱建安．户外休闲产业的差别定价研究．杭州：浙江大学硕士学位论文，2004.

［120］林志达．闽台休闲农业合作研究．福州：福建师范大学硕士学位论文，2006.

［121］陈允文．上海市民休闲方式研究．上海：华东师范大学硕士学位论文，2005.

［122］王雅林．城市休闲——上海、天津、哈尔滨城市居民时间分配的考察．北京：社会科学文献出版社，2003.

［123］马惠娣．休闲：人类美丽的精神家园．北京：中国经济出版社，2004.

［124］马勇，周青编．休闲学概论．重庆：重庆大学出版社，2008.

［125］黄蓉．休闲农业旅游研究．长沙：中南林业科技大学硕士学位论文，2004.

［126］蒋和平，辛岭．基于高科技建设的都市型现代农业．农业经济问题，2008（1）：9－16.

［127］陈昭郎．台湾休闲农业现状与发展趋势//郭焕成，郑健雄．海峡两岸观光休闲农业与乡村旅游发展．徐州：中国矿业大学出版社，2004.

［128］陈艳，龙岳林，张佳娴等．中国休闲农业研究进展．黑龙江农业科学，2008（9）：149－151.

［129］叶澄．城郊休闲观光农业发展初探．江西社会科学，2001（9）：

214 - 217.

[130] 郑健雄．观光休闲农业与乡村旅游之定位策略//郭焕成，郑健雄．海峡两岸观光休闲农业与乡村旅游发展．徐州：中国矿业大学出版社，2004.

[131] 姬乳茂．新农村建设中的休闲农业．农业经济，2008（8）：20 - 22.

[132] 孙明泉．乡村体验与环都市乡村休闲．北京：北京经济科学出版社，2008：227.

[133] 郭焕成．休闲农业与乡村旅游发展工作手册．北京：中国建筑工业出版社，2008.

[134] 肖君泽．发展休闲农业，开发和拓展农业功能．农业现代化研究，2009，30（4）：43 - 45.

[135] 黄映晖，唐衡，史亚军．休闲农业的相关经济学理论探析．中国农学通报，2009，25（17）：316 - 319.

[136] 毛帅．休闲农业与观光农业、都市农业的联系与区别．特区经济，2008（10）：133 - 135.

[137] 程道品，梅虎．农业旅游研究综述．改革与战略，2004（9）：43.

[138] 世界旅游组织．旅游业可持续发展——地方旅游规划指南．北京：旅游教育出版社，1997.

[139] 刘德谦．关于乡村旅游、农业旅游与民俗旅游的几点辨析．旅游学刊，2006（21）：14.

[140] 杨载田．湖南省乡村旅游发展及其布局探索．衡阳师范学院学报，2003（6）：80 - 83.

[141] 徐峰．观光农业资源综合评价体系初探．林业建设，2000（5）：25 - 29.

[142] 严贤春．生态农业旅游．北京：中国农业出版社，2004.

[143] 段兆麟．体验式经济在农业的实践．台湾农业探索，2000（3）：30.

[144] 余养仕．休闲农业资源基本特征和合理开发利用研究．安徽农学通报，2009，15（24）：1 - 16.

[145] 张纵，李若南，高圣博．我国古代农耕图像及诗文的视觉化情境解读．中国园林，2008（5）：69 - 75.

[146] 宋书彬．论山西休闲农业产业化．太原：山西财经大学硕士学位论文，2006.

［147］翁廷燮．台湾休闲农业游客行为与市场细分之研究．长沙：中南大学博士学位论文，2005.

［148］原梅生．中国休闲农业发展研究．北京：中国财政经济出版社，2008.

［149］郭焕成，吕明伟．我国休闲农业发展现状与对策研究．经济地理，2008（4）：640－645.

［150］余大杭．台湾休闲农业理念在泉州的应用探索．台湾农业探索，2006（4）：16.

［151］程学军．观光农业——齐齐哈尔农业与旅游业有机结合的新亮点//赵德海编．服务业发展与创新国际研讨会论文集．哈尔滨：哈尔滨商业大学出版社，2007.

［152］胡宇辰．产业集群支撑体系．北京：经济管理出版社，2005.

［153］黄映晖，唐衡，史亚军．休闲农业的相关经济学理论探析．中国农学通报，2009（17）：43.

［154］B. 约瑟夫·派恩，詹姆斯·H. 吉尔摩．体验经济．毕崇毅译．北京：机械工业出版社，2008.

［155］苏东水．产业经济学．北京：高等教育出版社，2005.

［156］牛若锋．再论农业产业一体化经营．农业经济问题，1997（2）：24－28.

［157］张元智，马鸣萧．产业集群——获取竞争优势的空间．北京：华夏出版社，2006.

［158］马建会．产业集群成长机理研究．北京：中国社会科学出版社，2007.

［159］于永达．集聚优势．北京：清华大学出版社，2006.

［160］约翰·冯·杜能．孤立国同农业和国民经济的关系．北京：商务印书馆，1997.

［161］奚敏．南宁市休闲农业发展研究．南宁：广西师范学院硕士学位论文，2012.

［162］吴必虎．大城市环城游憩带（REBAM）研究．地理科学，2001，21（4）：28.

［163］叶美秀．农业资源在休闲活动规划上之研究．台北：国立台湾大学农

业经济研究所博士学位论文，1998.

[164] 邱涌忠．休闲农业经营学．台北：茂昌图书有限公司，2000.

[165] 林梓联．体验经济时代农企业的发展机会．农业经营管理会讯，2001（28）：3－9.

[166] 何平．农业生态旅游资源及其分析．社会科学家，2002，17（1）：5－10.

[167] 谢志华，吴必虎．中国资源型景区旅游空间结构研究．地理科学，2008，28（6）：748－752.

[168] 靳晓青．我国观光休闲农业发展的空间布局和发展模式研究．石家庄：河北师范大学硕士学位论文，2011.

[169] 吴必虎，唐子颖．旅游吸引物空间结构分析——以中国首批国家4A级旅游区（点）为例．人文地理，2003，18（1）：1－5.

[170] 马勇，舒伯阳．区域旅游规划——理论·方法·案例．天津：南开大学出版社，1999.

[171] 詹玲．我国休闲农业发展研究．农业经济，2008（10）：15.

[172] 郭鲁芳．休闲经济学——休闲消费的经济分析．杭州：浙江大学出版社，2005：35.

[173] 马惠娣．走向人文关怀的休闲经济．北京：中国经济出版社，2005.

[174] 耿红莉．休闲农业体验活动设计与开发——农业资源的创意应用．农产品加工，2010（10）：15－17.

[175] 郭焕成．我国乡村旅游发展现状、问题与途径//郭焕成，郑健雄．海峡两岸观光休闲农业与乡村旅游发展．徐州：中国矿业大学出版社，2004.

[176] 陈晓燕，田菲．生态旅游农业发展前景广阔．中国农业信息，2005（10）：11－12.

[177] 帅娅娟．休闲农业发展模式研究．长沙：湖南师范大学硕士学位论文，2008.

[178] 黄文馨．培育休闲产业，推进经济增长．自然辩证法研究，2001（10）：55－58.

[179] 王瑞花，张兵，尹弘．国外乡村旅游开发模式初探．云南地理环境研究，2005，17（2）：73－76.

[180] 朱明，程勤阳．日本的都市农业与休闲农业．农村实用工程技术，

2004（2）：17－18.

［181］郭焕成．都市农业与观光农业发展研究//郭焕成，郑健雄．海峡两岸观光休闲农业与乡村旅游发展．徐州：中国矿业大学出版社，2004：200－210.

［182］黄志红．休闲农业体验价值评价指标体系构建及其应用．求索，2010（6）：24－26.

［183］T. L. Saaty. Decision making with dependence and feedback：The analytic network process . RWS Publications，Pittsburgh，2001.

［184］王琦．实用模糊数学．北京：科学技术出版社，1992.

［185］刘金兰．顾客满意度指标重要性测量的主成分分析与多元回归方法．天津大学学报（社会科学版），2004（2）：159－163.

［186］娄峥嵘．浅谈结构方程建模的基本步骤．生产力研究，2005（6）：202.

［187］Hau K. T. Confirmatory factor analyses of seven locus of control measures. Journal of Personality Assessment，1995：117－132.

［188］徐广才，史亚军，谢翔燕等．休闲农业标准体系研究．中国农学通报，2012，28（15）：306－311.

［189］王昆欣，周国忠，郎富平．乡村旅游与社区可持续发展研究．北京：清华大学出版社，2008：241.

［190］上海财经大学现代都市农业经济研究中心．中国都市农业发展报告（2010）．上海：上海财经大学出版社，2011.

［191］段亚光．关于突破制约我国休闲农业发展问题的几点思考．中国乡镇企业，2012（8）：40－43.